新时代高校德育工作改革与创新研究

杜改芝　张艳玲　柯　瑜◎著

内 容 提 要

本书紧密结合当前我国高校德育工作的实际情况，对新时代我国高校德育工作的改革创新与发展进行了详细的阐述。首先，本书总结了我国高校德育工作的现状；其次，本书分析了新时代高校德育改革与创新的内在机理与理论依据，为探索创新高校德育改革与创新的实践路径奠定了理论基础；最后，本书对高校德育的环境、观念、内容、方法、机制五个方面的改革与创新进行了详细论述，并进一步提出了新媒体环境下高校德育工作的创新举措。本书的特点体现在运用马克思主义的立场、观点和方法阐释高校德育工作的改革创新问题；回应时代提出的重要问题；立足马克思主义基本理论，解决当下高校德育工作存在的问题。

图书在版编目（CIP）数据

新时代高校德育工作改革与创新研究 / 杜改芝，张艳玲，柯瑜著. -- 北京 : 中国纺织出版社有限公司，2023.7

ISBN 978-7-5229-0678-2

Ⅰ. ①新… Ⅱ. ①杜… ②张… ③柯… Ⅲ. ①高等学校－德育工作－研究－中国 Ⅳ. ① G641

中国国家版本馆 CIP 数据核字（2023）第 106267 号

责任编辑：王 慧　　责任校对：高 涵　　责任印制：储志伟

中国纺织出版社有限公司出版发行
地址：北京市朝阳区百子湾东里 A407 号楼　邮政编码：100124
销售电话：010—67004422　传真：010—87155801
http://www.c-textilep.com
中国纺织出版社天猫旗舰店
官方微博 http://weibo.com/2119887771
天津千鹤文化传播有限公司印刷　各地新华书店经销
2023 年 7 月第 1 版第 1 次印刷
开本：787×1092　1/16　印张：13
字数：205 千字　定价：88.00 元

凡购本书，如有缺页、倒页、脱页，由本社图书营销中心调换

作者简介

杜改芝，现任教于河北美术学院，讲师。毕业于河北师范大学马克思主义基本原理专业，硕士，主要研究方向为思想政治教育工作、就业创业教育。累计发表论文15篇，其中5篇发表于学报，10篇发表于省级期刊。主持厅局级研究项目2项，主要参与厅局级课题5项，累计完成科研项目22项。曾获得“河北省先进德育教育工作者”“全国创新创业教育工作突出者”等荣誉称号。

张艳玲，现任教于河北传媒学院，副教授。毕业于河北师范大学法学专业，主要研究方向为马克思主义理论与思想政治教育。累计发表论文40余篇，其中5篇发表于核心期刊；出版个人专著1部。承担厅局级研究项目6项，学校教学改革项目5项，累计完成科研项目15项。

柯瑜，北京科技大学法学硕士，现任职于北京科技大学天津学院，讲师，国家二级创业咨询师，创业实训（模拟公司）讲师，2018年入选天津市优秀创新创业导师人才库。开展省部级思政项目1项、校级创新教育课程体系研究1项，参与天津市教育教学成果奖等教学改革建设项目3项；指导学生完成“天津市大学生创新创业训练计划项目”2项。2021年参加首届天津市就业指导课程教学比赛，获得优秀奖；多次指导学生参加全国大学生智能汽车竞赛以及各项创新创业类竞赛，并荣获多项奖项。

前 言

中华民族历来有追求完美的心理情结，总是希望每一个炎黄子孙在历史的传承中，都能坚守“德才兼备，知行合一”的准则，做到“仁义礼智信，温良恭俭让”。因此，当我们翻开历史的书页，就会发现这样一个事实：才能出众者自有传记史籍为之宣扬，而德行出众者不仅在史书上熠熠生辉，而且其事迹在民间也口口相传。司马光在《资治通鉴》中说道：“是故才德全尽谓之圣人，才德兼亡谓之愚人，德胜才谓之君子，才胜德谓之小人。”特别是“德胜才谓之君子，才胜德谓之小人”这两句话，可以说是我国历代德育工作的标准。

随着时代的发展和社会环境的迅速变化，大学生从价值观念到行为方式都发生了转变，这就要求德育工作者必须随时加以洞察、分析并认真应对，避免因忽视现实、一味地从书本出发，采取消极式的说教和霸王式的灌输，导致德育工作失去意义，甚至让学生产生强烈的逆反心理。德育工作者不能单纯地在授课的技巧性和理论性方面下功夫，而是要通过情感的感染和理性的劝诫，达到让大学生锻造自我内在品质的目的。

基于此，笔者撰写了《新时代高校德育工作改革与创新研究》一书。首先，本书分析了新时代高校德育工作的发展现状；其次，本书论述了新时代高校德育工作改革与创新的内在机理与理论依据，包括新时代高校德育工作改革与创新的目标定位、重要任务、发展动力、基本理论、基本原则、基本要求、基本方向、基本思路等内容，为探索创新高校德育工作改革与创新的实践路径奠定了理论基础；最后，本书对高校德育工作的环境、观念、内容、方法、机制五个方面的改革与创新进行了详细论述，并进一步提出了在新媒体环境下高校德育工作的创新举措。本书运用马克思主义的立场、观点和方法阐释高校德育工作的改革创新问题；回应时代提出的重要问题；立足马克思主义基本理论，解决当下我国高校德育工作存在的问题。

本书观点新颖、结构合理、内容丰富，是一本值得研究的著作。为确保本书的准确性和严谨性，笔者寻求了许多专家、同仁的指导和帮助，同时也参考了一些相关著作的理论成果，笔者在此一并表示感谢。由于笔者的理论水平有限，加之时间仓促，书中难免存在不足之处，希望广大读者予以批评指正，以促进本书的进一步完善。

杜改芝

2023年2月

目　录

第一章

新时代高校德育工作的发展现状

高校德育工作承担着直接为社会培养思想政治素质过硬、道德情操高尚的合格人才的重任，对大学生的健康成长具有导向、动力、保证作用，对建设社会主义物质文明和精神文明、促进社会全面进步具有重要意义。全面了解新时代高校德育工作的现状，对新时代高校德育工作的变化进行诊断，分析新时代高校德育工作面临的机遇与挑战，对于进一步深化高校德育工作改革，全面实现高校人才培养目标，具有十分重要的意义。

第一节　新时代高校德育工作的现状分析

面向未来，高校德育工作依旧面临着教学目标、教学设计、教学方法、教学组织、教学评价以及教学内容等领域的问题，同时也面临着在新环境下产生的新问题。要开展高校德育工作改革，就必须对未来可能面临的教学问题给予充分关注。

一、高校德育目标有待完善

总体来看，我国关于高校德育目标的研究已经取得了相当大的成绩和进展，但是在高校德育实践过程中，可以发现高校德育目标的设定仍然存在很多问题。

（一）高校德育目标的政治化倾向明显

受特定历史时期的影响，在过去很长的一段时间内，我国高校德育目标的设定过于注重政治教育和理想教育，具有明显的政治化倾向。不能否认的是，在特定的社会历史条件下，这种教育模式是完全有必要的，而且其也取得了一定成效，对促进社会稳定起到了一定作用。但是，随着改革开放的深入，我国社会发生了深刻变化，高校德育目标的政治化倾向也理应随着形势的变化而调整，将人才培养与社会主义现代化建设的需求相结合，从而培养能够为国家建设做出较大贡献的一代新人。因此，除了政治教育之外，人生观教育、公德教育、法纪教育、爱国主义教育、心理健康教育及审美教育等方面都应成为高校德育目标的基本内容。

（二）高校德育目标过于笼统化

长期以来，我国高校形成了依照同一标准和方法培养具有统一思想和行为模式的人才的传统，这种做法最突出的弊端体现为其忽视了学生的差异性和层次性。不同学生的成长经历和教育背景各不相同，道德品质基础和素质能力也千差万别。因此，根据笼统的、缺乏层次性的高校德育目标培养出来的学生容易缺乏独立人格、坚强的意志和创新性的智慧与能力，远远不能满足我国经济社会发展对于人才的需求，也背离了高校德育工作的初衷。

（三）高校德育目标过于抽象化

高校德育目标是高校德育工作的基本依据，脱离社会现实和大学生的实际情况而设定的那些仅存在于假设和真空情景中的抽象的高校德育目标无法在实践中落实，导致高校德育工作只能流于形式，在名义上“落实”，在实际上“落虚”。高校德育目标的抽象化表现为脱离实际的“高、大、空”，让学生觉得遥不可及，找不到具体的方向；高校德育目标过于抽象化还表现为在整个教育体系中的错位。抽象化的高校德育目标易使学生产生抗拒心理和逆反心理，最终造成高校德育工作低效、无效甚至负效。

（四）高校德育目标“非人格化”

“非人格化”的主要体现是过于完美，容易导致学生在缺乏对自身的充分认识的情况下，对高校德育目标望而却步，使得高校德育工作的作用无法发挥。“非人格化”的高校德育目标弱化和忽视了“人”和“人的教育”，对于学生的情感培养考虑得不够，没有把对学生的培养、学生的发展作为终极目标。这样一来，高校德育工作者就会强调结果导向，对于学生的本质和表象认识不清，甚至认为学生缺乏自制力和责任，是自私和懒惰的，从而使高校德育工作偏重于监督和强制，使学生处于被动和被驱使的地位，积极性和主动性受到损伤，更别说创造性的发挥了。高校德育目标设定的根本出发点应该是以人为本，以学生的发展为依据，将学生置于教育和管理的中心。

二、教学设计的科学性有待加强

德育工作者在进行教学设计时要充分考虑高校德育工作的政治性、阶级性、时效性和社会性，不能被西方势力和错误思潮所左右；要注意课程教学与现实问题和需求的对接，使两者能够融通、融进、融合。从建构主义的视角来看，既往的高校德育课程教学设计存在诸多问题：一是教学设计未以学生为中心，未充分考虑学生的实际需求；二是教学设计未考虑高校德育课程的特征；三是教学设计未充分考虑高校德育课程的系统性建构。未来我国高校一定要针对上述问题进行针对性研究设计，并予以补强。

（一）教学设计需充分呼应学生的需求

在新时代背景下，高校德育课程教学设计一定要更加关注学生需求，更加关注师生角色调整，具体包括以下几方面。

1. 更加关注学生的主体性需求

学生是学习的主体，且在不断发展变化（已由“90后”向“00后”过渡），如德育工作者对学生的需求和变化的研究不够，教学的针对性必然会受到影响。当前我国高校德育课程教学更多偏重于课程内容的推进、理论逻辑的推理和教学任务的完成，对于教学是否符合学生特点、是否符合学生需要、是否能够激发学生学习动力等方面考虑和设计明显不足。

2. 更加关注课程教案的灵活设计

一直以来，教材、教学大纲和教案都是高校德育课程教学的主要依据，但是上述教学要素强调的是逻辑系统性，时效性、针对性相对较弱。在信息时代，资讯爆炸、即时传播、无中心化特征显著，高校德育课程教学设计必须更加灵活、更加强调时效性和针对性。

3. 师生角色调整

“00后”的思想更加开放多元，他们喜爱交际、乐于表达，也更善于从不同视角看待问题。然而，当下的高校德育课程教学还是以教师讲、学生听的传统教学为主，无疑满足不了学生的实际需求，必须加以调整。

（二）教学设计需充分考虑课程本体特征

高校德育各门课程的内容和教学组织实施形式均有所不同，但不少高校在制订高校德育课程教学大纲时都并未充分考虑不同课程的具体情况。

1. 适度强调政治性

虽然政治性是高校德育课程的基本属性，应当予以重视并加以落实，但是高校德育课程教学设计应该重点考虑如何将政治性融入实践中，使政治性、逻辑性与教育性相融合，而不是一味强调政治性。

2. 实践教学要注重问题导向

部分高校和教师还存在着大而全的思想，对实践教学案例的设计远离学生生活实际，对社会和时代发展中问题的解读、分析不够，弱化了实践教学的问题导向功能。

3. 要加强高校德育课程整体教学设计

高校德育教师团队主体作用发挥不佳，学科领军人才、课程团队的协作性不强，导致各个课程之间常有“打架”之事，如案例同质、方法重样、实践同台、课程教学区分度不高。因此，有必要加强高校德育课程整体教学设计。

（三）教学设计需充分考虑课程系统性构建

课程的系统性构建是指教学设计、沙盘推演、教学预案的整体设计，有利于提高教学的可控性。当前高校德育课程系统性构建还存在一些问题，主要体现在以下三个方面。

1. 课程教学照本宣科

大学生具有良好的德育理论知识和素养，欠缺的是系统化的引领和深度的解读。但是，不少德育工作者基本没有前期的沙盘推演，没有预设好课程重点和难点以及精讲和简略的部分，随性发挥成分较浓。

2. 课程教学预案不足

不同课程在不同阶段都会出现各种各样的突发问题和挑战，比如学生的疑问如何解答、教学设备故障如何避免、实践环节如何更具体验感等。这些都需要德育工作者在课程设计中加以考虑，提前做好预案。[1]

3. 课程设计系统化思维不足

除了按照教材章节循序渐进进行教学之外，德育工作者在课程设计阶段还应该深入挖掘章节之间的逻辑关系，并研究整个课程体系，适当结合学生特点、教学条件、时代背景进行微调，以更加契合现实情况，即将教材体系转化为鲜活的教学体系。可见，改变教学模式、加强教学预案、预先设计教学是未来高校德育课程系统性建构必须解决的关键问题。

三、教学方法有待改善

教学方法至关重要，高校为提升课堂教学效果，结合所授课程特点、学生特点、学习重点、社会热点，探索并实施了微视频、课堂讨论、参观交流、情景创设等教学方法，大大提升了学生的参与度，增强了学生的获得感。这种创新揭示了既往教学内容与教学方法的协同问题，主要体现在三个方面。

（一）教学内容与教学方法的匹配与运用不当

根据调研情况，高校德育课程教学方法多，如传统的讲授法、多媒体教学法，以及新式的翻转课堂、慕课等。但是，这些教学方法与教学内容的匹配与灵活运用存在不足，如多媒体教学变相照本宣科、实践教学止步于面子工程。

（二）新教学方法实施困难

一种新的教学方法要想在一定范围内得到广泛使用，需要得到任课教师、主管学院、教学主管部门以及学校领导的大力支持和学生的普遍接受，否则难以推进实施。这需要将所有环节打通，使所有环节协同，以强大的人力、物力、财力作为支撑。面向未来，高校德育课程教学方法创新必须加强，必须更加关注与教学内容的协同，制定各种政策激励德育工作团队创新教学方法，并推动实践运用，只有这样才能使教学方法的效力最大化。

（三）教学方法的理论创新有待加强

高校德育工作的发展与创新，需要高校德育课程教学理论的支撑，即研究高校德育工作现象、揭示高校德育规律时所采取的以及指导这些方式方法的基本原则所构成的理论体系。当今社会飞速发展，许多新事物、新观念层出不

---

[1] 宋辉.新时代高校德育工作的现状及其对策[J].中北大学学报（社会科学版），2021，37（3）：140-143.

穷，而我国高校德育课程教学方法的理论创新却相对缓慢，赶不上时代发展的步伐，也跟不上当代大学生的思想变化。对此，学者们提出了许多新的高校德育课程教学方法，也提出了许多相关理论观点。但是，理论成果尚需通过具体实践去印证、检验和丰富。

四、教学组织实施有待加强

教学组织实施是推进整个教学工作向前发展的关键，因此高校德育课程教学应该优化教学组织实施。当前高校德育课程教学组织与实施形式陈旧，适应不了新时代大学生的需要，主要表现在以下几个方面。

（一）课堂以大班额教学为主

多数高校的班额均在80～100人，一部分高校的班额在100～150人，极个别高校的班额超过150人。班额越大，课堂教学质量就越堪忧。造成大班额教学成为普遍现象的原因有很多，其中生师比较高是主要原因之一。

（二）教学安排积极创新不足

对于学生来说，高校德育课程不是一门“新”课，如果教学组织实施的形式没有新鲜感，即便教师付出很多心血，学生也难以领情，而教学组织实施创新则会改变这一局面。

（三）课程支撑系统不够健全

高校要优化课程考核评价工作的组织与实施形式，增加教师教学培训机会，提高教师的组织管理经验，借以夯实高校德育课程教学质量基础。

（四）师生互动不够

教学组织引导不够、课程内容单调乏味、教学方法运用不当、教学设备更新不足等是造成高校德育课程师生互动不足的主要原因，因此在未来要加强调整教学组织与实施，加强教学互动。

五、教学评价与反馈有待加强

优秀的高校德育工作者应是信仰坚定的马克思主义者、学养丰厚的专家、言行一致的楷模、诲人不倦的良师益友。加强教学评价与反馈是每个优秀的高校德育工作者的必然追求，需从以下几方面入手。

（一）评价诊断功能落实要到位

当前课程教学评价主要有领导听课、同行评价、督导评价、学生评价等多种方式，但是真正落到实处，能够起到促发作用的少之又少，多数是走于形式、浮于表面，没有深入教学问题的深处，寻找教学问题的关键和根源。

（二）以评价推动实践发展

随着评价科学的不断发展，评价理念、评价方法越来越多。高校德育工作者要改变理念在前面跑、实践在原地踏步或后退的情况，发挥理念的牵引力，推动教学评价与反馈实践的发展。

（三）加强评价反馈、改进落实

大部分的评价结果多以分数量化的形式呈现，反馈教学问题及不足的报告少，面对面沟通的反馈几乎没有，针对评价反馈的督促整改也有待加强。

六、教学内容创新有待加强

内容是事物一切内在要素的总和，是事物存在的基础，高校德育课程能否发挥育人作用关键在于教学内容。教材是高校德育课程教学的基础和标准，教材的内容体系、逻辑思路是高校德育工作者开展教学实践的主要参照。不过在实际的课程教学中，往往存在照本宣科、案例远离生活实际等问题，究其原因主要有以下几点。

（一）教材内容相对抽象，更新缓慢

一些核心内容相对不变，不容易讲好，增加了教材体系向教学体系转化的难度。不同教师对教材内容的掌握程度不同，不可避免地出现了剪裁教材内容、教条主义的问题。

（二）教学案例选择不当

多数案例远离学生生活实际，有些看似“高大全”，实际上没有教学意义。此外，案例教学信息挖掘不全面、不客观，导致案例分析教学不严谨、不科学，容易造成理解误差、教学误差。

（三）理论讲解浅入浅出

大学生基本具备了一定的政治理论素养，教师可以将知识点讲深讲透，但在实际教学时停留在皮毛层面多，缺失了理论讲解应有的美丽，对学生的吸引力不足。

第二节 新时代高校德育工作的变化诊断

在新时代，高校德育工作正在发生一系列重大变化，包括学习主体的变化、时代环境的变化。学习主体的变化主要是指教学对象的代际更迭，标示着教学对象的学习需求、目标和价值导向正在发生显著变化。他们对于教学的内容、方法、互动、评价、条件等方面的要求越来越高，越来越体现代际特色。时代环境的变化是指高校德育工作所处的时代环境发生了重大变化，尤其是在政治教育高质量发展要求、全球化进程加速、信息技术高速发展、多元价值频繁激荡等大环境下，高校德育工作将受到更多、更大的挑战。在上述两大领域发生重大变化之际，高校应该及早准备，运用课程评价技术，准确诊断这些变化及其给高校德育工作带来的综合影响，为开展高校德育工作改革奠定基础。

一、教学对象变化诊断

进入2018年，“00后”新生开始进入大学校园，标志着“00后”将成为大学生的主体，成为高校德育工作的主要对象。“00后”的心理特点、性格特征、价值取向、兴趣爱好、思考方式等主体特征都将成为影响高校德育工作的重要因素，需要教师仔细观察、认真研究。教师只有充分研究和掌握“00后”的基本特点，开展有针对性的高校德育工作，才能保障高校德育工作质量，培养可靠人才。

（一）对“00后”大学生性格特点的研究有待加强

“00后”大学生是在21世纪出生的一批新兴人群，他们身上有着鲜明的个性特征，有待教师加强研究。教师要从群体的角度出发分析“00后”大学生成长的基本背景，包括家庭经济因素、文化因素、社会经济发展和时代背景等，以把握他们的群体特征与价值共识。

（二）对“00后”大学生认知建构的研究有待加强

随着高等教育大众化进程的深入，升学门槛越来越低，生源质量有所下滑。因此，教师要充分关注“00后”大学生的学习基础、学习习惯、学习能力和综合素养，尤其要关注“00后”大学生的学科背景，将其作为高校德育工作分层分类开展的重要参照。此外，“00后”大学生的恋爱观、就业观、文化观、价值观、消费观、生活方式以及学习动力机制等都需要重点关注，这对开展有针对性的高校德育工作尤为重要。

（三）对“00后”大学生心理特征的研究有待加强

“00后”大学生多是独生子女，他们具有较强的自我意识、较强的自我优越感，但同时也具有个性张扬、任性、以自我为中心等特点。他们普遍自我意识较强，主要体现为具有自主选择自己人生道路的意识、具有靠自身奋斗去实现人生目标的意识、具有个体化价值判断和选择的意识等。他们是伴随着信息飞速发展而出生和成长的一代，随着他们独立思考和独立行动能力的增强，他们对各种信息的要求也越来越多，已不满足于来自家庭和学校的知识灌输，而是更多地关注网络等新闻媒体。他们敢于针对各种社会现象表达自己的观点，提出个人的意见，不掩饰个人价值，注重个人作用和专长的发挥。他们以主人翁的态度积极处理学习、生活和工作等各项事务，自我权利保障意识明显增强，敢于拿起法律武器保护自己的合法权益。但是，他们在自我意识显著增强的同时，对于一些问题的处理采用了片面、幼稚甚至是消极的做法，容易面临挫折和失败。

开展新时代的高校德育工作，必须深入研究“00后”大学生的思想行为特点。作为未来高校德育工作的主要对象，“00后”大学生应该得到充分尊重，应该受到有针对性的教育引导。

（四）对“00后”大学生价值取向的研究有待加强

随着全球化的深入，文化交融也日益深入。在此背景下，“00后”大学生的成长受到多元价值观的影响，“00后”大学生的价值观呈现多元化、复杂化趋势，主要体现在以下四个方面：一是受经济全球化和市场经济的影响，“00后”大学生实用主义价值观突显，自我意识、竞争意识和效率意识提高；二是在经济全球化背景下，中西方政治、文化的交流和碰撞日益频繁，受此影响，“00后”大学生自由主义、平等主义、个人主义和理性主义等价值取向明显；三是中国社会处在高速发展期，社会阶层进一步分化，来自不同家庭的大学生的价值观不同，呈现出多元化和矛盾冲突性；四是信息技术的高速发展，为大学生提供了广阔视野，丰富了大学生的认知，但不健康的网络媒体环境也削弱了大学生的判断能力，影响他们正确价值观的塑造。

因此，新时代的高校德育工作必须加强对“00后”大学生价值取向的研究，以引导大学生的价值取向朝着健康的方向发展。

（五）对“00后”大学生思维模式的研究有待加强

研究“00后”大学生的思维模式，主要涉及三个方面：一是“00后”大学生是如何思考的，即搞清楚他们的思维逻辑是什么，有什么优势和缺憾，针对优势加以促发，针对缺憾加以教育引导。二是“00后”大学生的思维是如何转变的。找到“00后”大学生思维的转变模式，就等于找到了他们能够接受的教育路径和方法，而有了这些路径和方法，就可以开展更加高质量的教学。三是“00后”大学生的思维是如何稳固的。培育“00后”大学生的世界观、人生观、价值观是高校德育工作的重要任务，需要教师设计一定的教学活动强化“00后”大学生的思想观念，稳固“00后”大学生的三观。当前关于“00后”大学生的思维逻辑、转变路径及巩固过程的研究都比较少，迫切需要加强相关研究，以加强高校德育工作的针对性。

（六）对“00后”大学生学习需求的研究有待加强

供给与需求匹配不够是造成高校德育工作矛盾的主因。因此，教师要深入研究“00后”大学生的实际需求，如在内容上“00后”大学生更喜欢案例还是理论，文化观是从众的还是批判的，生活困惑主要集中在物质领域还是精神领域，社交有无障碍，对于社会问题的认知是否成熟，等等。“00后”的需求是多元的，也是可发现、可追踪、可供给的，这就要求广大教师开展广泛而又深入的调研、分析，弄清楚“00后”大学生的真实需求，并在教学中予以回应、指导。这样才能获得“00后”大学生的普遍认可。

学生是学习的主体，是高校德育工作的目标和质量体现。加强教学对象研究，是提高高校德育工作质量的关键所在和重要路径。“00后”大学生进入大学校园，已经成为新时代高校德育工作的主要对象，必须对其开展行为特点、价值取向、思维模式等方面的研究，探索解决当前高校德育工作中存在的针对性、实效性不足，需求供给不对称等关联问题，为高校德育工作改革提供指导。

二、时代环境变化诊断

环境育人是人才培养的重要路径和方式，当教育环境发生变化时，高校就要根据教育环境变化的情况，开展有针对性的教育教学改革，以适应环境变化要求，保障人才培养目标实现。鉴于高校德育工作的政治性、阶级性、实效性、社会性、民族性和专业性等特殊性，政治环境、经济环境、文化环境、网络环境等因素对高校德育工作影响显著。同时，随着全球化的深入、新时代的发展、网络技术的进步以及多元文化的激荡交互，高校德育工作环境面临巨大变化。要在复杂多元的价值传播战中赢得大学生的信任、坚定大学生的信仰、引领大学生的发展，就必须关注时代环境变化。

（一）新时代对高校德育工作提出新要求

中国特色社会主义进入新时代，需要高等教育为新时代的意识形态建设做出更大、更全面的贡献。高校德育工作是社会主流意识形态建构、维护与发展的特殊政治实践活动，贯穿和推动着法治建设的始终。因此，新时代对高校德育工作提出了更高的要求。

2018年7月2日，教育部部长陈宝生在《党建研究》上发表署名文章，认为培养社会主义建设者和接班人必须提高政治站位，要深刻认识到培养社会主义建设者和接班人是对教育工作提出新的更高要求；必须扎根中国大地，坚持马克思主义指导地位，加强和改进思想政治工作，传承和弘扬优秀传统文化；必须把握时代要求，把握好理想信念这一核心要求，把握好家国情怀这一不竭动力，把握好过硬本领这一基本前提，把握好顽强奋斗这一精神状态；必须提升育人能力，完善教育体系，健全人才培养体制，改善育人条件，深化教师队伍建设改革；必须加强党的领导，要把党的政治建设摆在首位，教育引导广大干部师生坚决维护习近平总书记的核心地位，坚决维护党中央权威和集中统一领导，自觉在思想上政治上行动上同以习近平同志为核心的党中央保持高度一致。

由此可知，新时代对高校德育工作的高要求，体现在更加强调高校德育工作的政治属性，更加强调培养建设者和接班人，更加坚持立德树人，把高校德育工作贯穿教育教学的全过程

（二）信息技术高速发展对高校德育工作提出新要求

1. 信息化加速了信息流动

网络具有即时性、广泛性和蔓延性等特点，使信息一经在网络发布便可在网络中传播，再通过人群之间的传播加速蔓延。网络使得学生的信息获取渠道更加多元，不再单纯依靠课堂来获得知识。这就要求教师储备更多的知识和资讯，为学生提供更加完善、准确和及时的指导，帮助他们建立科学、客观和辩证的价值判断体系，以更好地支撑他们成长，帮助培育、树立正确的世界观、

人生观、价值观。

2. 信息化消解了权威

首先是消解了教师的权威，学生可以从网络上找到更加权威的资讯与教师互动甚至是挑战教师；其次是消解了教师的话语权，网络新媒体的去中心化，使得交流更加均权、平等，不再以教师为中心；最后是消解了教学组织形式，通过网络平台可以组建不同群体，不再采用传统的班团建制，也不再采用选课式的班级制，微信群、QQ群都可以成为互动学习的平台。这就要求推进高校德育工作变革，使高校德育工作的载体不局限于课堂、形式不局限于讲授、角色不拘泥于师生、内容不困守于教材，即要加大高校德育工作变革力度，丰富教学内容，创新教学方法，破解信息化带来的各类冲击。

3. 信息化搭建了桥梁

信息化在一部分领域内发挥了消解的作用，在另一部分领域内则起到了构建桥梁的作用。

首先，信息化丰富了交流渠道。信息化可以将教师和学生24小时无缝连接起来，搭建更为畅通、便捷的教学互动平台。

其次，信息化丰富了教学方式。信息化推动了多媒体、翻转课堂、慕课等教学方式的广泛运用，使得高校德育课程的教学形式更加多样。此外，信息化加快了知识更新。信息化可以将前沿资讯、知识更快地传递到师生之间，使师生可以运用最新的知识开展教学互动，以取得更好的教学效果，增强高校德育工作的实效性。

信息技术的发展对高校德育工作形成了非常大的挑战，教师课堂主导权、话语权被信息化消解，而沟通力却未能借信息化的发展实现提升，这使得高校德育工作呈现颓势。

4. 信息化提供了依据

评价贯穿于高校德育工作的每一个环节，高校德育工作需要通过评价来分析其过程是否合理，评判效果是否满意，从而判断高校德育工作目标是否实现，因此评价对高校德育工作的不断完善和发展具有重要的意义。大数据所采集的海量数据是不会说谎的，大数据分析的结果是最客观的现实反映。因此，高校德育工作可以充分利用大数据带来的技术优势，对德育内容教授各环节的指标进行测评和反馈，更加有效地指导高校德育工作的调整及优化，促进高校德育工作实效的提升。同时，高校德育工作要利用可靠的评价系统，准确地把握个体的德育内容接受特性，根据反馈的结果制订有针对性的、个性化的德育目标和计划，形成差别化的高校德育工作生态系统，以最大限度地保证高校德育工作的实效。

（三）多元文化激荡提出新要求

全球化加速了世界各洲、各国、各地区之间的文化交流，加强了区域之间的文化互动交融，提高了文化互动的频率，使得多元文化频繁交互成为常态。

1. 流行文化导向泛娱乐化

文化交融的一个显著特征就是流行文化的迅速发展，好莱坞、宝莱坞等电影走进世界各个角落，流行音乐通过网络散播到全球各地，流行文化成为全球范围内各国人民的娱乐内容，深刻影响着在校大学生。大学生的语言能力普遍较强，具备以英语为代表的多语种娱乐文化项目的参与能力。他们可以选择全球范围内的、自己喜爱的、内涵和形式多样的流行文化作为他们日常文化娱乐生活的主要元素，这些文化对其成长发展具有很大的影响。

2. 文化价值观相互激荡

在全球化进程中，文化价值观也在随着经济、文化等内容传播到世界各地，与本土文化价值观发生交融、激荡甚至是冲突，成为引发社会动荡、军事冲突的关键因素。近年来，西方普世价值观的传入，使得部分大学生理想信念模糊、价值取向扭曲、社会责任感缺乏。我国正处于价值冲突剧烈的社会转型时期，面对文化竞争，我们必须加强弘扬中华优秀传统文化，确立社会主义核心价值体系，汇聚民族精神，不断增强民族文化认同。

3. 科技文化相互叠加

以高校为代表的科技、教育、文化领域的国际交流，使得国际科研合作越来越多，顶尖科研发展越来越迅速，管理和运行机制的相互借鉴越来越深入，师生间的互动交流越来越频繁。随着高校的国际化，越来越多的大学生走出国门、走向世界。他们通过寒暑假短期游学体验国外高校教育教学内涵，通过参加国际竞赛与世界各国大学生展开科技竞争。这些项目以学历教育、游学、科技竞赛等为交流载体，推动了师生、学校之间的科技文化互动。

4. 制度文化影响愈加深刻

网络、学术、新闻等不同领域都开始对中美、中欧等国家、区域间的制度进行对比、分析，这种对比与分析已经成为常态，在某些敏感或者热点事件出现时呈爆发态势。比如在法律建设领域，存在针对大陆法系、英美法系的对比。但是，这种对比往往是拿中国法律体系建设中的不足之处与他国健全的法律体系进行对比，对比的结论不是中国如何改进，而是应该采用他国法律，忽视了中国的现实环境和需要。

5. 节日文化影响深入生活

改革开放以来，一些国外节日文化传入我国并产生深远影响，如情人节、圣诞节、感恩节等。很多大学生都热衷于这些节日，从生活上、心理上都在不断接受这些节日以及这些节日所传递的价值观，这对我国高校德育工作的开展造成了非常大的冲击和影响。

6. 消费文化矛盾日渐凸显

西方国家的透支消费文化逐渐传入我国，使得透支消费在我国成为一种普遍现象，这在我国这样一个高储蓄率的国家很不寻常。当今大学生已经开始接受并实践透支消费文化，一时之间校园贷、裸条贷等问题迭出、影响深远。这就需要广大教师有针对性地开展案例教学，引导广大青年大学生，尤其是当前的“00后”大学生提高自我保护意识，谨慎消费，避免出现过度消费、透支消费的情况。

众多文化内涵的冲突、文化形式的激荡和文化载体的叠加使得高校德育工作面临的文化挑战越来越强、越来越深，泛娱乐化使得部分学生对政治漠不关心，文化价值观的冲突使得部分学生对传统文化和马克思主义将信将疑，科技文化相互叠加使得科学主义占据主导地位，普世民主制度泛化使得部分学生盲目从众，高消费等各种享乐主义盛行使得部分学生丧失吃苦耐劳精神。如此种种，要求高校德育工作必须予以应对。总之，高校德育工作面临对象之变、课堂之变和时代环境之变，涉及学生及其需求、教学要素，以及全球化、信息化、多元文化等方面。从某种意义来说，变化既是挑战也是机遇，只要善加研究、合理应对，高校德育工作的未来必然值得期待。

第三节　新时代高校德育工作面临的机遇与挑战

在新时代的背景下，随着改革开放的不断深入发展，我国经济社会发展在各个领域都呈现出前所未有的新特点。高校德育工作必须清醒地认识到自身所处的新环境和自身发展所面临的新情况和新问题，准确把握新时代、新阶段高校德育工作面临的机遇与挑战，以进一步明确高校德育工作当前的重要使命和未来发展的可能趋向。

一、新时代高校德育工作面临的机遇

当代大学生是祖国的未来、民族的希望，肩负着中华民族伟大复兴的神圣使命。因此，党和国家对高校德育工作的重视程度也越来越高，对其的投入也越来越大。就目前来看，我国高校德育工作已经经历了很长一段时间的发展历程，探索出了一系列专业化成果。然而，由于高校德育工作具有较强的时代性，新时代的高校德育工作不可避免地会面临各种各样的问题。基于此，本节结合时代特征和社会特征，对新时代高校德育工作面临的机遇进行了研究，以期增强高校德育工作的实践性和实效性。

（一）全球化给高校德育工作带来的机遇

1. 为加强和改进高校德育工作注入了强大的力量

全球化的发展离不开科学知识提供的强大智力支持，而全球化的发展又反过来有力地推动了知识经济的发展。知识经济是指以信息、知识为主要资源，以知识阶层为主体，以科技创新、人力资本为主要动力，以可持续发展为宏观特征，以服务业、高新技术产业为支柱产业的新型经济形式。在知识经济时代，创新、智慧、知识成为重要的代名词，从理论、方法、地位等方面为高校德育工作带来了强大的动力。

首先，知识经济使高校德育工作的地位更加突出。知识经济时代呼唤以人为本，对人才的要求是具有高尚的道德情操、先进的思想、正确的政治方向和高级智慧。这一目标与高校德育工作的目标是十分吻合的。随着知识经济的持续推进，高校德育将受到越来越多的关注。

其次，知识经济使高校德育工作的方法得到优化。近年来，由知识经济所带来的一些先进教学方法（如数据统计分析、数学模型构建等）越来越广泛地应用到高校德育工作中，不仅使高校德育工作的定量分析能力得到极大增强，定量与定性相统一的方法还明显提升了高校德育工作的准确性。

2. 为加强和改进高校德育工作提供了开放的环境

全球化意味着在全世界范围内进行资源的有效配置，这其中当然也包括教育资源。换句话说，基于全球化的教育资源的开放与共享使高校德育工作有了更加开放的环境。

首先，全球化赋予了高校德育工作新的内涵。具体来说，高校德育工作除关注马克思主义理论的发展与创新以及中国的具体国情外，还应将目光投向丰富多彩的世界文明，不仅要用世界眼光来重新审视中国传统文化，还应把握世界文化、思想、道德发展的最前沿。

其次，全球化有利于培养、强化大学生的全球意识与竞争意识，有利于他们解放思想、更新观念、扩大视野，从而使高校德育工作具有更加先进的思想基础。此外，在全球化背景下，对国外高校德育工作的先进理念进行学习、对他们的先进经验进行借鉴也变得更加便捷。

（二）社会转型给高校德育工作带来的机遇

1. 促进大学生思想观念的改变

社会转型使得大学生思想观念发生改变，给高校德育工作带来了良好的机遇。当前大学生的思想特点表现在以下几个方面。

（1）思想解放，富有开拓创新精神

在社会转型阶段，各种思想观念得以共存，人们的思想得到更大的解放。在这样的环境下，大学生的文化视野变得更加开阔，很少受到传统观念的束缚，并且具有更强的合作意识与创新意识。

（2）主体意识与竞争意识增强

在社会转型的时代背景下，高等教育以扩招为起点，逐渐向“后勤社会化”“弹性学分制”“自主择业，双向选择”的方向发展。面对社会中纷繁复杂的新问题，当代大学生不附众、不盲从，他们能够对自我进行重新审视，并用一种全新的眼光来看待周围的现象，体现出令人欣喜的主体意识。

在市场经济体制下，优胜劣汰的竞争机制对社会各个领域、各个层面都带来了巨大的影响，高等教育也不例外。身处竞争氛围中的大学生更加注重独立性、能动性的提高，更加注重个人素质的提升与创造力的加强，以此来应对日益激烈的竞争环境。

（3）价值取向多元化

自从将改革开放确定为我国的基本国策以来，社会转型全面开展，并使人们的就业观念发生了明显改变。具体来说，血亲、地域等传统归属格局不再成为人们就业的障碍，传统的被动服从型人员流动逐渐向主动选择型转变。

在这样的时代背景下，易于接受新观点的大学生受到多种思想观念的影响，其价值取向必将呈现出多元化的趋向。

（4）民主与法治意识增强

市场经济有序运转的重要前提是法制的完善。市场经济对国家、社会、单位、个人的法制意识都提出了更高要求。经过多年的法制教育与宣传，广大公民特别是大学生的法制意识有了明显的增强。具体来说，不论是对学校的教育教学管理制度还是国家的法律法规，大部分大学生都能自觉遵守，他们对自身行为的约束力也显著增强。

2. 为高校德育工作提供了新的环境

社会转型使高校面临着一个新的社会环境。市场经济倡导的民主、平等、自由、竞争、合作等新的观念逐渐成为人们的共识，而这些新观念也渗透到高校德育工作中，形成民主、和谐、平等、协商、创新、进取的德育环境。市场经济的科学、民主、高效和务实的管理模式极大地影响着高校德育工作的管理体制和模式，新的高校德育工作管理体制和模式正在形成，社会和高校之间的界限逐渐变得模糊。社会和高校在多层次和多领域进行交流和合作既促进了社会主义市场经济体制建立的步伐，又加快了高校德育工作改革和发展的进程。

3. 为高校德育工作注入了新的活力

社会转型给传统的高校德育工作注入了新的活力，开拓了新的视野，丰富了高校德育工作的内容，为改进和加强高校德育工作提供了新的思路。随着社会转型，人们的视野从国内转向全世界，接触的东西在增多，促使人们的思想更加活跃、趋利性日趋明显，在政治、经济、文化生活方向的选择性更加自主、灵活、多样。这些变化都给高校德育工作提出了新的课题，要求高校德育工作要尽快地适应这些新形势，积极主动地吸收利用各方面的有利因素，不断深化对社会转型条件下高校德育工作的特点和规律的认识。

（三）新媒体给高校德育工作带来的机遇

1. 新媒体让高校德育工作实现了信息交流双向化

网络新媒体正式成为舆论新格局的重要组成部分，成为思想文化信息的集散地和社会舆论的放大镜，使得信息接收者和传播者的交流更加紧密。当代大学生通过网络新媒体能够及时有效地关注公共事务以及时事热点，并通过网络发表自己独特的看法和见解，积极地参与到社会的发展中。这种参与公共事务的方式更加方便、更有活力，同时能给社会带来不可估量的正面效应。

2. 新媒体使高校德育工作的手段更具多样性和灵活性

以往的高校德育工作主要采用的是授课或是读报、做报告的形式，这种形式耗费的人力、精力巨大，需要教师花费很多的时间对资料进行收集、整理等，而且传授知识通常是直接对学生进行“灌输”，这种单方面的授课方式对大学生成长的帮助是极为有限的。随着网络科学技术的不断发展，新媒体的不断普及，信息的传播效率大大提高，这也是新媒体优于传统媒体的重要一面。通过对新媒体的使用，教师就可以在收集、整理、选择、分析资料方面节省更多的时间，有利于教学合力的形成。通过利用新媒体技术开展高校德育工作，学生的多种感官可以同时感知到知识的传播，最终的学习效果要比单一感官感知的学习效果要好得多；尤其是虚拟现实技术的开发和使用，可以利用图片、音乐、动画及仿真画面等充分调动起学生的感官，最大限度地提高学生的学习效率。因此，在新媒体环境下，教师必须要改变以往的教学模式，改进教育方法，充分利用现代科技成果和先进传播手段，以此来提高高校德育工作的实践效果。

3. 新媒体给高校德育工作注入了新的知识源泉

众所周知，创新是新媒体发展的主要动力，而高校德育工作也离不开创新精神。因此，高校德育工作可以有效地借助新媒体发展过程中体现出来的创新意识和先进思想，并以新媒体为依托，顺应时代的潮流，使自身焕发新的活力。对此，教师在教育过程中要立足实践进行创新，创新教育内容，创新教育方式，拓宽大学生的知识来源渠道，加强大学生对知识的内化和吸收，使高校德育工作更加契合大学生的特点。

4. 新媒体使高校德育工作的空间更加广阔

新媒体自身所具有的开放性使得人们之间的交流打破了地域的限制，变得更加自由与便捷。随着新媒体的不断发展和普及，世界仿佛变成了一个“地球村”，人们不用走出屋子就可以了解世界各地的实事动态，拓宽自身的眼界。将新媒体作为高校德育工作的载体，可以拓展教育空间，扩大教育的覆盖范围，使得受教育人数从有限上升为无限，为传播马克思主义与社会主义核心价值观提供有利的条件。例如，如果人们想要获取某一方面的知识和信息，不再需要在规定的时间和规定的地点去聆听，只需要一个可以联网的终端就可以获取到任意想了解的东西，包括世界各地在政治、经济、文化、教育、军事、生活等方面的信息。

新媒体的出现为学生提供了一个更大的学习空间，通过新媒体，学生可以了解到世界各地的思想观点、风俗习惯和文化思潮等，全方位地提高了高校德育工作的社会化程度。

5. 新媒体为高校德育工作提供了动力

新媒体创设了虚拟与现实共存的环境，其具有的开放性和共享性为高校德育工作提供了动力。虽然新媒体因其本身的虚拟性存在一定的局限性，但是它的虚拟是建立在与现实相联系、反映现实的基础上的。学校可以利用新媒体这一特性，充分发挥其作用，更好地利用新媒体资源对大学生进行德育，并能够积极探索新媒体环境下高校德育工作的特点，开发与大学生身心相适应的高校德育工作模式，使高校德育工作更能体现时代的特性，焕发新生的活力。

综上分析，大学生离不开新媒体，并深受新媒体的影响，同时新媒体信息量大、交互性强等特点也为开展高校德育工作提供了更为丰富的渠道和方法。教师必然要利用这一天然的契合点，引导大学生树立科学的发展观与成才观，并走上正确的人生道路。教师必须全方面地了解大学生的实际情况，根据大学生的特点，通过新媒体激活德育的相关内容，引导他们对新媒体产生正确、客观、全面的认识，并学会运用新媒体为自身综合素质的提高服务，自觉抵御不良信息的干扰，客观评价事物及个体的属性，实现自我的全面发展。

二、新时代高校德育工作面临的挑战

当前环境的变化在给高校德育工作带来机遇的同时，也给高校德育工作带来了巨大的挑战。结合当前国内外形势分析我国高校德育工作面临的挑战，有助于提升高校德育工作的针对性。

（一）全球化给高校德育工作带来的挑战

1. 高校德育工作难度增加

全球化为高校德育工作带来了一些不曾遇到的困难，主要体现在以下两个方面。

首先，全球化将经济效益最大化作为追求目标，使经济因素在社会发展过程中的作用得到强化，并在无形之中降低了道德因素在人们心目中的地位，使经济利益逐渐在价值观构建中产生更大的影响。这一点反映到高校德育领域，表现为大学生对高校德育逐渐轻视的趋势。

大学生是民族的新生力量，是社会主义事业的接班人与建设者，对于国家的未来具有举足轻重的作用。因此，高校一方面要继续做好大学生的学科知识教学；另一方面，要坚持“德育为先”的原则，不断巩固高校德育工作在整个教育体系中的地位。

其次，市场经济使大学生的心理环境发生变化，并对他们的思想观念造成冲击。具体来说，当代大学生的成长阶段正好是我国社会主义市场经济的蓬勃发展阶段，由于大学生的个体意识比较强烈，他们大都追求经济上的独立自主与个性的自由发展，集体主义意识相对薄弱；若没有得到及时有效的引导与教育，他们极可能产生极端的个人主义倾向。此外，当他们面对充满诱惑的物质环境时，也很容易抛弃道德因素与政治立场，出现思想上的困惑，有的甚至会陷入拜金主义的泥潭。因此，为使大学生坚持正确、科学、良性的发展道路，强化高校德育工作是十分有必要的。

2. 社会不公和教育不公有待缓解

全球化使市场竞争的作用逐渐突显，而竞争的结果就是优胜劣汰。中国幅员辽阔、人口众多，区域经济发展的不平衡性更加突出。具体到教育领域，则表现为一些边远地区与经济落后地区的教育水平严重滞后于东部沿海地区与经济发达地区。

长期以来，一些地区的教育滞后问题是有目共睹的，越来越多的学者都将关注的焦点投向农民工子女与贫困家庭子女的受教育权利领域，即教育公平领域。只有在得到基本的物质生活保障的前提下，大学生才有可能全身心地投入科学知识的学习与思想政治学习中。因此，贫困生的德育仍是高校德育工作中的难点与重点。

3. 使社会主义理想信念教育面临挑战

全球化的国际分工体系和市场体系的形成使商品资本跨越不同社会制度自由流动，把整个世界联结成一个有机整体。社会主义经济与资本主义经济相互交织、相互融合，社会主义制度与资本主义制度的关系也由以“遏制—对抗”为主转变为以“接触—合作”为主。然而，在这种时代条件下，有些人淡化了“两种制度”之间的差异与对立，社会主义信念不再坚定；一部分人盲目推崇西方价值体系，用西方的理论、制度、发展模式、价值观念、生活水平等来解构、批判中国现实，丧失了应有的国家和民族精神的独立性。学校是社会的重要细胞，一部分人理想信念的丧失，在很大程度上挑战着高校德育工作“以理服人”的传统教育模式。

4. 为爱国主义教育带来了挑战

一方面，全球化背景下爱国主义的相关理念受到了冲击。在全球化的推动下，各国之间的相互联系、相互依存空前加强，各国利益相互交织；再加上现代交通、通信、网络技术的飞速发展，联合国等国际组织作用的增强等，国家、地域的概念趋于淡化，世界仿佛已经变成了“地球村”。在此背景下，人们所处的环境与看问题的角度都发生了变化，传统的国家观念、主权观念、民族观念及爱国主义思想均受到了不同程度的挑战，一部分人的爱国理念与爱国情感受到冲击。这主要表现为民族虚无主义和狭隘的民族主义思想并存。民族虚无主义认为，世界各民族正在融为一体，国界正在消失，没有必要把个人同特定的国家、民族捆绑在一起，应该淡化国家、民族观念。这种观点实质上是丧失民族精神、国家认同感和民族自信心的表现。狭隘的民族主义者认为，在全球化背景下，本民族的利益绝对高于其他民族的利益，为了维护本民族利益，必然要排斥甚至牺牲其他民族的利益。另一方面，全球化背景下高校爱国主义教育方式和途径面临挑战。全球化的开放性使得家庭、学校、社会形成了更加直接、有机的联系和相互渗透的态势，家庭尤其是社会对人们的影响越来越大，这就使得爱国主义教育途径由传统的“家庭的基础地位、学校的中心地位、社会的辅助地位”转向“家庭的辅助地位、学校的基础地位和社会的中心地位”，即社会性途径在爱国主义教育中的地位和作用越来越凸显。同时，全球化使得传统的以“灌输为主”的教育方式面临诸多不适。在政治多极化、文化价值多元化的开放环境中，教育对象每时每刻、随时随地都会受到来自四面八方的各种思潮的冲击，特别是西方价值观念、思维方式和意识形态对个人的影响无处不在、无时不有、潜移默化。在此背景下，改变讲究“灌输”的策略和方法，增强爱国主义教育方式的艺术性与开放性，成为当代爱国主义教育迫切需要解决的问题。在全球化背景下，以经济和科技实力为基础的综合国力的竞争日趋激烈，国家利益的发展和维护也面临更加复杂的国际环境。随着中国的崛起，某些大国把中国看作战略竞争对手，企图破坏中国安定团结、稳定发展的大好局面，对中国的内政外交进行各种阻挠、干涉和遏制。中国作为一个发展中的社会主义大国，要真正自立于世界民族之林，就要在增强综合国力的同时大力增强民族凝聚力。当前，高校德育工作既要克服盲目排外、自我封闭的狭隘民族主义，又要旗帜鲜明地加强爱国主义教育，弘扬和培育民族精神，积极维护民族的独立和国家主权的完整，为实现中华民族伟大复兴的中国梦营造良好的国际环境。

5. 给意识形态安全教育带来挑战

随着世界经济全球化趋势的不断强化，各国把拓展知识产品出口、强化知识产权的保护作为对外政策的重要组成部分，使得不同社会制度和价值观念之间的冲突与斗争日益加剧。在此背景下，高校德育工作的国际化成为必然趋势。一方面，全球化的发展对人才培养质量提出了新的要求，谁能够培养高素质的人才，谁就能在日益激烈的国际竞争中赢得主动权；另一方面，教育国际化又促进了世界范围内的广泛交流与合作，而在各民族各类文化相互交流和融合的过程中，不可避免地会引发或激化全球化与民族文明、民族文化的矛盾。国际化人才的培养必将面对的是中国文化和其他国家文化之间的差异，包括文化形态、民族意识、价值取向等诸多方面。国际化人才既要保持本土文化，吸取西方文化中的精华，也要对西方文化中的糟粕有警惕意识，不能任其侵蚀。国际化人才在面对文化冲击时，必不可少的需要提升文化免疫力。国际化人才在实现自身价值和维护国家利益时，如果完全被异国文化同化，就会导致培养国际化人才的意义丧失。

（二）社会转型给高校德育工作带来的挑战

1. 大学精神陷入困境

大学精神是指大学校园群体所表现出来的共同一致的思想追求。具体来说，大学精神既包括科学精神、人文精神、超越精神、独立批判精神，又包括功利主义、现实主义、理想主义以及顺应潮流的价值取向等。

大学精神在社会转型时期所面临的困境主要体现在以下几个方面。

（1）人文精神发展相对滞后

人文精神是一种人类对自身给予关注的价值观念，是人类以深邃的目光、宽阔的眼界对自身的实践规范、激活状态以及自觉意识进行的总结与概括，涉及生态结构、生命活动、生存理念等问题。具体来说，人文精神倡导个性解放以及人与自然的和谐发展，坚持建立和谐、平等、自由的人际关系，主张重视主体意识与理性原则。此外，人文精神还追求理想的实现与理想人格的形成，主张充分发挥人的价值，对超越现实的理想世界执着探索，以体现高等教育所应具备的历史使命感与社会责任感。

目前，科学技术在社会转型的过程中发挥着不容忽视的作用，使科学精神的地位得到极大提升，人文精神的发展远远滞后于科学精神的发展。

（2）对理想的追求现实化

大学精神鼓励莘莘学子为理想而奋斗，要有追求理想的雄心壮志，并对现实永不满足，这正是大学精神昂扬向上的风帆。具体来说，大学生应具备社会责任感与使命感，追求精神超越，主张现实是澄明有序的，坚信未来是美好的。

在社会转型期，大学精神遇到了现代工具主义理性观点的冲击，使得理想主义不再占据主导地位，大学生的价值观失衡，大学校园充斥着庸俗、浮躁、功利的思潮。从教师的角度来看，由于受到功利主义思想的影响，原本对学问的执着追求逐渐沦为功名的敲门砖、虚荣的装饰以及用来满足个人私欲的手段。清华大学前校长梅贻琦曾言："大学者，非有大楼之谓也，大师之谓也。"视学术为生命的大师常常苦心孤诣、皓首穷经，终生与青灯黄卷为伴。这种耐得住寂寞的大师精神几乎成为绝唱，在很多现代人眼中已成为久远的记忆。从学生的角度来看，现实主义的影响使大学生减少了对理想的追求与对真理的执着，他们不再注重精神品位的提升，只为用好成绩来换取几张有市场前景的文凭，有的大学生甚至把文凭当作跻身上层社会、换取物质财富的工具。可见，大学生面临的是价值理性与工具理性的错位，以及由此带来的学子精神的缺失。大学生正由理想主义逐渐下滑至现实主义的窠巢。

（3）独立批判精神缺位

纵观中外大学的发展历程，独立性与批判精神都是大学永恒魅力的生命点。

第一，大学是独立的。只有人类理智与自由精神的最高表现才是真正的学术。因此，学术不是被动的，而是主动的；学术不是依赖的，而是独立的。换句话说，不独立自由的学术不是真正的学术，学术必须是自由的。因此，具备独立精神是以学术研究为使命的大学的基本追求。

第二，大学应具备批判精神。大学的批判精神既涉及知识分子对社会生活的审视性，也包含知识分子对社会生活的超越性。知识分子既要对直接利益与经验以外的问题予以关注，又要对社会规范问题展开研究，并在此基础上展开批判性、创造性的思考。这是一个知识分子的天职，更是其不能推卸的责任，而大学的判断能力、自觉意识与社会责任感会自然促使批判精神的产生。

当今的大学生是与社会转型一路成长起来的，自他们出生之日起，迎合性、顺从性等时代因子就伴随在他们左右，独立精神与批判精神的减弱成为一个不可避免的结局。在这样的环境下，甚至连大学的存在价值都会受到挑战。

2. 校园文化价值冲突

（1）“中”与“外”的文化冲突

社会转型使中国社会内部发生变化，即由封闭转向开放。我国不仅将国外的人才、资金、技术等引入国内，也使国外的文化随之进入国门。这使我国本土文化受到西方文化的直接冲击，其直接表现就是本土文化的情感理念、顺从观与西方文化的理性意识、主体观之间的矛盾。

在西方文化的影响下，越来越多大学生的主体意识被唤醒。他们开始用一种理性的观点来重新审视社会、反思历史，形成了自己的怀疑精神与批判意识，这在客观上对中国传统文化所倡导的群体意识、顺从意识带来了巨大的挑战。

（2）“旧”与“新”的价值冲突

社会转型期是新旧两种社会体制相互斗争、相互融合的过程。因此，在进行价值选择与价值判断时，不可避免地会发生新旧价值的冲突。大学校园也处于社会价值观的变革之中，因此大学生必将面临新旧之间的冲突。

（3）“科技”与“人文”的冲突

近年来，科学技术知识的更新周期越来越短，学科分类也逐渐趋于精细化。在此背景下，越来越多的大学生将更多的精力投入专业知识的学习中，这就使得他们的思维方式被科学理性所左右，有的学校甚至出现了科学主义意识过度膨胀的倾向。这种倾向容易导致大学生的人文精神被科学理性异化或吞噬。

（4）“俗”与“雅”的冲突

在社会转型期，多样的文化形态纷纷在社会大舞台亮相，其中既有通俗的，也有高雅的。通俗文化常常传递着对未来表示怀疑、对永恒表示漠视、崇拜眼前利益、重视偶然因素的价值取向，并且大都具有浅显、媚俗的文化形态，极易满足大学生的某些感官需要。相比较而言，高雅文化具有理性、智慧的精神内核，大力倡导真善美的价值观念，竭尽全力地展现人类文明中至纯至真、至高至尚的内涵。

就目前的情况来看，通俗文化在大学生心目中占有更加重要的地位。这一方面来源于社会转型所产生的浮躁氛围，另一方面也与大学生急功近利的价值取向密切相关。

3. 大学生信仰危机

信仰是指现实精神生活的最终依托和终极性价值观念体系，是人们对人生和社会终极价值目标的追求。换句话说，信仰是一种较为稳定且具有内在约束力的价值理想，是具有统摄力的价值承诺，对个体、群体的思维模式与行为方式具有指导意义，它是由特定社会环境中的文化特质形塑出来的。信仰危机是指个体或某个群体信仰体系由于不适应个体或某个群体生存的社会情境而表现为缺失的状态。

在社会转型期，深刻的社会变革逐渐消解了人们的信仰体系，并使其处于一种茫然和混乱的状态，这是信仰危机出现的根本原因。具体来说，当处于社会变革中的个体、群体面对多种文化价值观并存、主流价值观受到挑战的情况时，常常会感到迷惘困惑、无所适从。

目前，我国处于由传统社会向现代社会转型的过程中，大学生面临着不同程度的信仰危机，这是由转型过程中的价值体系断层现象所引起的。用英国社会学家吉登斯（Giddens）的观点来看，这是现代化所带来的传统社会和文化特质断裂的表现。

随着社会转型的深入，市场经济体制在我国逐渐取得了主体地位，带来了社会领域、文化领域、经济领域、政治领域内一系列措施的出台与相应的变革。需要注意的是，与物质变迁、社会结构变迁相比，文化变迁所表现出的“滞后”现象是文化领域里的一个突出现象。具体到当代大学生，则表现为价值取向的扭曲、理想信念的模糊以及政治信仰的迷茫。他们缺乏应有的社会责任感，缺乏为祖国、民族做贡献的远大目标，面对纷繁复杂的社会现象时不能对马克思主义理论进行准确、灵活的运用。总体来说，大学生的信仰危机主要体现在以下几个方面。

（1）信仰功利化

市场经济体制的深入发展带来了社会生活的繁荣，也激发了人们对物质生活的追求。在很多人眼中，“有所得”“获利”已成为一种信仰。换句话说，只有能够带来利益、带来物质享受的事物才是值得信仰的。受这种思想的影响，人们的价值选择正逐渐向物质利益的“回报”倾斜。这种思想反映在大学校园中则是大学生信仰的功利化。也正因如此，大学生在对专业、职业进行选择时，都更倾向于能带来更多物质利益。

（2）信仰多元化

一方面，社会转型实现了国内经济体制的转轨与各个行业的变革，新事物、新观念层出不穷；另一方面，社会转型引进了国外的各种社会思潮，使各种观念、理想出现了相互冲突、相互交融的局面，也使我国的信仰形势呈现出鲜明的多元化特征。这种现象对大学生的信仰判断、信仰选择带来了不小的干扰，从而使大学生表现出政治信仰多元化倾向。

4. 大学生道德信念危机

信念是认识、情感和意志的“合金”，是人们在生产、生活实践中所形成的对事物、观念的高度信服与绝对真诚，是人的精神活动的重要组成部分。同时，信念还能够赋予人们一种身体力行执着追求的精神动力。从存在形式、发挥意义等方面来分析，道德就是信念的存在方式与活动方式。因此，道德信念不仅指一个人对于某种道德要求、道德理想、人生观的坚信，还包括由这种笃信外化而来的履行某种道德义务的强烈责任感。由此可见，作为一种存在于人们内心的内化规范，道德只有被真心诚意地接受，才能在现实生活中转化为人的行动。

社会转型使社会大环境在很多方面都发生了改变，使人们的道德信念也发生了偏离。部分大学生受此影响，陷入了道德信念危机，其具体表现就是借贷不还、信用缺失、抄袭和剽窃他人的学术成果、考试作弊等现象的增多。

（三）新媒体给高校德育工作带来的挑战

1. 新媒体环境中存在一些不利因素

（1）文化环境的多元性

由于新媒体的作用，整个世界的距离被大大拉近。新媒体的出现使整个世界发生了重大变化，使“不出门就可知天下事”变成了现实。各国各界人士都可以通过新媒体进行交流，不同地域文化的交流也因为新媒体的出现更加通畅。在各个地域文化在相互交融中朝着新的方向继续发展的同时，不同文化之间的碰撞也随之而来。在新媒体环境下，东西方文化的冲突、本土文化与外来文化的冲突不可避免，一些消极的、不健康的西方文化也伺机侵入，给我国文化领域带来不小的冲击，同时也提高了高校德育工作的难度。

（2）政治环境的潜隐性

以互联网为代表的新媒体最初在美国兴起，后来在西方国家迅速流传开来。作为发达国家的美国和西方国家喜欢把他们的东西强加给发展中国家，并利用网络的便捷性来宣传他们的政治言论，标榜其政治制度的合理性和所谓的“民主”，竭力将他们的政治文化、政治理念、政治意识形态等塞给发展中国家。我国也不可避免地遭受到这种压迫。发达国家的这种做法目的在于降低人民的民族认同感，从意识形态方面影响我国。因此，新媒体的作用不容小觑，无论是政治思想还是意识形态，新媒体的不利影响都会带给我国许多潜在的威胁。

（3）舆论环境的难控性

新媒体的出现使得人们的言论比以前自由得多，这就使得大众传媒对舆论的控制力与监督力受到空前的挑战。由于媒介信息的流动性和随意性，不良信息肆意增生扩散，依靠政府的力量来控制不良信息的流动散布成为一件十分困难的事情。这时就需要依靠法律的力量来约束。

（4）社会环境的理性缺失

通过新媒体，人们可以畅所欲言，而且言论不受时间、地域的限制。这就给一些不法分子提供了可乘之机，使许多不法分子蠢蠢欲动，做出一些违背道德伦理的事情，同时使一些人患上当下流行的“网络综合征”。例如，许多未成年人因为迷上了网络而辍学，甚至做出一些违法行为。除此之外，由于新媒体的频繁使用，人与人之间的关系变得越来越冷漠。家庭关系、同事关系、朋友关系因为新媒体的介入而变得大不如从前，甚至许多家庭因为新媒体而发生破裂。综上所述，新媒体造成整个社会环境安全性缺失，人们变得越来越感性，考虑问题不再周全、不再理性。

（5）伦理环境的困惑性

许多人看到了新媒体的虚拟性，因而觉得利用新媒体做任何事情都是自由的，这就引发了许多伦理道德问题。随着新媒体的发展，道德相对主义、无政府主义和个人主义甚为流行和泛滥，因为人们普遍错误地认为，在新媒体这个虚拟的自由世界中，自己的所作所为不会被人所知，也不会被轻易看到，更不会因行为不当、不道德而受到舆论的职责。因此，新媒体成为许多人不良思想、不良行为滋生的温床，传统的道德观、价值观伦理观受到严重的冲击。

上述新媒体环境下存在的现实问题，对高校德育工作造成了巨大的冲击，增加了高校德育工作的难度。

2. 新媒体的复杂环境给马克思主义传播带来挑战

在新媒体环境下，信息覆盖面广、内容繁多，具有自由化和碎片化的特征，使得信息在传播过程中容易发生偏向，导致人们断章取义地引用和理解，歪曲事实真相。这种现象为反马克思主义理论和反社会主义等一些负面以及别有用心的假信息扩散提供了一种特殊的渠道，对当代大学生的思想产生了恶劣的影响。一些不道德的西方国家以“民主”“人权”和“普世价值”为借口，妄想分裂中国人民的凝聚力。种种违反马克思主义的思维逻辑潮流，极大地考验了高校德育工作者的持久毅力和内心意志。

3. 新媒体发展给高校德育工作带来沟通障碍

在新媒体环境下，人们热衷于通过手机和电脑去上网，导致人与人之间建立起一道厚厚的屏障，使得人们在人际交往中变得越来越冷漠，越来越缺乏安全感。

上述问题使得教师在与学生沟通时会出现一些障碍，而如果教师与学生之间缺乏精神上的交流与沟通，那么教师与学生在思想、情感和感受上就不可能实现相互渗透，使高校德育工作难度加大。

4. 新媒体对大学生身心健康提出挑战

新媒体是在数字技术和网络技术的基础之上延伸出来的各种媒体形式。新媒体的出现对高校德育工作提出了一系列新的课题，特别是以互联网和手机为典型代表的新媒体在大学生中的流行，使大学生的交往方式、学习手段等出现了新的变化。对此，教师必须转变教育理念，学会利用新媒体的信息优势，只有这样，才能行之有效地应对新媒体时代的高校德育工作。

在新媒体背景下，不良信息的侵袭导致大学生各种心理问题日益突出，严重影响了大学生的身心健康。不良信息对大学生身心健康的消极影响是多方面的，主要体现在以下几个方面。

第一，来自西方资产阶级的人生观、价值观、道德观的侵袭。西方大国充分利用其信息传播的先进技术，极力宣扬自身“优越”的意识形态、政治制度、文化思想，对广大发展中国家特别是社会主义国家影响甚大。大学生的世界观、人生观、价值观正值成长期，很容易受到不符合我国国情的思潮的影响，从而导致我国大学生形成偏颇甚至错误的世界观、人生观、价值观及道德观，对大学生的健康成长产生不利的影响。

第二，学生的心理健康受到挑战。许多大学生因为沉迷于网络而患上网络综合征，症状包括抑郁、失眠、精力不集中、精神分裂等。科学家发现这些症状与吸烟、酗酒甚至是吸毒等其他上瘾行为导致的症状惊人地相似。新媒体环境下的不良信息使大学生很难真正认识自我价值，很难与他人和谐相处，甚至会逃避现实生活和学习，不能很好地控制情绪。在面临选择时，很多大学生不能做出及时准确的判断和选择，更有甚者把新媒体作为自己宣泄情绪的平台，走上了违法犯罪的不归之路。心理问题很容易导致大学生丧失正确的人生态度和信仰，对现实社会生活产生消极悲观情绪。这些都严重侵蚀着大学生的灵魂，导致大学生心理不健全，影响大学生的全面发展。

第三，新媒体削弱了大学生的自制力和课堂学习能力。大学生的思想尚未成熟，自制能力差，新媒体的吸引力使部分大学生沉溺其中，自制力不断下降。新媒体蕴藏海量的信息资源，使得部分接触新媒体的大学生自认为自己的知识储备已经足够，无须在课堂上认真听讲，从而导致做任何事情都不能集中注意力、精神涣散。[1]

[1] 刘忠孝，陈桂芝，刘金莹.高校德育论[M].哈尔滨：黑龙江人民出版社，2019：23.

第二章 新时代高校德育工作改革与创新的内在机理

内在机理的研究能够为高校德育工作改革与创新的理论研究与实践发展提供学理支撑。沈壮海认为：“严整、科学的理论框架的设定，是科学研究获得整体视野，遵从严密的逻辑，一步步走向深化的基本条件。”“严整、科学的理论框架的确立，在于对相应论题核心性范畴及论域构成诸方面的准确、全面地把握”。因此，探究高校德育工作改革与创新的目标定位、重要任务、主体类别与发展动力等，厘清高校德育工作改革与创新的内在思路，以加强高校德育工作改革与创新主体间协调联动，做到高校德育工作目标任务互为支撑、分工相互配合、人员组织合作协调、教育资源统筹考虑，形成高校德育工作的整体效应，促进高校德育工作一体统筹发展，是深化高校德育工作改革与创新研究的必然要求。

第一节　新时代高校德育工作改革与创新的目标定位

高校德育工作改革与创新的目标，就是实施高校德育工作改革与创新所期望达到的结果或实现的价值。高校德育工作改革与创新的目标反映了高校德育工作改革与创新的本质和方向，规定了高校德育工作改革与创新的基本内容，影响着高校德育工作改革与创新的方法和路径选择，构成了高校德育工作改革与创新的出发点与归宿。马克思强调，“最蹩脚的建筑师”一开始就比“最灵巧的蜜蜂”更高明，因为“他不仅使自然物发生形式变化，同时他还在自然物中实现自己的目的，这个目的是他所知道的，是作为规律决定着他的活动的方式和方法的，他必须使他的意志服从这个目的”。高校德育工作改革与创新不是为了简单地满足现状，而是为了能够超越高校德育工作现实，促进人的全面发展和社会的发展进步。

一、高校德育工作改革与创新目标确立的依据

美国实用主义教育家约翰·杜威（John Dewey）认为，目标必须从活动内部产生，因为外在的目标会导致手段与结局的割裂。确立目标主要有三个特点：所确立的目标必须是现存条件的自然结果；所确立的目标必须灵活，能够进行更改，从而满足具体情况的要求；所确立的目标总是能保证活动的自由度。高校德育工作改革与创新的目标，无论是根本目标还是具体目标，都不能是人们主观臆断得出的，而是应当综合考量当前我国经济社会改革发展的时代背景、高校德育工作发展的基本状况等内外部因素，只有如此确立的高校德育工作改革与创新目标才较为恰当。

（一）回应创新驱动发展战略的时代诉求

高校德育工作改革与创新作为一种全新的改革与创新组织模式，要为社会的发展与进步服务，其目标的确立应立足于社会发展形势，反映社会发展的客观需要。2015年6月，国务院印发《关于大力推进大众创业万众创新若干政策措施的意见》（国发〔2015〕32号）。2016年5月，中共中央、国务院印发了《国家创新驱动发展战略纲要》。这两份文件都提到了创新驱动。创新驱动就是让改革与创新成为引领社会发展进步的第一动力。就高校德育工作改革与创新的目标而言，就是要呼应创新驱动发展战略，让改革与创新成为高校德育工作发展的第一推动力，促进高校德育工作学科建设、实践在改革与创新中不断发展。

（二）满足德育学科改革与创新发展的迫切需要

推进德育学科改革与创新发展是高校德育工作学科发展自觉的现实表征。德育学科虽走过了几十年的发展历程，但德育学科发展的基础依然较为薄弱，推进德育学科改革与创新发展依旧任重道远。例如，德育学科边界、研究范式尚未明晰，学界对德育的基本范畴、主客体关系、本质等问题尚未达成共识，德育工作价值、转型等前沿问题研究论域有待进一步开拓和深化，等等。这些

都是确立高校德育工作改革与创新的目标需要认真研究思考的问题。德育学科改革与创新应在完善高校德育工作已有研究成果、整合高校德育工作零散研究成果、开发高校德育工作研究新成果等方面下功夫，不断促进德育学科改革与创新发展。

（三）满足高校德育工作对象全面发展的现实需求

促进人的自由全面发展是马克思主义追求的根本价值目标，是共产主义社会的根本特征之一，也是高校德育工作的根本价值取向与发展目标。全面发展的个人是历史的产物，即是社会历史发展的产物，其中最为根本的就是教育的影响。高校德育工作是培养人的一项事业，高校德育工作改革与创新，无论是基础理论研究改革与创新还是实践工作改革与创新，都直接关乎人这一主体，都是做人的思想工作。因此，高校德育工作改革与创新将人的全面发展作为立足基础，应当是不言而喻的。可以说，把教育对象自由而全面的发展作为确立高校德育工作改革与创新目标的基本依据，是对马克思主义以人为本教育理念的继承和发展。

二、高校德育工作改革与创新的目标体系

高校德育工作改革与创新的目标不是单一的，而是多元的，它们构成了一个相互关联的改革与创新目标体系。从不同的角度出发，可以将高校德育工作改革与创新的目标分解为不同的类别和层次。例如，从高校德育工作改革与创新的地位来看，可以将目标分为根本目标和具体目标；从高校德育工作改革与创新的时效来看，可以将目标分为长期目标、中期目标和短期目标；从高校德育工作改革与创新的层次来看，可以将目标分为总目标和分目标。

（一）高校德育工作改革与创新的根本目标和具体目标

就高校德育工作改革与创新目标的性质而言，可以将其分为根本目标和具体目标。由于高校德育工作改革与创新是高校德育工作的一个重要分支，高校德育工作改革与创新的根本目标与高校德育工作的根本目标是一致的。

高校德育工作的根本目标，就是反映高校德育工作最根本、最核心、最本质的发展愿景与价值诉求，构成高校德育工作的出发点与最终归宿。骆郁廷认为，高校德育工作的根本目的可以概括为两个方面：一是提高人们认识世界和改造世界的能力，二是在改造客观世界的同时改造主观世界。他还将坚持全

面发展观、促进人的自由全面发展作为高校德育工作的培养目标。[1]孙其昂认为，人的自由全面发展理所应当地成为高校德育工作的核心命题，成为高校德育工作的根本目标。[2]熊建生认为，由高校德育工作的根本性质和任务所决定，高校德育工作的根本目标是促进人的全面发展。[3]由此可以看到，学界在高校德育工作的根本目标上基本上已达成共识，虽然文字表述和侧重点略有差别，但基本上都把目光聚焦于促进高校德育工作对象——人的自由全面发展上。本书赞同学界的这一基本观点，认为高校德育工作的根本目标应当是提高人的思想政治素质，促进教育对象的自由全面发展，培养能够适应现代社会生活的具有创造活力的人。

高校德育工作改革与创新的根本目标是一元的，而具体目标则是多元的。高校德育工作改革与创新的具体目标表现为多个层次。从高校德育工作改革与创新的领域来看，高校德育工作改革与创新的具体目标包括高校德育工作内容体系改革与创新目标、方式方法改革与创新目标、话语体系改革与创新目标、学科建设改革与创新目标、体制机制建设改革与创新目标等；从德育工作改革与创新的主体类型来看，包括宏观场域中的主体改革与创新目标、中观场域中的主体改革与创新目标、微观场域中的主体改革与创新目标等。每一个层次的具体目标还可以再细化为更小、更具体的目标。通过一个个具体目标的实现，就能够向根本目标不断前进。

（二）高校德育工作改革与创新的长期目标、中期目标和短期目标

就达成高校德育工作改革与创新目标所需时间的长短来看，高校德育工作改革与创新的具体目标可以分为长期目标、中期目标和短期目标。高校德育工作改革与创新的长期目标，指的是需要经过相当长的一段时间的齐心协力才能实现的目标，是高校德育工作改革与创新的长远预期结果，贯穿于高校德育工作改革与创新的全过程和各领域，反映了高校德育工作改革与创新的长远价值追求与发展趋势。长远目标对于推进高校德育工作改革与创新具有十分重要的引领作用，也是评价高校德育工作改革与创新的基本依据。

---

[1] 骆郁廷，赵方.新时代推己及人的德育价值[J].学校党建与思想教育，2018（9）：16-19.

[2] 孙其昂.现代性视阈中青少年思想道德教育的特征及认识思路[J].学校党建与思想教育，2019（19）：15-19.

[3] 潘晓阳，熊建生.思想政治教育者形象的时代塑造[J].思想理论教育，2019（8）：89-93.

高校德育工作改革与创新的中期目标，指的是需要经过较长一段时间的努力才能实现的目标。中期目标具有一定的阶段性和中介性特征，反映的是高校德育工作改革与创新在某一特定时间段内或者某一特定活动中所预期取得的结果，对于高校德育工作改革与创新活动以及人的思想行为具有重要的激励作用。

短期目标是指高校德育工作改革与创新在较短的时间内所要实现的目标。短期目标体现的是高校德育工作改革与创新当前阶段、当前活动所期望达成的目标，具有现实性、具体性和可操作性等特点，对于高校德育工作改革与创新活动具有重要的调控作用。

高校德育工作改革与创新的长期目标、中期目标与短期目标相互影响、相互贯通，在彼此关联中构成高校德育工作改革与创新的目标体系。其中，高校德育工作改革与创新的长期目标对中期目标和短期目标具有重要的引导作用，中期目标对长远目标和短期目标具有桥梁与纽带作用，短期目标则奠定了长远目标、中期目标达成的基础。

（三）高校德育工作改革与创新的总目标和分目标

就高校德育工作改革与创新目标的层次而言，高校德育工作改革与创新的目标具有总目标与分目标之分。高校德育工作改革与创新的总目标旨在促进高校德育工作改革与创新发展，提高高校德育工作的现代化水平。高校德育工作改革与创新的分目标则是对总目标的具体化，旨在促进高校德育工作系统及其各要素的现代化，提升高校德育工作的现代性。

现代化是一个依循时空不断递进的社会历史演化过程，也是一个具有复杂要素结构的过程系统。新时代背景下的高校德育工作现代化主要包括两个方面的内涵：一是指传统高校德育工作向现代高校德育工作的转化过程；二是指现代高校德育工作现代性的不断生成与提升。

第一，传统高校德育工作向现代高校德育工作的转化过程。在全面深化改革的当代中国，社会转型特指中华人民共和国成立以来由以计划经济为主导的社会型制向以市场经济为主导的社会型制的转变。这种系统性的深层社会结构变革对高校德育工作产生了深刻的影响，对高校德育工作提出了现代转型的时代课题。高校德育工作要想培养能够适应现代社会的、具有创造活力的人，就要在现代转型中不断提升自身的现代化水平。改革与创新视域下的高校德育工作由传统向现代的转化主要表现在两个方面：一是高校德育工作系统现代化，包括高校德育工作实践现代化、高校德育学科建设现代化以及高校德育工作环境现代化等。二是高校德育工作要素现代化。高校德育工作要素现代化主要包括高校德育工作理念、方式、技术、载体、体制、治理等的现代化。无论是高校德育工作手段，还是高校德育工作载体、管理等要素的现代化，都需要在实践中不断提高改革与创新性。这两个方面的现代转型相辅相成，构成了高校德育工作由传统向现代转型的主体结构。

第二，现代高校德育工作现代性的不断生成与提升。高校德育工作现代性作为一种高层次的文化现象，是高校德育工作现代化过程中现代内涵的文化表征。孙其昂认为，现代化的过程也是现代性展开的过程，在研究现代性的同时也要研究现代化。高校德育工作的现代性主要体现为高校德育工作现代性内容、高校德育工作现代性矛盾和高校德育工作现代性思维等三个维度中。改革与创新视域下的高校德育工作现代性提升注重在丰富高校德育工作现代内容上下功夫，多开发集思想性、教育性、时代性于一体的教育内容；要在解决高校德育工作现代性矛盾上下功夫，将高校德育工作内容解构、教育权威消解、价值信仰迷失等现代性矛盾转化为高校德育工作系统运动的动力；要在培育高校德育工作现代性思维上下功夫，用系统、辩证、批判的眼光审视高校德育工作改革与创新。

三、高校德育工作改革与创新目标的作用

历史唯物主义认为，有目的性是人类社会实践活动的重要特征。正如杜威所言：“教育一事，不可以无目的。无目的则如无舵之舟、无羁之马，教育的精神从何发展，其结果必不堪设想。”目的性是高校德育工作改革与创新的鲜明特质，高校德育工作改革与创新的目标对高校德育工作改革与创新活动具有十分重要的价值。

第一，高校德育工作改革与创新的目标指引高校德育工作改革与创新活动的发展方向。目标能够对社会活动起到重要的引导作用。高校德育工作改革与创新的方向是由其目标所规定的。高校德育工作改革与创新的目标是高校德育工作改革与创新活动成效的“预期”，而不是“结果”，这种具有预期性质的目标体系能够对高校德育工作改革与创新的发展轨迹起到适时的纠偏作用，确保高校德育工作改革与创新活动沿着既定的目标不断前行。

第二，高校德育工作改革与创新的目标为高校德育工作改革与创新活动提供动力。目标管理（Management by Objective，简称“MBO”）是以目标为

导向、以人为中心、以成果为标准的现代管理方法。目标管理通过目标设置、实现、考核来激发人的主观能动性，引导人的行为向着既定目标前进。高校德育工作改革与创新目标对于高校德育工作改革与创新活动的推进也是同样的道理。目标有助于激发高校德育工作改革与创新主体的活力，引导各主体的高校德育工作行为，为高校德育工作改革与创新活动提供基本动力。换言之，高校德育工作改革与创新的目标能够有效地激发主体的改革与创新意识和创造活力，对高校德育工作改革与创新各主体具有巨大的激励作用，为他们不断向既定的目标体系聚拢提供了强大的内在动力。

第三，高校德育工作改革与创新的目标是调控高校德育工作改革与创新活动过程的基本遵循。将过程观嵌入高校德育工作改革与创新活动中，把高校德育工作改革与创新视为促进高校德育工作改革与创新发展、培养全面发展的人的过程十分必要。高校德育工作改革与创新的目标能够有效协调改革与创新活动过程中生成的各式关系，避免各教育主体在推进改革与创新进程中可能出现的各行其是的现象，能够最大限度地集聚高校德育工作共识，寻求高校德育工作改革与创新的“最大公约数”。

第四，高校德育工作改革与创新的目标为评价高校德育工作改革与创新活动的成效提供依据。评判一项活动是否有效以及效果如何，其中一个很重要的也是最直接的标准就是考查活动预期目标的完成情况。高校德育工作改革与创新的目标是一定社会的发展形势、高校德育工作学科发展状况以及教育对象的自由全面发展需求等因素综合作用的产物，它的完成情况在很大程度上能够反映出这三种因素的实现程度，因而将高校德育工作改革与创新的目标当作评价高校德育工作改革与创新成效的尺度之一具有内在的科学性与可操作性。高校德育工作改革与创新的目标是联结高校德育工作改革与创新活动评价指标体系的总纲，它不仅是高校德育工作改革与创新活动的发展方向，也是评价高校德育工作改革与创新活动成效的基本尺度。具体而言，有助于实现高校德育工作改革与创新目标的活动即是有效的教育工作，反之则是无效的教育工作；高校德育工作改革与创新活动暂告一段落时取得的德育成果达到甚至超越了预设的德育目标就是有效或高效的高校德育工作，反之则是低效或无效的高校德育工作。

第二节　新时代高校德育工作改革与创新的重要任务

一、坚定师生理想信念，增强对中国特色社会主义的理论认同、政治认同、情感认同

高校是优秀人才的培养摇篮，其核心任务就是要加强优秀人才的培养，改革人才培养模式，确保高等教育的长效稳定发展。高校必须要切实认识到思想理论会直接影响到办学方向，要始终把握好社会主义的正确方向，把思想理论建设作为重中之重，让广大师生以及党员干部能够主动积极地用中国特色社会主义理论体系武装自己。

第一，做好中国梦以及中国特色社会主义事业的宣传以及教育工作。要加强对先进典型宣传教育工具的应用，构建坚定完善的宣传阵地，同时还需要积极打造良好的精神文化产品，提高对政策形势、教育等工作的重视程度，让高校师生能够主动为中国梦的实现做出积极努力。与此同时，要积极领会党中央的精神，有效推动改革工作的顺利进行，加强依法治国建设力度，做好宣传以及舆论指导的有关工作，切实解决好师生普遍关心和关注的重大思想问题，以便实现思想统一和共识一致；要发挥好党员干部的模范带头作用，使他们能够在组织群体中扮演好领头羊的角色；要全力打造思想引领工程，结合师生的学习习惯以及接受水平，对高校德育学习载体及学习形式进行改革，通过丰富多彩的学习活动确保理论学习的实效性，不断完善理论体系。比如，可以组织形势报告会、名家讲堂等实践活动，让高校德育理论教育更加丰富多样，改变过去高校德育理论教育过于抽象复杂的局面。

第二，让中国特色社会主义理论体系成为高校德育教材体系建设的重中之重，使中国特色社会主义理论内容能够在课堂教学中进行大范围的讲授与传播，从而让这样的理论武装学生的头脑，使学生能够将这些理论转化为实际行动，并在实践中贯彻落实。要切实明确高校德育课程在高校德育中扮演的角色，使其能够成为教育主阵地，加快高校德育工作的改革步伐，让大量马克思

主义理论的优秀研究成果成为高校德育教材内容中的组成部分，使高校德育教材体系能够逐步转化成为教学体系，实现高校德育工作的深度变革。要制订高校德育师资队伍建设以及培训计划，完善高校德育师资队伍的培训体系。要对必修课程以及选修课程进行合理设置，并专门针对教学质量构建完善的评价体系，同时要求教师能够用科学先进的教育方法与现代化工具对学生进行形象直观的内容教学，确保教学质量与效率的综合提升，最大限度地满足学生的道德理论素质培养需要。

第三，提高对高校社会实践教育工作的实践力度。要将社会实践作为一项重要内容，引导广大师生利用实践平台进行理论的落实，并为师生开展各项实践活动提供强有力的保障，让高校育人长效机制真正建立起来。这样一来，广大师生就可以突破课堂约束，在多姿多彩的社会实践中加深对国家发展情况的认识，有效把握国家的前途与命运，切实履行好个人承担的社会责任。

二、做大做强正面宣传，为高校德育工作改革与创新发展营造良好舆论氛围

新闻宣传在高校德育工作改革与创新发展中扮演着重要角色，更是高校德育工作的一大要点，能够为高校行政管理体系的优化、舆论引导作用的发挥等提供路径以及工具。从作用层面上分析，新闻宣传是党和国家宣传教育方针政策、工作路线等的喉舌所在，而为了保证这一作用的有效发挥，必须要善于抓住新闻宣传的规律与要求，加强对现代技术的应用，尤其是要加强对新媒体工具的使用，使高校德育工作在改革与创新道路上走得更加顺畅。

（一）促进新闻宣传质量提高

高校要切实提高对新闻发布工作的重视，建立专门的发布制度作为有效约束；专门设立新闻发言人，并就相应制度进行有效管理，以便及时公布高校德育工作改革与创新的重要信息以及社会普遍关心的情况，更加及时有效地进行舆论引导，积极应对各种突发事件；对新闻宣传的文风进行有效优化，落实马克思主义的新闻观；加强对新媒体平台的应用，实现传统媒体以及新媒体的全面整合，让媒体的价值得到最大化的发挥，让信息传播的效率和质量得到提升；将高校宣传部门、新闻媒体这几个方面进行全面整合，完善联动机制，进行多元信息的高效传播，营造优质的舆论氛围，推动高校德育工作改革与创新进程。

（二）打造新闻宣传的新媒体平台

校报、宣传栏等属于高校内部的传统媒体，是进行新闻传播的重要途径。高校除了要确立其主导地位并发挥其重要作用之外，还需要加强对新媒体技术的应用，更好地应对微博、微信等新型传播方式给传统宣传带来的冲击；要切实提高文化建设的力度，注重提高网络文化的健康水平，将数字化技术与报刊建设整合为一体，有效统筹网络文章，为网络文化的可持续性发展创造良好的条件；要加强网站建设，充分挖掘相关教育网站的资源，尤其是挖掘其中有助于高校德育工作实施的内容，强化网络互动，使学生在网站分析和阅读的过程中能够自然而然地受到德育理论的熏陶，最大限度地增强高校德育工作的渗透价值，扩大高校德育工作的育人范围。

（三）切实发挥舆论的引导作用

高校要认真分析当前所处的全媒体时代，对舆情演化进行全方位的把握，并及时发现其中存在的问题，提出有针对性的应对方法；重视高校师生的多元化信息需求，回应他们关心以及关注的热点问题。假如出现突发事件，高校必须要有舆情引导方案，以便在舆论斗争中占据优势，使广大师生能够明辨是非，提高思想认识，在舆论方面拥有主导权。在高校德育课程教学过程中，要加强对网络平台的运用，实现线上线下的一体化运行，有效发挥以及挖掘网络信息技术的价值，有效传播社会正能量，确保思想宣传工作的实效性；完善网络舆情的预警以及控制机制，全面提高网络舆论引导工作的成效，利用网络巨大的传播影响力做好有关工作。与此同时，为了保证实际的舆论引导效果，可以专门设置相关工作人员负责做好网络管理、舆论引导监测等多个方面的工作，同时注意提高他们的信息素养水平，以使其更好地适应当前工作的需要。

三、巩固共同思想道德基础，积极培育和践行社会主义核心价值观

高校是社会主义核心价值观的培育与践行示范区，在社会中占有举足轻重的地位。为了推动高校德育工作的长效发展，必须要保证各个工作事项能够充分满足师生的实际需要，注重运用多元化的策略以及保障机制，让社会主义核心价值观渗透在师生工作学习以及实际生活的各个领域，真正成为师生为人处世的基本准则。

（一）在高校德育实践中渗透社会主义核心价值观教育

在高校德育实践中，社会主义核心价值观的有效融入以及渗透是必不可少的。高校应该坚持贯彻宣传社会主义核心价值观，使高校学生能有强大的文化以及价值观自信，让他们能够坚定地走好践行社会主义核心价值观的道路；要切实将促进民族团结的教育工作放在重要位置，使广大学生能够拥有良好的爱国情怀，且能够全面维护民族团结，共同为国家发展做出不懈努力；要加深学生对马克思主义宗教观的教育与指导，使学生能够有清醒的认识和正确的理念，避免走入歧途；要打造优质校园文化，有效开展以学习模范榜样为主题的综合实践活动，让廉洁教育走进高校校园，深化学生对廉政文化的认识，让他们在学生阶段就能够受到正确的思想领导；要树立青年榜样，并用榜样的力量引导高校学生向榜样看齐，使学生主动融入各个领域的发展建设中，成为合格的社会主义建设者与接班人。具体而言，可以将青年榜样的优秀事迹和感人故事进行沟通分享，让学生在学习与聆听的过程中受到触动；完善学生志愿服务制度建设，将这部分内容纳入综合素质的评估指标中，鼓励学生主动参与志愿活动，承担好自身的社会责任，培养公益意识。

（二）在师德师风建设中渗透社会主义核心价值观

高校要在师德师风建设中渗透社会主义核心价值观，全面落实《关于建立健全高校师德建设长效机制的意见》，创新师德教育，加强师德宣传，健全师德考核，强化师德监督，注重师德激励，严格师德惩处；推动广大教师坚定理想信念，遵守职业道德，承担育人职责，永怀仁爱之心；充分激发教师加强师德建设的自觉性，鼓励教师弘扬内省、慎独的优良传统，使教师在细微处见师德，在日常生活中守师德，养成师德自律习惯，将师德规范积极主动融入教育教学、科学研究和服务社会的实践中，提高师德践行能力。

四、强化阵地意识，牢牢把握高校意识形态工作的领导权、管理权、话语权

意识形态工作是党和国家的一项重要工作内容，而高校在其中扮演的角色非常重要，因此如何有效发挥高校的阵地作用就显得尤为关键。能否有效提高意识形态的工作成效，将直接影响到高校能否秉持正确的办学方向，也会影响到高校能否顺利地完成教研、管理等多个方面的工作。高校党委要树立清醒的认识，不管何时都不能松懈，始终坚守意识形态工作这根弦，树立正确的思想

意识，把握好意识形态工作的领导权、管理权以及话语权。

（一）把握领导权

高校党委要提高责任意识，并对政治以及领导责任进行有效强化，切实将意识形态工作的内容纳入高校发展的核心工作体系，加强对这一工作的深度分析，同时做好有关的引导工作；必须做到旗帜鲜明，始终坚守在意识形态工作第一线，提高担当意识，培养亮剑精神，和党中央保持高度一致；对意识形态工作机制进行全面建设，切实实现齐抓共管，将党政、党群、学校、各级干部、组织部门、团队等紧密联系起来，消除彼此之间的信息互动障碍，实现意识形态工作的全面协调，构建坚实的联动机制；有效评估意识形态工作实践获得的成果以及存在的问题，并将其当作考核领导班子的核心指标，同时根据评估结果进行科学部署，及时发现以及处理好意识形态中的各种问题；在宣传思想工作干部的选拔方面提高要求以及标准，在保证他们拥有理论素质的同时，还需要保证他们能够在实践中秉持原则，实现理论与实践的协调统一。只有这样的人才才能够充实高校德育工作队伍，并切实为此项工作的有效开展做出贡献。

（二）把握管理权

高校要将课堂作为重要的德育平台，提高课堂管理的有效性，并对课堂教学提出严格的要求，使其能够始终坚持党的基本路线；要健全课堂教学管理机制，对教学全过程进行监督与指导，严禁在课堂上传播错误或者偏激的言论与思想，一旦发现相关问题，必须严肃批评和严格处理。如果有教师不能够严格遵守教育教学的相关要求，且不能够坚持党的基本路线，则必须对其进行严肃惩处，甚至可以结合他们的实际情况予以调离或解聘；针对开展违法活动、处处传播反动思想言论的个人，必须要拿起法律武器对其进行惩处。另外，对于外籍教师的聘任工作，必须要严格遵循国家的相关规定；对校刊等出版物的内容要进行严格审核，一旦发现其中有不良内容必须立即删除，并查找责任源头，严肃处理。

（三）把握话语权

在意识形态的传播进程中，话语体系属于最为基本的载体。在全新的时代背景下，必须对传统的意识形态话语体系进行有效革新，有效运用中国理论、学术、文化等进行马克思主义中国化成果的深度解读，从而打造具有中国特色与风格的话语体系；必须切实意识到西方学术话语已经对我国构成了严重的威胁，因此必须要提升紧迫感以及责任意识，有效借助高校在学科以及人才等方面的突出优势传播好中国的学术话语，让世界听到中国的声音；必须做好意识形态的相关研究工作，把握好这一领域的动态以及规律，使得广大德育工作者的舆论引导作用能够最大化；必须对社会舆情等方面的情况进行有效的研究与判断，并构建专门的研判机制，从而及时发现和处理不良问题，这样才能够在实际的意识形态工作当中拥有主动权。

五、推动文化传承创新，建设具有中国特色、体现时代要求的校园文化

校园文化建设始终是高校德育工作的重点，因为高校是先进文化传播发展的阵地，在文化强国实践当中扮演着重要角色，只有充分发挥高校的作用，才能够让文化繁荣工作得以长效发展且拥有持续不断的动力。针对这一情况，高校要切实提高对校园文化建设的重视，引导学生树立文化自信与自觉，并将文化人的思想观念渗透到人才培养当中，为我国精神文明建设工作的长效发展提供助力。

第一，有效培育以及发扬校园精神。要有效提炼校园精神传统，把握高校的办学观念以及治学文化，使其能够与我国的先进文化保持一致，使得校园文化建设拥有坚实的保障；要对高校内部的各项文化设施进行建设与创新，充分发挥这些设施在文化教育和校园文化建设当中的重要价值，有效借助校训进行校园文化内涵的挖掘以及历史内容的研究，让高校建立起一个独具魅力和个性特色的文化体系；要积极建设校园文化景观，并将其作为传播校园精神与文化的载体；要加强对校园文化建设工作的评价以及反馈，并建立专门的工作机制，使得广大师生能够积极地提出意见和建议，并鼓励社会各界站在客观层面上进行反馈，使得高校能够在校园文化建设当中积累经验教训，让高校文化建设更上一层楼。

第二，建立校园文化的特色品牌。要积极建设高校的公共艺术景观作品，确保这些作品能够与高校的人文环境相符，且具有极高的品位，让高校能够成为重要的文化艺术传播阵地，彰显高校的文化魅力，也让高校的艺术境界得以提升。要打造高校文化的高端发展平台，并根据文化品牌建设的要求，组织实施一系列的品牌建设活动，在实践当中引导师生广泛参与，并使师生在实践当中受到良好的教育与熏陶，从而能够真正在特色品牌建设当中贡献自己的力

量。高校可以结合自身的情况进行文化场馆的建设工作，在实际建设当中要始终把握好公益性、专业化、高品位的原则，使得校园文化特色品牌能够拥有一个坚实的建设平台，使校园的文化精神得到更大范围的传播。

第三，进行有效的传统文化与美德教育。要加强对我国优秀传统文化以及美德内容的研究力度，有效发挥高校在人才方面的巨大优势，促进相关研究结果的推陈出新，同时要在人才建设、文化沟通、资金支持等方面进行全面建设，使得高校最终能够成为中华优秀传统文化的研究以及传播阵地；要将中华优秀传统文化内容纳入高校课程系统，并设置好学时与学分，切实提高对传统文化与美德教育工作的重视，显示出高校对这项内容教育的关注；要对高校的各个课程内容进行深度分析，充分挖掘其中的中华优秀传统文化元素，并结合这些内容对学生进行文化与美德的教育与指导，让他们在提高文化素养的同时，还能够在专业学习领域走得更远；要利用国家的重大节日进行中华优秀传统文化的传播，使得文化养成教育得到全面贯彻落实；要组织丰富多彩的校园文化实践活动，将中华优秀传统文化作为活动的主题，使得学生能够在实践活动当中感受中华优秀传统文化魅力，自觉践行传统美德。

第三节　新时代高校德育工作改革与创新主体的类别

高校德育工作改革与创新的发生场域是一个客观存在的关系系统。从不同的视角可以将高校德育工作改革与创新的主体划分为不同的类别。就高校德育工作改革与创新的层次而言，高校德育工作改革与创新可以分为宏观、中观与微观三个场域。本书就从这三个场域出发，对不同类型的高校德育工作改革与创新主体进行分析。

一、宏观场域中的高校德育工作改革与创新主体

宏观场域下的高校德育工作改革与创新主体主要有政府、政党与社会等。

（一）政府（国家）

高校德育工作作为国家意识形态治理的重要手段之一，历来受到统治阶级的高度重视。正如马克斯·韦伯（Max Weber）所言，任何统治都企图唤起并

维持对它的合法化的信仰。政府在高校德育工作改革与创新中发挥着十分重要的领导核心作用。教育、宣传、组织、人事等政府有关部门要加强思想政治工作的顶层设计，集聚多方面改革与创新主体与社会教育资源，形成高校德育工作合力。政府应确立高校德育工作在国民教育体系中的战略地位，统一谋划高校德育工作的主要目标、任务和内容，为高校德育工作营造良好的外部发展环境，在实现教育治理现代化的过程中不断推进高校德育工作改革与创新。

（二）政党

高校德育工作是一个政党实现自身政治理想和价值追求的重要手段。始终以马克思主义理论武装自身的中国共产党，历来高度重视推进高校德育工作改革与创新发展，因为高校德育工作在革命、建设与改革的各个阶段都发挥了重要作用。中国共产党善于发挥自身组织系统的宣传、动员、教育机制，整合了大量高校德育有效资源，调动社会各方面的积极因素推进高校德育工作创新发展。中国共产党统筹规划高校德育工作体系，组织召开全国高校党的建设工作会议、高校宣传思想工作会议、高校思想政治工作会议等，这些会议对于在开放多元的时代条件下推进高校德育工作改革与创新具有重要意义。

（三）社会

高校德育工作总是发生在一定的社会里，因此社会也构成了高校德育创新的宏观主体。在社会主义市场经济条件与利益分化重组不断加深的社会发展境遇下，高校德育工作的一个很重要的使命就是要将复杂多样的思想意识、价值观念与道德规范引导到符合社会发展要求的主流价值轨道上来，以培养具有现代公民基本素养的“社会人”。社会主义精神文明建设活动、思想道德建设以及培育和践行社会主义核心价值观等，都是社会教育的重要内容，构成了高校德育工作改革与创新的重要系统层次。此外，由网络世界、心理世界、精神世界等构成的虚拟社会也是高校德育工作创新主体不可分割的重要组成部分。

总之，在多元开放的转型社会中，要想提高当代高校德育工作的针对性与实效性，就必须将政党意志与政府行为结合起来。换言之，高校德育工作改革与创新要立足于当前我国经济社会发展实际，就必须加强党政配合，建立健全高校德育工作主体机制，形成全社会关心支持高校德育工作的强大合力，为高校德育工作改革与创新营造良好的宏观发展环境。

二、中观场域中的高校德育工作改革与创新主体

中观场域中的高校德育工作改革与创新主体主要有学校、家庭、社区。

（一）学校

学校创设了一种有序、系统、权威的学习环境，是开展高校德育工作的主要场所，在高校德育工作改革与创新中扮演着十分重要的角色。人的思想道德观念、价值取向与行为习惯等，大多是在青少年时期逐步形成并确立的，学校在这一过程中发挥着重要的引导、规范与建构作用。因而，学校对每个公民的一生都起着基础性、关键性和根本性的作用。从高校德育工作改革与创新的主体这一角度而言，学校能够整合多方面教育资源、多方面教育力量，开展科学文化知识教育和思想道德教育，以提高人的科学文化素质和思想道德素质，促进学生的自由全面发展。

（二）家庭

家庭是社会的基本细胞，对儿童的身心发展具有基础性影响，是儿童初步社会化的第一场所。家庭成员间独特的情感关系与相处方式，很容易通过耳濡目染、言传身教以及家庭氛围向儿童传达特定的教育内容，实现学校教育所难以实现的教育功能。家庭还是连接儿童成长发展与学校教育、社会教育的中间环节，在儿童教育中还发挥着纽带和桥梁的作用。家庭要注重监督儿童完成一定阶段的学校教育，鼓励儿童积极参与社会交往，形成家庭教育与学校教育、社会教育的良性互动，避免出现三者相互抵消、彼此冲突的解构现象。此外，在当前的社会转型时期，社会变迁也对家庭结构产生了一定的冲击。孤儿、单亲、重组家庭等给儿童身心发展带来的伤害亟须引起全社会的高度重视。这些都需要我们深入探讨家庭在德育创新中的独特教育作用。

（三）社区

社区是指若干社会群体（民族、家庭）或社会组织（团体、机关）聚集在某一地域所形成的一个在生活上相互关联的大集体。在我国城市中，社区是指街道；在我国农村地区，社区是指乡、镇。

在社会主义市场经济条件下，人们的自主性、独立性不断加强，人的自由个性获得前所未有的解放和发展，业余闲暇时间也越来越充裕，很多社会交往活动都逐渐转移到社区里完成。当前，社区成为加强社会主义精神文明建设的重要阵地，也是构建社会主义和谐社会的重要组成部分，其德育职能不断凸

显。加强社区思想政治工作，激发社区在思想政治工作中的活力，是当前推进高校德育工作改革与创新的重要一环。没有社区的和谐稳定与繁荣发展，全面建成小康社会的目标就难以如期实现。总之，社区是人们工作生活的最基本单位，加强社区思想政治工作，发挥社区在高校德育工作改革与创新中的主体功能，积极发挥相应的德育职能，对于全面建成小康社会具有十分重要的保障作用。

总之，中观场域下的高校德育工作改革与创新主体也是由诸多子系统构成的复杂系统，在对其进行分析时，要坚持分析与综合、静态与动态、整体与局部相结合的原则，在对其每一个子系统进行深入剖析的基础上，从整体上把握高校德育工作改革与创新的主体层次。为此，既要充分发挥各主体的德育功能，又要注重各主体的创新功能，通过各个主体的优化升级，整体推进高校德育工作改革与创新。

三、微观场域中的高校德育工作改革与创新主体

微观场域中的高校德育工作改革与创新主体主要有德育者和德育对象等。

（一）德育者

德育者是指依据一定阶级、政党的要求对教育对象进行道德教育，以提高教育对象思想道德素质的个体或群体。德育者具有主动性、主导性、主体性、创造性、超越性等特征，在德育中具有传道、解惑等功能。德育者是高校德育工作改革与创新活动的发起者、组织者、实施者与评估者，在高校德育工作改革与创新过程中居于主体地位，起到重要的主导作用。无论是宏观还是中观场域下的高校德育工作改革与创新主体，在组织实施具体的高校德育工作，推进高校德育工作改革与创新发展的时候，它们都是一个个具体的德育者，其潜在的主体性得到了激发。

（二）德育对象

德育对象是指在德育活动中作为德育者活动对象的人。德育对象具有受动性、主体性、可塑性、能动性等特点，在高校德育工作中主要扮演教育参与、反馈调节与效果体现等角色，是高校德育工作的出发点和归宿。在高校德育工作改革与创新活动中，德育对象并不是消极、被动地接受教育改造的“物”，而是“具有意识的、经过思虑或凭激情行动的、追求某种目的的人”。因此，在高校德育工作改革与创新过程中，应努力避免囿于传统德育“以教育者为

中心”的旧有观念与模式，摒弃忽视甚至否定教育对象的利益诉求、发展需求与教育主体性的不科学做法，对德育对象的主体性、能动性给予高度重视和挖掘，这也符合现代社会多元主体共存融合的时代发展趋势。换言之，要将德育对象视为德育改革与创新的主体之一，发挥他们在创新中的积极能动性，在高校德育工作改革与创新的交往互动中既提高他们的思想道德素质，又有序地推动高校德育工作改革与创新科学发展。总之，德育者和德育对象是高校德育工作改革与创新的两个基本要素，构成高校德育工作改革与创新的主要关系和中心范畴。德育者和德育对象构成特定的交往关系，并在一定条件下可以相互转化。在高校德育工作改革与创新活动中，高校德育工作都具体地体现在德育者和德育对象的活动中，只有通过德育者和德育对象的创新互动才能够发挥应有的作用。

第四节　新时代高校德育工作改革与创新的发展动力

恩格斯在分析社会历史发展的最终原因时曾经使用了“动力”这一术语。他批判了旧唯物主义者将精神动力作为社会历史发展的最终原因的不彻底性，并正确地阐述了物质资料的生产方式构成社会历史发展的根本动力这一唯物史观，强调要去探究那些隐藏在——自觉地或不自觉地，而且往往是不自觉地——历史人物的动机背后并且构成历史的真正的最后动力的动力。高校德育工作改革与创新的发展动力是指作用于高校德育工作改革与创新活动全过程，引起、激发并推动德育工作改革与创新发展的各种力量的合力。由此，高校德育工作改革与创新的发展动力是一个不同类型、不同方面、不同层次的教育力量所构成的复杂动力系统。

一、高校德育工作改革与创新动力的主要类型

科学分析高校德育工作改革与创新发展动力的类型是理顺创新动力问题的基础。根据科学分类法的同一原则、周延原则以及相斥原则，从不同的视角、标准来看，高校德育工作改革与创新的发展动力可以分为不同的类型。

（一）元动力与驱动力

根据德育工作改革与创新发展动力来源的不同，可将其分为元动力与驱动力。在汉字语词中，“元”具有“根本”“首要”等含义。在英语中，“元”的词根为“meta-”，意即“……之后”“超越”等。高校德育工作改革与创新的元动力即动力源泉，是指推动高校德育工作改革与创新最为根本的动力。这种内源动力主要来自构成高校德育工作改革与创新系统的两大基本要素——教育者与教育对象。教育者作为协同创新过程的组织者、实施者与推动者，在德育过程中居于主导与支配地位，其专业素质、品格修养、奉献精神等构成高校德育工作改革与创新的根本源泉。教育对象在高校德育工作改革与创新过程中具有主体性与建构性，他们的思想道德水平、成长诉求、发展矛盾等都是高校德育工作改革与创新实践得以发生的另一根源。

高校德育工作改革与创新的有序开展，既需要元动力的强劲推动，又需要驱动力的持续激发。高校德育工作改革与创新的驱动力即动力因素，是指高校德育工作改革与创新的参与主体对协同创新过程所施加的各种作用力。这些动力要素自身及其组合能够对高校德育工作改革与创新过程产生特定的作用力。

高校德育工作改革与创新的元动力与驱动力是既对立又统一的辩证关系。一方面，高校德育工作改革与创新的元动力属于内生动力，它决定着高校德育工作改革与创新驱动力的作用方向；驱动力则是外源动力，它影响着高校德育工作改革与创新的进程。另一方面，高校德育工作改革与创新的元动力与驱动力又相互影响、相互补充、相互助益，共同作用于高校德育工作改革与创新的全过程和各领域。

（二）协同力与耗散力

根据高校德育工作改革与创新发展动力性质的不同，可将其分为协同力与耗散力。高校德育工作改革与创新的协同力即动力，是指能够有序推动高校德育工作改革与创新活动并产生良好效果的力量。这主要有以下几个方面的内涵：一是高校德育工作改革与创新涉及多样的教育主体，如果高校德育工作改革与创新的参与主体能够共享教育目标、教育资源，在有序、平衡、创新的教育生态中协同推进高校德育工作过程，那么就能形成一股推进高校德育工作改革与创新活动的强大协同力。二是高校德育工作改革与创新理论与实践的发展、高校德育工作改革与创新机制与模式的牵引、高校德育工作改革与创新领域与场域的延伸等，都能集合成高校德育工作改革与创新的推动力。

高校德育工作改革与创新的耗散力即阻力，是指对高校德育系统或协同创新活动作负功，从而阻碍高校德育工作改革与创新发展甚至将其引向歧途的力量。一方面，这种耗散力表现为高校德育工作改革与创新的零动力。即高校德育工作改革与创新各教育主体彼此隔绝，各行其是，在高校德育的零和博弈中没有形成任何推进协同创新的动力。另一方面，这种耗散力表现为高校德育工作改革与创新的阻力，即高校德育工作改革与创新各教育主体基于主观或客观的原因，在实际上对高校德育工作改革与创新产生了阻碍作用。此外，高校德育工作改革与创新的耗散力还体现在各个主体对高校德育工作改革与创新产生的作用力在相互作用的过程中受到消解，致使高校德育工作改革与创新的整体合力大打折扣。

（三）直接动力与间接动力

根据作用方式不同，我们可以把高校德育工作改革与创新动力分为直接动力与间接动力。高校德育工作改革与创新的直接动力，是指不经过中间环节直接作用于德育本身的力量，它具有作用过程短、力道强劲、效果显著等特点。在高校德育动力系统中，由教育者和受教育者构成的微观动力系统就属于高校德育工作改革与创新的直接动力。他们决定了高校德育的具体内容、基本方法、手段和途径，对高校德育改革与创新的效果起着至关重要的作用。所以，加强高校德育队伍的建设和德育对象的思想品德形成和发展规律的研究是最基础性的工作，对培育和激发高校德育微观主体动力，提高教育者和教育对象的积极性、主动性、创造性，保证高校德育工作的高效运行是极为关键的。

高校德育工作改革与创新的间接动力，是指通过中间环节间接作用于高校德育工作的力量。它具有自发性、渗透性、感染性等特点。高校德育工作改革与创新的间接动力在高校德育工作改革与创新过程中的作用也是十分重要的，由于必须借助其他条件和手段才能发挥作用，因此它的作用是第二位的。在高校德育工作改革与创新动力系统中，宏观动力系统（政治、经济、文化，即整个社会大环境）和中观动力系统（学校、单位、社区、村镇、企业，即中观环境）就属于间接动力。高校德育工作改革与创新总是与一定的环境联系在一起，环境是高校德育工作改革与创新的外部条件，是人的思想品德形成和发展的客观基础。由于环境的复杂性，它对高校德育工作的影响具有不确定性，所谓”近朱者赤，近墨者黑”就是指环境对高校德育工作改革与创新可能产生两种截然相反的结果。因而培育高校德育工作改革与创新的间接动力主要的工作就是要营造良好的环境，使其对高校德育工作产生积极的影响作用。[1]

（四）个体动力与集体动力

根据高校德育工作改革与创新发展动力主体的不同，可将其分为个体动力与集体动力。高校德育工作改革与创新的个体动力是指单个人对高校德育工作改革与创新所形成的作用力。个体动力主要由以“人”的形式进入高校德育工作改革与创新活动的教育者与教育对象。高校德育个体具有多样性、多变性、层次性等差异特征，他们的思想道德水平、价值取向、发展诉求等千差万别，故而在高校德育工作改革与创新过程中所彰显出来的动力性质、程度、方向等也必然各不相同。

高校德育工作改革与创新的集体动力是指特定的教育群体（阶层）与组织对德育工作改革与创新施加的作用力。群体动力学理论认为：“群体动力是指来自集体内部的一种能源，动力来源于多种途径，包括个体原动力、群体压力、骨干的向心力、核心的吸引力等。”不同的群体在不同的发展阶段对高校德育工作改革与创新的作用是不一样的；在不同的发展阶段中，对高校德育工作改革与创新产生主要动力作用的群体也不太一样。组织是“围绕一个共同目标，人们进行分工协作的过程以及由此建立的一种职权结构形式”，具有正式组织与非正式组织之分。组织动力主要由中观领域的高校德育工作改革与创新主体——学校、家庭、社区与单位等一所施加。为此，重新认知与审视各个群体、阶层在高校德育工作改革与创新中的地位、功能与职权，加强组织建设是培育高校德育工作改革与创新集体动力的必要课题。

（五）物质动力与精神动力

根据高校德育工作改革与创新发展动力内容的不同，可将其分为物质动力与精神动力。高校德育工作改革与创新的物质动力是指高校德育工作改革与创新的载体、条件、环境等物质要素所形成的作用力总和。物质动力构成高校德育工作改革与创新动力系统的基础，对于推进高校德育工作改革与创新有序发展具有重要作用。在引导高校德育工作改革与创新动力时，要避免出现过于强调物质动力与漠视物质动力这两个极端。前者将使高校德育工作改革与创新陷入庸俗物质动力观；后者又不利于调动高校德育工作改革与创新主体的积极性与创造性。高校德育工作改革与创新的精神动力是指高校德育主体的思想、情感、道德、信念等主观精神要素作用于德育工作改革与创新过程所产生的推动

---

[1] 郑玮. 新时代高校德育现代化的路径研究[D]. 宁波：宁波大学，2021.

力量。骆郁廷指出：“人的思想觉悟、理想信念、价值观念、道德情操、顽强意志等各种精神因素都会对人的活动及社会发展产生重要的影响力、作用力和推动力。”精神动力作为一种软动力，构成高校德育工作改革与创新动力系统的核心，能够对高校德育工作改革与创新提供强大的智力支持与能动作用。在高校德育工作改革与创新中，不同教育主体施加的精神动力具有一定的差异性与层次性，只有经过适当的整合作用，多样化的精神动力才能实现从分散到集中、从多样到统一、从分化到融合的有机转化，促使精神动力更好地从耗散走向协同。

二、高校德育工作改革与创新动力的生成机制

高校德育工作改革与创新的动力机制是指在高校德育工作改革与创新发展动力的形成与演化过程中，各动力构成要素在某种机理的交互作用下，所呈现出来的运行方式及其内在关联。它主要包含三层含义：一是高校德育工作改革与创新的动力机制由一定的动力要素构成，这些动力要素既自成体系又彼此关联成一个动力系统；二是高校德育工作改革与创新动力要素的功能状况，以及它们的组合方式决定着整个动力机制的功能；三是高校德育工作改革与创新动力要素功能的发挥总是在整个动力机制的运行过程中与其他动力要素相互作用而实现。

（一）高校德育工作改革与创新发展动力的结构

高校德育工作改革与创新的动力机制主要由协同创新动力主体、动力客体与动力介体等要素构成，它们彼此关联、相互衔接，生成了相互作用、相互助益的动力系统运行方式。高校德育工作改革与创新的动力机制是一个由各种作用力共同发挥作用形成的合力系统。

第一，动力主体。高校德育工作改革与创新发展动力的主体主要有本体性主体、实践主体与接受主体三个层面。在哲学史上，本体论主要研究事物的“存在”问题，力求对世界的存在作出终极解释，属于哲学研究中形而上学维度。”人的存在与发展构成高校德育工作的本体性视域。为此，所谓本体性主体，即是人这一现实主体在高校德育工作改革与创新活动中的特殊存在。实践主体即是高校德育工作改革与创新实践活动的主体，从不同的场域视角审视，具有宏观、中观与微观之别。接受主体是指德育对象，在接受德育中自主建构自身的思想价值体系。

第二，动力客体。高校德育工作改革与创新发展动力的客体是指高校德育工作改革与创新动力的作用物。从作用物的形式上看，动力客体具有有形客体与无形客体之分。有形的动力客体主要是指那些推进德育工作改革与创新的工具、资源等。无形的动力客体指那些以权利、荣誉、信念、自由等形式作用于高校德育工作改革与创新实践的动力要素。

第三，动力介体。高校德育工作改革与创新发展动力的介体是指高校德育工作改革与创新动力的传递物与贮存体，它是介于动力主体与客体之间的纽带和桥梁。高校德育工作改革与创新发展动力的传递媒介具有多样性，思想信息、利益传导、创新文化等都是动力的传递媒介，它们能够以自身独有的方式作用于动力主体，通过激发、调整、改变教育主体的动力观间接地影响高校德育工作改革与创新过程。高校德育工作改革与创新发展动力的贮存体是指动力主体的协同创新能力，既包括物质硬实力，又包括创新软实力。

（二）高校德育工作改革与创新发展动力的形成机理

高校德育工作改革与创新发展动力的形成机理主要解决发展动力的内在根源及其运行方式问题。汪信砚认为，哲学社会科学创新的动力不能形而上学地将其归结为外部或者内部，而是内外部因素结合的结果。具体来说，“哲学社会科学创新的动力大致有三个方面：社会的发展和进步、理论自身的矛盾和主体的自我反思”。高校德育工作改革与创新发展动力的生成是由需要导向、利益诉求、矛盾驱动与学科自觉等四个要素综合作用的结果。

首先，需要导向是形成高校德育工作改革与创新发展动力的本源。需要及其满足是人类一切认识与实践活动的出发点和归宿。高校德育工作改革与创新的发展动力根源于一定社会的生产力发展水平，同时也与这个社会的经济、政治、文化等发展状况息息相关。一是物质利益需要。高校德育工作属于意识形态领域的上层建筑形式，通过作用于高校德育工作改革与创新主体，能够间接地提高人的创新创造能力，获取更多更好的物质生产资料，满足人的基本生存需要。二是精神发展需要。精神发展需要属于人的最高层次需要。高校德育工作改革与创新参与主体不仅是一种社会性存在，还是一种精神性存在，具有提高自身精神生活质量的强烈需要。三是社会参与需要。高校德育工作改革与创新在其本质上是一种教育治理创新。高校德育工作改革与创新也是参与现代社会治理的一种实践形式。其次，利益诉求是形成高校德育工作改革与创新发展动力的基础。高校德育工作改革与创新参与主体正是基于一定的利益诉求，进而激发、推动并强化高校德育工作改革与创新活动，在高校德育工作改革与创新的发展过程中实现各自的利益诉求。如果在高校德育工作改革与创新过程中，忽视甚至漠视创新主体的合理利益诉求，协同创新的可持续性有可能经受极大考验。

其次，矛盾驱动是形成高校德育工作改革与创新发展动力的内因。高校德育工作改革与创新活动中主要矛盾的主要方面构成推进德育工作改革与创新实践的根本动因。高校德育工作改革与创新涉及的参与主体、发展领域、实践场域、实现途径等都极其广泛，不可避免地会产生各种各样的矛盾。高校德育工作改革与创新正是矛盾不断产生并得到化解的周而复始的发展过程，这种矛盾的运动发展构成高校德育工作改革与创新有序推进的内在驱动力。

最后，学科自觉是形成高校德育工作改革与创新发展动力的关键。高校德育学科自创立以来，在学科理论体系、队伍建设、人才培养、科学研究等方面取得了重大成绩。当前，协同创新已经成为德育学科发展的必然选择。高校德育工作改革与创新要以彰显高校德育工作人文性为协同创新理念，以追求高校德育工作超越性为协同创新诉求，以促进高校德育工作现代化为协同创新目标，以突出高校德育工作综合化为协同创新趋势。此外，德育工作者在理论和实践上的自觉，是推进高校德育工作改革与创新的重要动力。高校德育工作改革与创新参与主体要自觉秉承德育学科自身的发展优势，善于借鉴其他相关学科的发展经验，不断促进德育学科创新发展，增强德育学科的现代化程度。

（三）高校德育工作改革与创新发展动力的基本功能

高校德育工作改革与创新发展动力的功能是指高校德育工作改革与创新动力机制的构成要素及其组合形成之后，对高校德育工作改革与创新实践产生的作用。廖志诚认为，德育创新动力系统具有启动功能、维持功能和强化功能。高校德育工作改革与创新的发展动力也具有与之类似的基本功能。

一是启动功能。启动功能，是指高校德育工作改革与创新发展动力能够激发并调动高校德育工作改革与创新参与主体的创新意识和创造活力，开启高校德育工作改革与创新实践的功能。启动功能是激发高校德育工作改革与创新活动的最初动因，构成高校德育工作改革与创新发展动力功能体系的基础。启动高校德育工作改革与创新的动力具有多样性，但最主要的是促进人的自由全面发展与高校德育工作创新发展的需要。参与主体正是基于一定的发展需要才启动了高校德育工作改革与创新实践。

二是维持功能。维持功能，是指高校德育工作改革与创新发展动力能够引导德育活动朝着既定的轨道前进，确保高校德育工作改革与创新有序推进的功能。协同创新是一项极其复杂的系统工程，前进中面临的困难与挑战很难预知或规避，具有较大的风险性和不确定性。高校德育工作改革与创新也不例外。这就需要发挥高校德育工作改革与创新发展动力的维持功能，保证高校德育工作改革与创新价值目标的顺利实现。

三是强化功能。强化功能，是指高校德育工作改革与创新的发展动力对高校德育工作改革与创新实践过程所起到加速推进或延缓纠偏的作用。高校德育工作改革与创新发展动力的强化功能由高校德育工作改革与创新动力的基本性质决定。高校德育工作改革与创新各参与主体若产生协同力，则能够对高校德育工作改革与创新产生正强化作用；反之，高校德育工作改革与创新参与主体若产生耗散力，则对高校德育活动具有负强化作用。

三、高校德育工作改革与创新动力的保障条件

良好的保障条件可以保证高校德育工作改革与创新动力能够有效发挥作用，从而充分彰显高校德育工作改革与创新动力的价值。应该说高校德育工作改革与创新动力的保障条件是多方面的，归纳起来主要有物质动力保障条件、精神动力保障条件与制度动力保障条件。

高校德育工作改革与创新的物质动力保障条件是指推动高校德育工作改革与创新的环境、设施等物质条件。高校德育工作改革与创新总是在一定的环境中进行，缺乏必要的环境因素，难以有效发展。例如，改革开放前高校德育工作改革与创新的内涵与外延都受到了很大的限制，原因之一就是没有适合高校德育工作改革与创新的大环境。实际上，环境对高校德育工作改革与创新能够产生重大的影响。环境的变化以及不同类型的环境对人们思想的影响也是不同的。在社会主义现代化建设进程中，高校德育环境发生了巨大的变化，并且出现了一些新环境，如竞争环境、虚拟环境等。环境的新变化给高校德育工作带来了新机遇的同时，也给高校德育工作提出了新的挑战。在这种条件下，就迫使高校德育工作的内容、方式等都必须与时俱进，通过增加新的内容去适应时代的需求，通过运用新的形式去增强教育的实效性。

高校德育工作改革与创新的精神动力，就是思想、理论、理想、信念、道德、情感、意志等精神对人从事的一切活动及社会发展产生的精神推动力量。自从阶级产生以来，高校德育工作无不打上深深的阶级烙印，统治阶级总是借助高校德育工作的力量向被统治阶级灌输自己的意志，以达到统一思想、巩固政权的目的。因此，高校德育工作一直是在某种思想理论指导下进行的，它

规定了高校德育工作的目的、内容和发展方向。一定的文化背景、意识形态以及各种思想、观念，心理、舆论等都会影响作为教育对象的人的思想和行为模式，并进而影响到高校德育工作的发展。

高校德育工作改革与创新的制度动力是指推动高校德育工作改革与创新的规章、条例、文件等制度要素的总和。制度是一种行为规范，是高校德育实践活动正常开展必不可少的因素之一，具有指导性、强制性、约束性的特点。它是为了达到某种目的，维护某种秩序而人为制定的关于开展思想政治教育活动的程序化、标准化的行为模式和运行方式。它规定了一段时期里高校德育工作的目的、任务和宗旨，指明了德育前进的方向，为高校德育工作的发展提供强有力的外部支撑。

高校德育工作改革与创新的物质保障条件、精神保障条件与制度保障条件之间的关系是辩证的关系。

首先，三者之间有着明显的界限，它们在高校德育工作改革与创新过程中所提供的保障作用和性质是各不相同的。在高校德育工作改革与创新过程中，物质保障条件是基础，精神保障条件是核心，制度保障条件是保证。物质保障条件是硬动力，它为高校德育工作改革与创新提供物质平台。精神保障条件与制度保障条件是软动力，它们为高校德育工作改革与创新提供智力支持、思想道德保证和规范保障。

其次，三者之间又是相互联系、相互促进的，它们统一于高校德育工作改革与创新过程之中。物质保障条件是精神保障条件和制度保障条件的支撑性条件，没有物质保障条件，精神保障、制度保障条件作用的发挥必然受到很大的限制。精神保障条件因素渗透于物质保障条件与制度保障条件之中，并对它们起着指导作用。制度保障条件是精神保障条件、物质保障条件发挥作用的桥梁和纽带。它们三者相互作用形成合力，共同推动高校德育工作的发展。

第三章 新时代高校德育工作改革与创新的理论与依据

新时代高校德育工作改革与创新是教育改革与创新的必然要求，是教育与时俱进的必然要求，也是时代发展和环境变化的必然要求。高校德育工作改革与创新涉及高校德育工作的价值取向、观念、机制、内容、方式和方法等诸多方面的内容，其目的是适应当前高校所面临的新情况和新问题，提高高校德育工作的水平，增强高校德育工作的针对性、创造性和实效性。

第一节 新时代高校德育工作改革与创新的基本理论

我国正处在社会发展的转型时期。一方面，改革开放与市场经济的深入使社会生产方式、生活方式发生转变；另一方面，随着信息网络技术的发展，世界正在走向知识经济时代。社会与时代的发展变化必然要求教育与时俱进，培养适应社会转型需要的人才。高校德育工作是培育社会精神和人才思想意识的工作，无疑需要体现先进性与发展性，需要改革与创新。但是，它的改革与创新必须有新的理论作为指导，对传统的理论进行扬弃和超越。

一、科学发展观中的“以人为本”理论

以人为本的科学发展观，是体现社会主义性质与价值取向的社会理论，高

校德育工作必须坚持和弘扬“以人为本”的理论。

以人为本，就是要把人民的利益作为一切工作的出发点和落脚点，不断满足人们的多方面需求和促进人的全面发展。以人为本，说到底就是解放人，使人的潜能得到主动、全面、充分的发挥。

因此，以人为本是做好德育工作的基础和前提。坚持以人为本，就要求高校德育工作做到尊重学生、理解学生、关心学生和信任学生，注重学生个性发展和全面发展的统一，注重学生创造性人格和健康人格的统一，注重学生“学会”和“会学”的统一，促进学生全面发展。[1]

二、系统科学理论中的“大德育”理论

系统科学是研究事物整体联系和运动发展规律的科学，其要点如下。

第一，任何一个事物的存在都表现为一个系统。系统是由事物内部互相联系、互相作用、互相依赖和影响的若干部分组成的有机整体。整体性是系统的一个本质属性。系统总是处在其赖以生存和发展的环境之中，并不断同环境进行物质、能量和信息的交换。

在德育这个系统中，包含着三个最基本的因素：即教育者、受教育者、教育过程。其相互联系、互相影响，关系十分密切。加强高校德育工作改革与创新，必须从整体性的变化出发，树立战略意识、时代意识，从整体观念和联合作战的思想出发，明确调控目标，使各系统整合成一种合力，形成上下连接、左右贯通、立体交叉的德育网络。高校德育工作量大面广，组织过程耗时耗力，没有有效的调控机制，可能出现无序无效的问题。因此，实现德育效果的最大化，不仅需要校内各种教育资源的整合，还需要学校、社会和家庭加强联系，相互协调，从整体上优化育人环境。

第二，系统内部各要素具有层次性和等级性，而且系统的不同层次有着不同的规律。高校德育工作的层次性取决于德育对象的层次性，要想提升德育效果，就必须把握层次性要求，树立德育对象主体性观念，加强针对性工作。研究德育对象的层次性，要注重学生全面发展和理想人格塑造的序列性，在学生学习过程的不同阶段、不同时机、不同教育环节，实施不同的教育内容，采取不同的方式、手段，满足学生不断增长的需要，分层次、有重点、由低到高、由浅入深，形成循序渐进的系列教育格局，使实践随着教育理论的发展向更高

[1] 彭琼.坚持以人为本 提高德育实效[J].湖北教育（政务宣传），2021（11）：54-55.

层次迈进。

第三，结构性系统功能的发挥，不仅取决于组成该系统的各个部分，而且取决于各个部分的结构形式。也就是说，系统的总功能不是各个组成部分功能的简单叠加，而是各个部分功能的有机结合。

这一理论要求高校德育工作要立足于从要素、结构、功能与所处环境的相互联系和制约关系中，分析系统中各要素的结构功能，有意识、有目的地使系统内部各要素达到最佳建构和配置，以求形成系统形式结构最优和功能最优的整体效应。

具体而言，高校德育工作要做好以下几个方面的工作：高校、社会与家庭之间的沟通、合作与融合；高校内部各个工作部门、各个岗位之间的协调、有机结合；高校德育工作中的目标、内容、途径、方法、管理和评价等因素的合理配置、整体联动。做好这几项工作，就可以构建一个和谐的大德育工作系统。

第二节　新时代高校德育工作改革与创新的基本原则

一、方向性原则

方向性原则是高校德育工作改革与创新的根本原则，这是由高校德育工作的本质所决定的。高校德育工作是教育者按照一定的社会或阶级要求，有目的、有计划、有系统地对受教育者施加思想、政治和道德等方面的影响，并通过受教育者积极的认识、体验与践行，使受教育者形成一定社会与阶级所需要的品德的教育活动，即教育者有目的地培养受教育者品德的活动。高校德育工作改革与创新坚持的方向性原则，具体来讲包括以下几点。

（一）高校德育工作改革与创新必须坚持社会主义的办学方向

高校德育工作是对大学生进行思想、政治、道德和心理品质的教育，是帮助大学生实现道德发展，培养正确的世界观、人生观、政治观念和政治信仰的教育。高校德育工作对大学生的思想行为有着重要的导向作用，能否自觉引导、动员、推动大学生在社会实践中沿着正确的方向前进，直接关系到党的事业发展的全局，关系到高校思想政治教育的成败。作为培养中国特色社会主义合格建设者和可靠接班人的摇篮，高校必须坚持以马克思主义为指导，切实加强大学生思想政治教育工作。自改革开放以来，我国各项事业快速发展，特别是高等教育事业获得长足发展，其改革取得令人瞩目的成绩，初步形成了适应国民经济建设和社会发展需要的多种层次、多种形式、学科门类基本齐全的社会主义高等教育体系。取得这一成就的关键在于坚持社会主义的方向和党的基本路线不动摇。

随着我国改革开放的不断深入和社会信息化发展的不断加快，社会关系发生着巨大的改变，人们的生活状态和思想领域也发生着深刻的变化。在此背景下，各项事业要想保持良好的发展势头，就需要进一步的深化改革和锐意创新。我们要正确认识到任何改革和创新都是有方向、有立场、有原则的，要毫不动摇地沿着正确方向不断推进改革、全面深化改革，而这个方向就是高举中国特色社会主义伟大旗帜，不断推进社会主义制度的自我完善和发展。高校德育工作改革与创新应该始终坚持社会主义的办学方向，坚持马克思主义的指导地位，在此基础上使高校德育工作的各项制度、各个环节更加成熟、更加完善，更加适应当前高校所处的外部环境和发展趋势。

（二）高校德育工作改革与创新必须紧扣国家的教育方针政策

教育方针是国家或政党在一定历史阶段提出的有关教育工作的总的方向和总指针，是教育基本政策的总概括。它是确定教育事业发展方向，指导整个教育事业发展的战略原则和行动纲领。因此，党和国家的教育方针政策具有全局性的指导意义，高等教育各个方面和环节的工作都应该以国家的教育方针政策为指导。当然，在不同的历史时期，国家或政党对教育的发展有不同的政策，教育方针也就有所不同。作为高等教育工作的一部分，高校德育工作应该紧跟国家的教育方针政策，以国家政策为指导和宗旨，推动高校德育工作的改革和创新发展。

总之，在新时代的大背景下，高校德育工作改革和创新必须紧扣党和国家的教育方针政策，保持正确的、鲜明的改革发展方向，紧跟国家教育信息化发展的步伐，把信息技术作为高校德育工作改革与创新的重要手段，为培养社会主义事业合格的建设者和可靠的接班人做出新的贡献。[1]

---

[1] 李刁.互联网＋时代高校德育实践创新研究[M].武汉：华中师范大学出版社，2019：100.

二、主体性原则

主体性原则，就是指在高校德育工作改革与创新过程中，始终将大学生置于主体地位，始终把大学生看作高校德育工作的主体，注重培育和造就大学生的主体性。

一是把学生作为高校德育工作的价值主体，确立学生在高校德育工作中的主体地位。要转变将学生仅仅作为教育和管理的对象的现象，坚持以学生为根本、以学生为核心、以学生为目的，尊重学生、理解学生、关爱学生，把促进学生的成长、成才作为高校德育工作的根本价值取向。

二是把学生作为高校德育工作的动力主体，激发学生自我教育的积极性。要转变过多地强调教育管理工作者的主导责任，对学生的主体作用和自我教育重视不够的现象，致力于唤醒学生的主体意识，激发学生的主体热情，调动学生的主体积极性，在课堂教学、校园文化、社团活动、社会实践等环节中，更加充分地发挥学生的主体作用。

三是把学生作为高校德育工作的权利主体，切实维护其合法权益。要转变重管理、重视对学生的义务要求，轻服务、忽视学生权益维护的现象，高度重视学生所应享受的受教育权和公民权，使高校德育工作的过程，成为尊重和维护学生合法权益的过程，成为服务学生成长成才和全面发展的过程。

四是把学生作为学校教育的发展主体，促进学生的全面发展。要转变重知识轻素质、重灌输轻发展的现象，构建科学与人文相统一的素质结构、社会化与个性化相统一的人格结构，促进学生各种素质的和谐发展。

三、开放性原则

开放性原则，是指高校德育工作改革与创新必须彻底打破传统的封闭模式，在德育的目标、内容和手段等方面实行全方位开放，把学生从以往的束缚中彻底解放出来，使他们在开放式的高校德育工作中，处于自主、自觉、自愿的状态去接受、思考、判断和分析。

（一）德育目标要体现开放性

德育目标是高校德育工作的指针和方向，决定了德育内容、手段和方法等的选择，在高校德育工作中始终起着主导性和规范性的作用。考察世界先进国家高校的德育目标，可以发现开放性是他们的德育目标的共同特色。例如，德国的德育目标是培养具有向世界开放人格的人；美国的德育目标是注重在开放式德育中发展学生的道德推理能力和创造能力，强调使个体成为有自立能力、自信心和参与意识的自主公民。

我国的德育目标是：使学生热爱社会主义祖国，拥护党的领导和党的基本路线，确立献身于有中国特色社会主义事业的政治方向；努力学习马克思主义，逐步树立科学世界观、方法论；走与实践相结合，与工农相结合的道路；努力为人民服务，具有艰苦奋斗的精神和强烈的使命感、责任感；自觉遵纪守法，具有良好的道德品质和健康的心理素质；勤奋学习，勇于探索，努力掌握现代科学文化知识，并成为具有共产主义觉悟的先进分子。

比较我国和美国、德国的德育目标可以发现，注重开放性和个性培养，是先进国家德育目标的主要价值取向。他们强调在开放中培养学生健全的人格，发展学生个性，在轻松活泼的氛围中让学生自觉接受和体验德育。因此，我国高校德育目标应在现有的基础上，吸纳发达国家德育目标中的一些有效成分。

（二）德育内容要注重开放性

学生的道德发展是一个持续的、有内在规律的过程。因此，德育内容应遵循学生道德发展的规律，充分考虑学生理解和接受的能力，根据时代发展和形势变化而不断丰富和更新。

首先，把德育内容的价值准则和规范系统向学生开放，让学生独立思考，理性选择。

其次，灵活使用不同的德育理论和教材。在遵循国家德育统一目标的前提下，根据本地和学生的实际，引进和吸纳一些先进国家的德育理论和经验，开阔学生视野，增强学生对全球德育发展趋势的了解。

最后，德育内容应贴近实际生活。学校应根据学生实际，定期进行一些诸如形势教育、国家方针政策教育、法纪教育、公德教育、健康教育、环保教育，等等。这些德育内容鲜活丰富，与实际生活密切相关，学生容易理解且乐意接受。

（三）德育手段要展现开放性

德育手段的开放性主要表现为充分运用现代科技手段，展现高校德育课堂教学的开放性。如用计算机模拟一些在实际生活中涉及道德问题的个案，再组织学生进行分析、处理；用电化教学再现历史画面和生活情境，让学生身临其境，真切体验，增加感性认识，使高校德育课堂变得生动活泼、丰富多彩，提高高校德育工作的质量。

四、实践性原则

实践性，是指高校德育工作改革与创新应在开放的基础上，通过师生互动和活动体验，使高校德育工作成为激发学生道德思维和创新精神的过程，在动态中实现高校德育工作的内化、提升。

（一）德育课堂要贯穿实践性

德育课堂的实践性就是培养学生分析问题和解决问题的能力，使实践的过程成为学生道德自我完善成熟的过程。为突出德育课堂的实践性，要彻底革除传统的观念，打破德育课堂固定、静态、纯理论模式，将课堂融入现实生活，使德育课堂成为学生真刀真枪解决实际问题的大舞台。

首先，德育课堂的实践性，要突出教师与学生、学生与学生间的互动，使学生在互动中交流、探讨、内化、提高。

其次，德育课堂的实践性，要突出学生动手、动脑能力的培养，使学生面对现实生活中的道德问题，能够从容地运用自己的道德经验去解决处理。

（二）德育活动要突出实践性

德育活动的实践性，应注重学生在活动中的亲身体验，强调学生通过实践活动获取直接经验。高校中具有德育作用和效果的活动不少，如新生军训、社会实践、希望工程等。这些活动可以按照现代德育理念进行科学设计，重点开发，突出活动中学生对事物的感性认识，充分调动学生的感觉器官与心灵的双向交流，把交流中获取的感觉、感知、感情通过思想的过滤、提炼，升华到理性认识，凝结成自己的道德观点。

五、层次性原则

层次性原则，是指高校德育工作要根据不同教育阶段大学生的年龄特征和思想品德水平，确定不同的教育方法、教育目标、教育内容和教育要求等，做到因人施教、因龄施教、因情施教。

（一）要因人确定高校德育工作目标

高校德育工作目标缺乏层次性，将有可能导致在教育学生时，采取精英主义立场，使高校德育工作的天平倾向少数大学生，热衷于抓尖子、抓典型，忽视甚至放弃了多数学生；在德育过程中重理论知识的灌输，轻道德体验、道德情感和道德意志的培养与塑造，轻行动的锻炼。因此，高校德育工作要拟定一套基本的道德要求，努力分层次、有步骤地引导大学生从低向高、脚踏实地地从基本道德要求向较高道德追求迈进。

（二）要因人确定高校德育工作的广度和深度

大学生由于年龄和身心发展水平的差异，所能接受的德育内容层次的广度和深度也不同。因此，高校德育工作要在具体要求、内容上必须与其相适应。极少数大学生存在厌学、心理障碍等情况，如果内容的广度和深度脱离了其实际，即使内容正确无误，其结果必然是无效或者收效甚微。

（三）要因人确定高校德育工作的手段和方法

高校德育教师必须认真研究大学生的个性特征，分清其应达到的道德水平，分清其因个体经验、阅历的不同而呈现出的不同特点，对不同学生采用不同的手段和方法。

第三节　新时代高校德育工作改革与创新的基本要求

推进新时代高校德育工作改革与创新的顺利进行，就是紧紧围绕高校德育工作既定目标，遵循高校德育工作规律，创新工作方式方法，探索工作长效机制，增强高校德育工作的针对性和有效性，实现高校德育工作的可持续发展。具体来说，当前高校德育工作改革与创新要符合高校德育工作规律，促进实际工作开展的合规律性，注重知与行的统一。

一、符合高校德育工作规律

要想推动高校德育工作改革与创新的顺利进行，就要使其符合高校德育工作发展规律。为此，要重点从两个方面探求高校德育工作规律：一是遵循高校德育工作的普遍规律，二是遵循高校德育工作的过程规律。

（一）遵循高校德育工作普遍规律

高校德育工作是教育工作的一种特别的类型，与单纯的知识传授、技能训练等教育工作相比，高校德育工作具有其独特规律。笔者认为，有三项规律是与高校德育工作改革与创新紧密相关的，需要认真把握，在工作实践中主动遵循。

1. 内化、外化规律

高校德育工作过程是教育者有目的、有计划、有组织地帮助和引导受教育者实现内化和外化，使受教育者形成一定社会所期望的思想品德和人格的过程。内化是一种认知过程，即教育者帮助和引导受教育者将一定社会的思想品德和人格要求转化为自己的思想认识的过程；外化是一种践行过程，即教育者帮助和引导受教育者将已经形成的思想认识转化为自己的思想品德行为，并养成良好的思想品德行为习惯的过程。

（1）内化过程：认知认同

大学生思想品德形成的过程，实际上是大学生知、情、意、行统一发展的过程。在这个过程中，知是情、意、行的基础，也是行的先导；情是知、意的催化剂，也是行的推动力；意是知、情的体现，也是行的杠杆；行是知、情、意辩证运动的外在表现和最终结果，又是强化和巩固知、情、意的基础。知、情、意、行四种要素同样重要，缺一不可，都是大学生思想品德的重要组成因素。认知是开展日常高校德育工作的前提。通过对时代特征和基本国情的把握，引导大学生认识到自己所肩负的社会责任和历史使命，是开展日常高校德育工作的基础和依据。内化是开展日常高校德育工作的关键。对日常高校德育工作形成强烈的认同感，不断将其内化为自身的需求，可以实现由“自发发展状态”向“自觉发展状态”的转变。

（2）外化过程：行为实践

人们既在改造世界活动的基础上认识了世界，又在认识世界活动的指导下改造了世界；既在“行”的基础上去“知”，又在“知”的指导下去“行”。离开了“行”，人们就无法认识世界、获得真知；离开了“知”，人们就无法改造世界，只能盲目地“行”。列宁指出：“判断一个人，不是根据他自己的表白或对自己的看法，而是根据他的行动。”行为对认知起到检验作用，并巩固、强化了原有认知或修正、调整了原有认知。同时，行为能够使个体获得对某项活动的经验，每当个体做出一定的行为时，个体总能不断地取得新的经验，而经验则是以知识的形式存在的，因而行为能够不断丰富认知。行为实践是开展日常高校德育工作的归宿，通过形式多样的实践能够对高校德育工作内化的认识予以展现，发挥日常高校德育工作的作用，在实践中检验高校德育工作的效果。

（3）外化—内化的步骤

在开展高校德育工作的过程中，必须注重规律层面的探索，遵循“认知—内化—践行”的规律和步骤。

认知是开展主题教育的前提，是高校德育工作取得成效的基础。比如，通过引导大学生对时代特征和基本国情的认识和把握，促进大学生认识社会主义建设取得的成效、面临的困难，引导大学生逐步认识到自己所肩负的社会责任和历史使命。这就是开展主题教育的基础、依据和起点。

内化是开展主题教育的关键，是高校德育工作取得实效的过程。对主题形成强烈的认同感，将主题不断内化为自身的需求，能够实现由“自发状态”向“自觉状态”的转变。比如，组织优秀大学生先进事迹展，总有一些故事和做法可以打动参观者，从而在参观者心里唤起“见贤思齐”的原始心理诉求。这就达到了高校德育工作的中间环节，激发了受教育者行动的愿望。所以，科学设计德育环节、创新工作方法，从而更有效地激发学生的内心愿望是高校德育工作的关键。

践行是开展主题教育的归宿和落脚点。形式多样的实践将对主题内化的认识予以展现，并在实践中检验高校德育工作的效果。比如在经过对“勤俭节约”精神的学习之后，大学生从以前的“事不关己”到开始主动参与节水节电，甚至提醒别人吃饭“打包”，这就是高校德育工作起了效果的表现。然而，践行需要条件和载体，否则即使内心有愿望也只能仅仅停留在心理层面。因此，积极创造条件，搭建起大学生进行德育实践的舞台和机会，也是新时期高校德育工作的重要任务。

2. 思想需求促进规律

马斯洛（Maslow）认为个体成长发展的内在力量是动机，动机是由各种不同的需要所组成的，包括生理的需要、安全的需要、爱和归属的需要、尊重的需要、自我实现的需要等。美国心理学家阿尔德佛（Alderfer）提出“生存、关系、成长需求理论”，简称为“ERG理论”。而戴维·麦克莱兰（David McClelland）则认为，人们最重要的需要是成就需要其次是权力需要和合群需要。不论这些学者的分类方法和结论有何不同，其根本观点都是一致的：人的需要是多样性的。需要动机理论是促使人们接受新思想、新事物的重要动力来源。某种思想要被大学生接受，首先要能满足大学生的思想需求。如果学生没有这一需求，那么这种思想对学生就难以产生真正的影响力，即使有外力的作用，其影响也是微小的、暂时的。因此，高校德育工作的任务就是要帮助大学生有意识地分辨他们的这些需求，激发产生思想成长的内在动力。在这一点上，思想需求促进律不仅揭示了教育者必须满足大学生的思想需求，才能激活大学生接受这一思想的动机，而且揭示了教育者应当帮助大学生全面认识自己的内在需求，从而产生更持久的思想成长动力。

因此，高校德育工作要特别注重教育内容的选择和教育环节的设计。对于中国特色社会主义理论体系、社会主义核心价值观、理想信念教育等方面的教育内容，要在教育的方法和载体上下功夫，要增强这些主题教育内容的可亲近性、可感知度，增加理论和思想的代入感、与学生的关联性，要使大学生认识到这些理论和思想的重要性，认识到与其学习生活的相关性，认识到其自身发展对这些理论和思想的需求性，从而激发主动学习热情和动力。

其次是情绪情感参与律。在心理学上，情感是指人对客观事物是否符合主体需要而产生的指向性心理体验，通常以肯定或否定、满意或不满意、热爱或憎恨、赞赏或厌恶等两极性心理状态表现出来，并转化为一定的情绪，对主体的认识活动产生积极或消极的影响。情绪情感参与律，指大学生的思想成长过程是在其一定的接受情绪情感的参与中进行的，积极的接受情感的参与可以促进大学生对某种思想的认同、接纳、追求、实践；消极的接受情绪的参与则阻碍了这一过程的有效进行。其内在的生理机制为：积极的情感可以引起大脑的高度兴奋，使大学生不由自主地将内在的情感转移至被接受对象，焕发出惊人的力量去接受新生事物；消极的情绪则会使大学生的感受力减弱，神经反应活动迟钝，接受能力、接受效果下降。由于这样的心理机制，学生对于与自身认知水平相吻合的信息往往会产生肯定性情感反应，如喜欢、满足、赞赏等；对于与自身认知水平相违背的信息，往往会产生厌恶、不满、失望等否定性情绪。

因此，在推进高校德育工作过程中，要通过教育活动形式和方法创新，增强学生的参与感、体验感，增强学生对于高校德育工作的情感认同，注意调动激发学生的积极情感，抑制、转化其消极性情绪，使积极情感成为大学生选择、认知思想信息的催化剂和驱动力，从而增强高校德育工作入脑入心的效果。

（二）符合高校德育工作过程规律

长期以来，高校德育工作都被很多人当作是纯粹的政治工作，或者被少数人简单地看作纯教育工作，这两种观点都是有失偏颇的。把高校德育工作看作纯粹的政治工作，忽视了高校德育工作作为一门教育工作的科学性；把高校德育工作看作纯粹的教育工作，体现不出高校德育工作的复杂性、全面性和系统性。高校德育工作具有特殊性，必须进一步认识其规律，使高校德育工作实践更加符合其自身的规律和特性。高校德育工作不仅是政治工作，而且是教育工作和管理工作，所以正确认识高校德育工作的本质和特征，对于把握高校德育工作的规律至关重要。在新时期，推动高校德育工作的科学发展，就是要促使高校德育工作符合其自身的发展规律，在开展日常高校德育工作时，要注重从规律性、全面性、针对性三个方面提升。

一是规律性。首先，高校德育工作是一项融合了多学科理论、操作性和实践性较强的复合型工作，从认知到判断、从推理到决策、从制订计划到开展活动、从效果反馈到整改提高，所有高校德育工作领域、工作版块、实践过程，都应当遵循相关的规律和规定，不能违背规律。

其次，高校德育工作始终处于不断发展变化之中，因此必须加强调查研究，不断针对新问题采取新措施，使高校德育工作的实践符合客观规律的要求。

最后，德育工作者要通过经验总结和理论分析，以及基于调查研究的判断，对高校德育工作未来发展趋势做出预测和研判，从而做到未雨绸缪，提前做好规划和预案。这就需要高校德育工作者必须树立“按规律办事”的理念，减少“凭经验”“照文件”“走一步看一步”的办事习惯的不利影响，做到四个加强：加强学习，掌握多学科知识，以促进理论指导实践；加强调查研究，不断更新认识和工作方法；加强总结提炼，对一些行之有效的实践做法进行理论分析，形成新的规律性认知；加强工作研判，对国内外形势和学校发展走向，对高校德育工作可能面临的变化、发展和挑战，经常性地进行预判和展望，不断修正工作规划和实施方案，从而使高校德育工作与时俱进、紧跟时代步伐。

二是全面性。高校德育工作是一项系统工程，从工作部门划分上看，除了教学部门、学生工作部门、团学部门外，还包括教务、人事、科技、财务、工会、后勤等部门，需要构建一种“全员育人”和“部门联动”的工作机制；从工作空间和环节上看，高校德育工作包括第一课堂教育、第二课堂教育，还包括被称为“第三课堂”的网络德育平台；从工作时间上看，高校德育工作包括大学生从入学到毕业的全过程；从工作主体上看，除了教师，高校德育工作还包括学生、家长、社会大众等。此外，高校德育工作内部也存在着版块划分问题，需要全面推进、协同开展。所以，强调德育的全面性、系统性，就是强调要从全局的高度、从全方位的广度、从全过程的深度来看问题、理思路、想办法，构建起全面的、立体的、系统化的高校德育工作体系。

三是针对性。提升高校德育工作的针对性，就是强调高校德育工作中的政策、举措、活动等要贴近大学生群体需求、贴近大学生心理行为特点，使二者之间的契合度进一步增强；注重方式方法，既体现德育主题，又能做到比较生动和富有感召力，增强高校德育工作的黏着力和可接受度。

首先，必须正视大学生所处的人生发展阶段，从生理和心理两个重要方面，深入把握大学生的思想行为特点。大学生处于成人化、社会化的转型阶段，处于未成年向成年人的过渡阶段，具有这个人生阶段独有的思想行为特点。

其次，要把握当代大学生的时代特点。正如前文所述，当代大学生存在断裂性和传承性并存、功利性与超越性并存、个体性与社会性并存的特点，必须针对这些情况，使高校德育工作更有现实针对性。

再次，要把握学生的个性特征，针对不同学生的个体差异，积极探索“一把钥匙开一把锁”的工作方法，从而“对症下药”，促进教育效果提高。长期以来，一些地方和学校德育效果欠佳，究其原因，就是脱离学生心理行为实际，没有找准学生思想行为问题的症结所在。所以，高校德育工作者必须对学生的思想和心理状况进行深入、细致的分析，调研学生的需求和愿望，把握学生的个性特点，有针对性地开展工作。

二、把握高校德育工作各因素的特点

构成高校德育工作的各因素之间存在着不以人的意志为转移的本质联系，表现出其固有的规律性特点。在高校德育工作改革与创新过程中，德育工作者必须把握住这些规律性特点，将高校德育工作引领到科学化的轨道。

（一）把握好高校德育工作的四个环节

“知”即道德认识，是指人们对现实社会道德关系和处理这些关系的准则、规范的了解和掌握。它包括对道德知识的掌握、道德观念的形成、道德判断能力的提高、道德信念的确立。道德知识是指对道德经验的概括、理论的阐释及规范的确定。这些知识，有的是经验概括，有的是现象描述，有的是理论分析，有的是历史回顾。道德观念是人们对道德活动中各种关系以及处理这些关系准则的反映，它表现为对道德现象和行为的某种评价态度。道德判断能力是指具备对是非、善恶、美丑、荣辱等方面加以认定的主观条件。道德信念是指深刻的道德认识与强烈的道德情感的有机结合，是与道德意志、道德行为密切联系的道德观。人们笃信某种人生观、道德理想和行为准则的正确性，便会产生对某种道德义务的强烈责任感。道德知识、道德观念、道德判断能力、道德信念并不是孤立存在的，这四个方面相辅相成、相互制约，构成了道德认识的完整内容。道德知识和道德观念是基础，只有掌握了一定的道德知识，形成了一定的道德观念，才能形成和提高道德判断能力，确立一定的道德信念。道德信念的确立，标志着道德认识达到了比较高级的阶段。学生有了正确而丰富的道德认识，就能正确地进行道德评价，提高道德行为选择能力，增强履行道德行为的自觉性，预见道德行为的后果。道德认识为学生思想品德的形成和表现奠定了基础。

“情”即道德情感，是指根据一定道德需要和道德原则感知、理解、评价现实时所产生的一切情绪体验和主观态度。道德情感主要包括对一定社会理想的追求，对事业的眷恋，对祖国、对人民、对生活的热爱，在人际交往中对他人的尊重、友谊和热情，对不幸的同情，自尊感、幸福感、崇高感、责任感。道德情感为人们提供了从事道德活动的内在动机，提供了道德需要的表现及满足途径，并对道德行为起调节作用。当学生对某个问题产生一定的道德情感，具有强烈的爱憎、好恶时，就会促使他们对这个问题追求或舍弃、赞成或反对。反之如果学生对某一道德问题抱冷漠态度，缺乏情绪体验，就不会表现出强烈的、鲜明的反应。正如列宁所说：“没有人的感情，就从来没有也不可能有人对于真理的追求。”道德情感能促使道德认识转化为道德行为，发展为道德信念。道德情感为学生思想品德的形成和表现提供动力性精神力量。

“行”即道德行为，是指人们在道德认识、道德情感和道德意志的支配下，对他人和社会做出的可以观察到的客观反应及所采取的实际行动。道德行为主要包括道德语言、道德意志行为、道德行为习惯。道德行为是主观见之于客观的关键环节，是个体道德心理功能转化为社会效果，实现社会意义的唯一客观标志。道德行为是人们形成和表现思想品德的关键。

“意”即道德意志，是指人们按照道德原则和要求进行道德选择和道德行为时表现出来的决心和毅力。道德意志主要包括独立性、果断性、坚毅性、自制性等。道德意志可帮助人们确定道德动机与行为目的，选择行为方式，执行道德决定。道德意志薄弱者尽管有某种道德认识和情感，但一遇到各种困难便不能坚持确定的道德原则。只有道德意志坚定的人才能严格约束自己，克服种种困难，坚持不懈地履行自己的道德义务，即使犯了错误，也会有毅力及时加以改正。道德意志为学生思想品德的形成和表现提供调节性精神力量。

高校德育工作是为了培养学生的思想道德品质，它与学生个体道德品质的构成和完善过程是一致的。思想道德品质是一个集合范畴，它由道德认识、道德情感、道德行为、道德意志等因素构成，这些因素相互联结，作为过程而存在。学生思想道德品质应当被看作是这些因素前后依随的过程的集合体。学生要想具有某种思想道德品质，就必须同时达到各个因素相应的要求。因此，高校德育工作过程，也就是帮助学生个体逐步在思想品德的各个方面都达到要求的过程。高校德育工作的环节，也是根据学生思想品德构成因素的形成情况来划分的。一般来讲，高校德育工作共有四个环节，即提高道德认识、陶冶道德情操、养成道德习惯、锻炼道德意志。这可以用16个字来概括：晓之以理，动之以情，导之以行，持之以恒。

晓之以理就是让学生了解作为一名学生或一个公民对国家、对社会、对事业、对他人应尽的道德义务，以及关于这种道德义务的理论、原则、规范、范畴。要促使学生解决两个方面的矛盾，即从不知到知、从片面的知到全面的知以及正确观念和错误观念的矛盾，从而提高他们对道德行为的选择能力，增强其履行道德义务的自觉性。在晓之以理时尤其要注重提高学生的道德判断能力，帮助他们正确地进行道德评价；把握好从感性认识到理性认识，再从理性认识到道德实践这两个阶段。

要晓之以理，必须动之以情。“情”不动，则“理”不明。

首先，要使学生感动。“感动”是由“感”而“动”，从情感上打动学生，引起学生的内心触动。

其次，要进行感化。“感化”是由“感”而“化”，以情感机制去教化学生，使学生在心理上发生变化。

再次，要做到感通。“感通”是由“感”而“通”，是教师和学生在情感上的共通、共鸣。

导之以行重在道德行为习惯的养成。道德行为习惯的养成是一种从内心信念到行为实践的动力定型的过程，它支配着一种高度自觉的自由的道德行为。道德行为习惯的养成是一个长期的过程，必须多方面、多层次，多角度地进行培养。

持之以恒就是锻炼学生的道德意志。一是要培养他们的自我控制能力，使其既追求意志自由，又服从统一意志，做到不头脑发热，不丧失理智，不感情用事，不失言失态。二是要培养他们克服困难的能力，使他们经得起磨难，耐受力强，意志坚强，充满信心。三是要培养他们的行为能力，做到言行一致，说到做到，把懂得的道理转化为行动。四是要培养他们的进取心，使他们坚持进行自我道德修养，不断地以“道德我”克服“生物我”，以“道德性”克服“生物性”，战胜自己，超越自我，追求道德人格的完善。

（二）注意知与行的统一

学生的思想品德是稳固的思想认识与相应行为方式的统一体。在这个统一体中，知是行的先导。没有正确认识作为指导，做出的行为往往是盲目的，甚至是错误的。行是知的目的，即提高认识的目的在于指导学生的行动，没有转化为行动的认识是没有实际体验的，是不深刻、不牢固的。知行统一、言行一致是一个人重要的道德品质。知与行脱节，就会成为“语言的巨人，行动的矮子”，就不可能具备较高的道德品质。因此，高校德育工作要把思想政治观念和道德规范的教育与道德行为的实际锻炼和训练结合起来，把提高学生的思想道德认识与培养道德行为习惯结合起来，做到讲做结合，言行一致。与此同时，教师要注意言教与身教的结合，以身作则，为人师表。

（三）注意高校德育工作的多种开端性

知、情、行、意四个要素各有其相对独立性。一般来说，由于学生所处的环境和接受的影响各不相同，知、情、行、意的发展往往是不平衡的，如我们经常见到的“通情达理”与“不通情理”或“理通情不通”，言行一致与言行不一，动机与效果的统一与背离，持之以恒或浅尝辄止等现象，就是这种不平衡的反映。基本要素的不平衡性，决定了高校德育工作的多种开端性。教师要深入了解学生，根据其要素的发展情况来选择最需要、最迫切和最能奏效的方面作为某一次高校德育工作的开端，开拓多种渠道，有的放矢地促使各要素得到较为均衡的发展。高校德育工作既可以从知或情的培养入手，也可以从意或行的锻炼开始，不应当有一个固定不变的程式。

第四章 新时代高校德育环境的改革与创新

人作为社会关系的总和，生活在一定的社会自然环境中，与环境有着千丝万缕的联系，其生息繁衍、道德行为都与环境息息相关。这就是说，学生的思想道德素质的形成和发展与高校德育环境密切相关。关于高校德育环境的研究是高校德育科学化研究的重要组成部分，同时又是高校德育工作者和相关人员在科学化道路上不断地自我扩展、自我更新和自我完善的过程。它作为一种内驱力推动了对人与环境关系的认识的科学化进程，从而促进了作为科学的德育学科的形成，也促进了德育学科体系的建构。近年来，有关高校德育环境的研究，学界已多有论及，但如何在新的时代背景下把高校德育环境的研究和建设置于整体性领域内进行系统把握，是现代高校德育工作体系建构亟须完善的重要环节。

高校德育环境作为大学生思想政治品德形成、发展和高校德育工作开展的外部因素，对高校德育工作产生了重要的影响。只有把握高校德育环境的作用规律，才能够创设良好的高校德育环境，使高校德育工作取得较高的效益，实现高校德育工作与环境因素的良性互动，开创高校德育工作新局面。

第一节　新时代高校德育环境改革与创新的理论依据

一切实践都需要理论的指导。因此，在思考和研究高校德育环境改革与创新时，我们首先要回答的问题是：现有高校德育环境建设的理论依据是什么？笔者认为，高校德育环境建设的理论依据包括环境心理学理论、社会学习理论和隐性课程理论。

一、环境心理学理论

环境心理学是研究环境与人的行为之间相互关系的学科，它着重从心理和行为的角度，探讨人与环境的最优化，即怎样的环境是最符合人们心愿的。环境心理学非常重视生活于人工环境中的人们的心理倾向，把选择环境与创建环境相结合，着重研究下列问题：①环境和行为的关系；②怎样进行环境的认知；③环境和空间的利用；④怎样感知和评价环境；⑤在已有环境中人的行为和感觉。

环境心理学的主要理论有：认为现实环境是很重要的感觉信息源的刺激理论及基于刺激理论的适应水平理论、压力理论和唤醒理论。这些理论主张个体在环境中适应某一水平的刺激。对任何人来说，当刺激与其适应水平不同，或当环境刺激超过个体的适应能力时，就会改变个体的感觉和行为。唤醒理论假设个体的行为和经验的形式和内容与个体的生理有关。交互作用理论强调人和环境并不是互相独立的，而是一个相互包含着的实体的一部分，这意味着无论是人还是环境，都不可能不参照对方而单独定义，并且一方的活动必然影响另一方，即我们对环境会产生一定的影响，环境也会影响着我们。场所理论以环境评价为取向。这里的“场所”并非是指一个地域，而是反映在人们的经验中，是人们环境经验的一个单元，是表示在此场所中活动着的个体、社会和文化综合形成的经验系统。场所的意义包括人们从直接的环境经验和辅助信息源获得的个人的概念和情感，许多场所对个别人和人群具有特殊意义。

面对现代社会日益复杂的环境和改造环境的日益艰巨的任务，人们的心理状态和行为方式也发生了深刻的变化。因此，高校德育工作需要从环境心理学中得到启示和借鉴，利用这些理论研究现代社会环境及环境的变化对大学生思想、心理和行为的影响，及时调整高校德育环境建设的内容和途径。

二、社会学习理论

社会学习理论是由美国社会学家班杜拉（Bandura）提出的。社会学习理论揭示和论证了榜样示范影响道德形成发展的作用，从而为高校德育工作提供了实践指导的依据。社会学习论提出道德发展主要取决于后天教育，取决于榜样示范的作用，十分强调道德发展中的观察学习和自我强化，强调个人通过观察他人行为可习得他人行为，认为知识经验、思想观点、社会态度和道德品行，无一不是通过观察学习获得的。观察学习的主要形式是模仿和认同，模仿是对示范或榜样行为的仿效，在观察榜样中能获得同样的体验和收获。因此，班杜拉认为，人的行为不是由个人内部因素单独决定的，也不是由外部环境单方面因素造成的，而是内外两方面因素相互作用的结果。他承认人通过其行为创造环境条件，被创造的环境条件又会影响下一个行为。行为和环境就是这样相互影响的。社会学习理论强调由外向内的内化过程，强调品行主要是榜样示范向心理内化的结果。

社会学习理论强调观察学习在高校德育工作中具有极其重要的作用。因此，在高校德育实践过程中应十分注意内部环境、社会环境尤其是大众传播媒介的影响。榜样示范理论告诉我们，利用电影、电视、广播等大众传播媒介中的人物形象，以及利用现实生活中的榜样人物对大学生进行思想道德教育的潜力巨大。大学生的思想品德的形成和发展受到内外各种因素影响，这同时也告诫人们要净化社会环境，特别是关注大众传媒对高校大学生品行的各种正负效应，给大学生提供优质的精神食粮，使大学生在良好的高校德育环境中获得潜移默化的道德熏陶和感染。以社会学习理论的榜样示范理论和观察学习为理论指导，优化高校德育环境，可以充分发挥优良高校德育环境对大学生思想品德形成的积极作用。

三、隐性课程理论

高校德育环境建设的另一个理论依据是隐性课程理论。从20世纪60年代末起，西方国家就开始注重隐性课程的研究、开发和运用。隐性课程理论是由美国著名教育家、课程论专家菲利普·杰克逊（Philip Jackson）在1968年出版的《班级生活》中最先提出的，后来又经过了弗里丹柏格（Fridenberg）、罗森塔尔（Roecndld）、柯尔伯格（Kohlberg）等人的发展与完善。概括地说，隐性课程是相对于显性课程而言的，是独立存在的一种课程形式，它对人的影响本质上是一种价值影响。各种隐性课程以间接、内隐的形式，曲折地反映着社会与学校德育内容的要求，潜移默化地对受教育者施加思想、政治、道德影响。隐性课程内隐着社会的价值观念，通过无意识的心理活动潜移默化地影响着个体道德素质的成长，并全方位地渗透到学生生活当中，极大地影响着学生道德素质的形成。与显性课程相比，隐性课程最大的优势在于它的作用方式是间接的和潜在的，可以避免直接的、显性的高校德育课程可能导致的逆反心理，具有真正的“诱导”特征。这种“诱导”的实质是“引出”善，具有教化的真义。由此可以看出，隐性课程具有影响的间接性、范围的广阔性、发生作用的无意识性等特点，这些特点与高校德育环境的特点有很多相似之处。因此，隐性课程理论也是高校德育环境建设的理论依据之一。[1]

第二节 新时代高校德育环境改革与创新的实施策略

一、确立高校德育环境改革与创新的先进理念

教育理念决定大学生德育的方向，对大学生德育各要素起着制约和引导作用。改革与创新高校德育环境，首先必须确立德育环境改革与创新的先进理念，以先进理念为先导，带动新时代高校德育环境的健康发展。

第一，树立人本环境意识。雅斯贝尔斯（Jaspers）认为“没有脱离我的世界，然而也没有脱离世界的我”。树立以人为本、以生为本的环境意识，是高校德育工作的内在要求，也是构建和谐校园的重要体现。

第二，树立全面环境意识。整体、系统地考虑环境中的各种因素、各个环节对高校德育工作的正面和负面影响，考虑影响的大小和影响方式的不同，扬长避短，发挥优势，以社会为依托，挖掘一切可以利用的资源，形成教育合力。通过实施全方位渗透、全员参加和全过程管理的全面育人工作，将社会所期望的社会思想政治品德内化到大学生的情感、认知、行为等人格结构之中。

第三，树立开放环境意识。高校德育环境的开放，是由学校教育的特点及社会环境对教育的影响所决定的。学校是社会的一部分，社会通过多种方式与渠道影响着学校的教育。

要使学校的“道”真正转化为学生的“德”，就必须树立开放的高校德育工作理念，摒弃过去封闭式、回避式、防御式的教育模式，面向新时代，以现实为维度积极构建与时代、与社会互动的教育模式，在开放的高校德育环境

[1] 孙峰，龙宝新.德育原理[M].西安：陕西师范大学出版总社，2020：215.

中，提高大学生辨别真善美与假丑恶的道德判断能力，使其形成科学的世界观和价值观。要鼓励学生积极参加社会实践，在现实生活中感受和体验社会的复杂性，让学生在价值观念多样化、道德观念多元化中寻找到主旋律，增强抵御各种错误观念和腐朽思想的能力。

二、进一步优化高校德育社会大环境

高校德育社会大环境是指高校大学生所处的社会条件的总和，它包含了国际和国内的经济、政治、文化、生态等环境因素。这些环境都有着不同程度的作用力，时刻影响着高校学生思想道德素质形成和发展的全过程。改革和创新高校德育环境，就是要充分利用环境中的积极因素，克服环境中的消极因素，形成良好的高校德育氛围。

（一）优化经济环境

作为社会大环境的基础，经济环境既决定政治环境，也决定文化环境和舆论环境。因此，优化经济环境对高校德育工作无疑具有重要意义。优化高校德育的经济环境，就是要努力建立和完善社会主义市场经济体制，促进生产力的持续、快速、健康发展。具体来说，一是必须大力发展社会生产力，建立社会主义市场经济新秩序，树立与社会主义市场经济相适应的现代观念。二是把高校德育纳入国家经济与社会发展的总体规划，确保高校德育资金的及时投入，为高校德育工作的开展奠定坚实的物质基础。三是全社会关心爱护下一代，支持发展教育事业，为高校德育工作的开展创造良好的物质条件。

（二）优化政治环境

政治环境对人的思想品德素质的形成和发展具有支配和导向作用。优化高校德育的政治环境，就是要用习近平新时代中国特色社会主义思想来武装大学生的头脑，继续推行政治体制改革，加强民主法制建设。具体来说，一是以习近平新时代中国特色社会主义思想为指导，对大学生的思想品德素质进行塑造。指导思想是社会政治环境中最根本的部分，指导思想的发展变化会带来社会环境的发展变化，从而带来人的思想品德素质的发展变化。二是健全民主制度和法制建设。要坚持和完善人民代表大会制度、中国共产党领导的多党合作和政治协商制度，保证人民依法享有基本的权利和自由，尊重和保障人权。

（三）优化文化环境

由于文化与人的生活的密切相关性，文化环境对大学生思想品德素质的形成和发展产生巨大的影响。一定的文化背景、文化传统，一定时期世界文化的融合与分化都会对大学生的信仰、价值观念和行为准则产生广泛而深刻的影响。文化环境是塑造人的思想品德素质的重要方式，是社会主义精神文明建设的重要内容。要优化高校德育的文化环境，就是要以科学的理论武装人，以正确的舆论引导人，以高尚的精神塑造人，以优秀的作品鼓励人；加强中国特色社会主义先进文化建设，从中国实际出发，吸收和借鉴人类一切优秀的文化成果，结合新的实践和时代要求，结合人民群众精神文化生活的需要，积极发展先进文化。营造一个良好的文化环境，对大学生的世界观、人生观、价值观和政治观等都具有潜移默化的导向作用和感染作用。

（四）优化舆论环境

高校德育功能的发挥，离不开社会舆论。正确的舆论导向对人的思想品德素质的形成具有正面作用。如果没有正确的舆论导向，人的思想品德素质的倾向就会处于一种无序、无方向和混沌的状态。因此，优化舆论环境，就是要充分发挥党和政府舆论引导的主体作用；要依靠大众传媒，通过树立先进典型，倡导新的风尚，进行正面的舆论宣传，形成一个积极向上的舆论环境；要加强舆论监督和管理，促进社会环境的净化、育人环境的优化。高校学生生活在集体中，思想行为容易受到集体舆论的制约和同化。因此，优化舆论环境，是增强高校德育实效性的重要途径之一。

三、家庭德育环境的优化

从高校的角度而言，要做好与家庭教育的配合，要与家庭建立良好的沟通桥梁。学校可以不定时地为在校学生的家长开展家庭教育讲座，可以是现场讲座的形式，也可以是附以远程指导的方式；在和学生家长进行沟通的同时，不能忽略对学生家庭教育的熏陶，高校可以开设面向大学生的家庭教育相关课程或讲座，教育学生如何与父母交流，如何以正确的态度对待父母的良苦用心，学生只有对父母心存感恩，对家庭有担当，才能对社会做出贡献，才会有社会责任感。同时，国外大学在学生毕业典礼之际邀请家长参与的做法也是值得我们借鉴的。在学生人生里程碑的重要时刻，能够在培养自己的母校这所圣殿与父母共同分享这份喜悦，应该是人生当中最美好的记忆。家长在观摩演出时，也获得了深刻的满足感与自豪感。学校，学生、家长形成了有效的互动与融合，这也是一种在全国高校当中值得广泛推广的教育互动形式。

从家庭角度而言，最重要的是转变家庭教育观念。家庭教育要为高校德育社会化的实现奠定良好的基础，要有利于学生形成完备的身体和心理素质。家长的教育理念在很大程度上决定子女成长的方向，家长树立“德智并举”的素质教育新理念尤为重要。另外，家长在认识上要变“养子为己”为“为国育才”。家长要认识到，知识经济时代的人才是有高度文化修养、良好精神文明和创新精神的人，家长要以时代的紧迫感和民族的责任心为己任，树立以创新精神为价值取向的人才观和教育观；同时，家长要探索具有时代特色的家庭教育方法，探索新形势下家庭环境的优化，从子女的思想实际和时代发展的要求着手，采取相应的措施，积极引导，探索具有时代特色的家庭教育新内容。

四、美化校园人际关系环境

（一）优化党、政、工、团联合的高校德育环境

在新时代背景下，高校德育环境的优化同样离不开各方力量的协作。党、政、工、团共同协作优化高校德育环境，是高效优化德育环境的途径之一。当前，我国高校的管理体制是党委领导下的校长负责制，高校党委要加强对大学生德育工作的领导，建立和完善以校长和行政系统为主实施的大学生德育工作的机制。要发挥共青团和学生会组织的作用，推进大学生思想政治教育，优化高校德育环境。高等学校团委组织要把加强大学生思想政治教育工作摆在突出位置，充分发挥其在教育、团结大学生方面的优势，竭诚为大学生的成长成才服务。要切实加强团组织建设，选拔优秀青年党员教师负责团组织建设工作，保证高校共青团组织机构设置和人员配备。高校德育物质环境的优化，特别是校园整体布局规划，校园基础设施建设，校园环境的美化、净化、洁化，如果离开了高校行政领导的正确决策，离开了高校财力、物力、人力的投入，就无法实现。高校团组织和学生会组织如果没有校党委的领导，没有行政部门的支助，各种学生活动就会失去指导思想，就会缺少活动资金等困难。因此，高校德育环境的优化要进一步强化党委统一领导、党政群工团齐抓共管、各部门各负其责、教职工全员参与的领导体制与工作机制。各级党委、行政要把高校德育环境优化摆上重要的工作议程，经常分析大学生思想状况和高校德育环境优化情况，制订德育环境优化的总体规划，对高校德育环境优化做出全面部署和安排。高校团组织和学生会组织在党委的领导下，要积极开展各种各样

的有利于推进高校德育环境优化的社团活动，从而实现高校德育环境的整体优化。

（二）打造现代诚信校园人际交往圈

良好的人际关系有助于和谐环境的营造，而和谐的环境有助于大学生的健康成长。诚实守信既是个体道德之本，又是维护社会正常秩序的基本行为准则。人无诚信不立，业无诚信不旺。古人云：“与善人居，如入芷兰之室，久而不闻其香；与不善人居，如入鲍鱼之肆，久而不闻其臭。”打造一个诚信的校园人际交往圈，是建立良好人际关系的基础。因此，高校要加强对现代诚信校园人际交往圈的建造和管理，把高校人际交往环境作为高校德育环境的重要组成部分建设好、管理好；要大力进行诚信教育；发挥教师为人师表的作用，把诚信教育渗透到高等教育的各个环节；要积极开发优秀民族诚信教育资源，利用各种爱国主义教育基地进行历史和传统教育。诚信是增进社会合作，加强人与人之间的感情联系、净化社会风气的重要道德力量。当代大学生应该追求诚信，使诚信之树在校园中生根、发芽、开花，逐渐壮大，让大学校园成为一个充满诚信的和谐环境。

（三）创建心理健康的人际关系环境

师生人际关系状况对德育接受效果有着决定影响，必须调整好教师对学生的态度，使两者关系处于和谐状态。一是教师要研究学生心理需求，客观地分析高校学生这一特殊群体的生存状态，做到“知己知彼”。二是要深入学生群体，由高高在上转为平等相处，消除隔膜，使学生有“自己人”的感觉。三是要学会把德育内容“活化”，从解决学生生活、学习、择业等实际问题入手，促进学生的道德社会化。四是引导学生自觉修德，大胆放手，指导学生开展有利于其聪明才智和创造力充分发挥的德育活动。

五、纯化高校网络环境

（一）加强高校校园网的建设

加强校园网建设是高校德育环境改革与创新的重要举措之一。校园网指校园内计算机及其附属设备互联运行的网络，是由计算机、网络技术设备和软件等构成的为学校教育教学和管理服务的集成应用系统，并可通过与广域网的互联实现远距离信息交流和资源共享。校园网应为学校的教学、管理、日常办公、内外交流、学生学习等各方面提供全面、切实的支持，应具备教师备课教学功能、学生学习功能、教务管理功能、行政管理功能、教育设备（图书）管理功能、资源信息功能、内外交流功能等。建设校园网络是教育信息化的根本途径，丰富多彩、健康现代的校园网络文化，将成为培养学生良好道德品质，使学生成为全面发展的高素质人才的崭新平台。因此，校园网的建设对于高校德育工作也具有重要的意义。目前，我国高校已普遍建立了自己的校园网，但因一些问题效果不佳，亟须进一步改进和完善。

（二）提升“红色网站”的吸引力

红色网站是正向德育资源的突出代表，但经过调查发现，青年学生对大多数红色网站关注很少，原因主要有四个方面：①网站内容枯燥、信息陈旧、信息量小、界面单一。②网站照搬文件。有的网站所呈现的内容大多是国家红头文件，缺乏学生感兴趣的内容和话题。③网站缺乏互动。有的红色网站没有设立交流版块和网上信箱，或者设置了却没有人及时回复，缺乏双向沟通和互动，打击了学生的积极性。④网站更新速度慢。有的红色网站内容单调、重复且长期不更新。

高校网络德育是一种主动的教育形式，而不是强迫教育，是学生自觉、主动地通过上网浏览网页获取信息、获得知识。因此，高校网络德育要靠网络链——公共网、校园网和网页丰富而新颖的内容来吸引学生，才能实现高校网络德育的目的。但是，如果网络链条薄弱，只是简单地把传统高校德育内容搬至网络，缺乏内容上的巧妙加工和形式上的丰富新颖，就很难吸引学生的关注。所以，针对红色网站存在的上述问题，必须对其加以改进。

首先，要对红色网站的呈现形式进行改造。红色网站应尽量避免直接使用“思想教育在线”或“德育在线”等站名，同时应该在课程形式上采取“隐性课程”，通过调动青年学生的兴趣和积极性来潜移默化地影响他们的思想道德。如果冠以“思想教育在线”，难免会使学生把它同说教式的德育课程对号入座，从而引发他们的抵触情绪和逆反心理。红色网站的名称应符合青年人的特点，富有时代气息。

其次，在内容版块上不必拘泥于完整的高校德育工作内容体系。可以对德育内容进行适当的合并和拆分，有计划地融入其他生活娱乐的版块中，利用青年学生热衷网上聊天和参加论坛的特点，引导其对某些社会道德问题进行讨论，以调动青年学生参与道德讨论的兴趣，进而提高红色网站的点击率，使红色网站真正成为学生的精神家园。

（三）加强校园网络团队的建设

加强校园网络团队建设，是高校网络德育环境改革与创新的关键。因为，建设一支专兼职高素质、德才兼备优秀的高校网络德育队伍，不断提高他们的思想素质、道德素质和信息素质，是适应网络时代和优化高校网络德育环境的迫切要求。当前的校园网络团队既缺乏思想政治教育的行家，又缺少运用网络技术的专家，表现为网络基本知识和技术匮乏，导致高校网络德育的优势难以充分发挥出来，高校网络德育的力度不够、针对性不强，进而直接影响高校网络德育环境的效果。因此，建设专兼职高素质、德才兼备优秀的校园网络团队刻不容缓。

（四）优化网络信息传播的模式

随着互联网的迅猛发展，网络信息传播得到了飞速发展。作为一种全新的现代化传播方式，网络信息传播提供了最快捷、便利的传播方式。网络作为信息传播的一种新媒介，不仅对信息文化的发展产生了重大的影响，而且对整个社会的发展也产生了巨大的影响。

网络传播的出现和发展，拓宽了信息传播的广度与深度，集纳了多种信息传播类型。有人认为，网络传播总体上呈现为一种散布型网状传播结构，要优化网络传播模式，首先必须明确网络信息传播所包括的几种传播行为。陈力丹认为从传播方式来看，网络传播至少应当划分为四个方面：①个人对个人的异步传播，如电子邮件；②多人对多人的异步传播，如电子公告牌；③个人对个人，或对不确定的多人的同步传播，如在线闲谈；④多人（包括团体）对个人、个人对个人、个人对多人的异步传播，如各种接收信息的活动。

网络作为一种新型媒体，相对于传统的媒体，构造了一个虚拟的社会信息交流空间。在这个虚拟空间里，任何人都可以以任何虚拟的身份与他人进行实时、互动的信息交流，既是信息的生产者、发布者，又是信息的受众。因此，网络信息传播相对于传统媒体要自由得多。但是，网络信息传播也加剧了社会“共识”形成的难度。网络中存在着形形色色的虚拟社区，每个社区都由志趣相投的一群人组成，各个社区的观点往往大相径庭，有时不同社区甚至会互相攻击。

六、规范法律制度环境

（一）坚持法治与德治并举

运用行政手段，制定相关法律法规，为高校德育环境的优化提供制度保障。政府应把高校德育工作的发展作为社会和社区发展的整体目标之一，并列入发展规划，对大众传媒做出立法和管理上的规定，以保障高校德育环境的质量。高校德育的法制化，必然需要高校校园法律制度。制定法律制度，其目的是促使社会成员更好地遵守道德规范，以提高整个社会的道德水平。它作为加强硬件建设的一项具体措施，是多元化时代德育环境优化的必然要求。“德治”存在一定的弱性，它需要大学生自觉主动地遵守，而大学生往往无法自律，于是他律（即法律制度）的约束力量就体现出来了。因此，只有优化高校德育环境，坚持法治与德治并举，高校德育工作才能取得良好的效果。

（二）强化制度监督管理

优化制度环境，一靠建设，二靠监督管理。没有切实可行的规章制度，即使有最好的环境条件，也无法发挥积极的影响和作用。因此，各高校要依据《中华人民共和国教育法》《中共中央关于进一步加强和改进大学生思想政治教育的意见》《中国普通高等学校德育大纲》等要求，创建良好的制度环境，做好以下三方面的工作：

第一，建设强有力的高校德育工作管理体系和高校德育工作运行机制。

第二，制定序列化的德育实施训练规划。

第三，建立以德育综合测评为中心的配套的规章制度，把德育测评结果作为全面评价学生的主要因素，改变考试分数决定一切的状况。

（三）构建个人信用档案和诚信考核机制

个人信用档案和诚信考核机制的成功建立和有效运作需要法律制度的保障，避免因为立法不完备和执法不严，给失信违法者以可乘之机。为此，在这样的一个社会大背景下，在高校的日常教育管理中，应加大对大学生的日常行为考评，建立学生考评的信誉档案，并建立统一的数据库管理查询系统。建立大学生诚信档案有助于督促大学生养成良好的诚信品质，使大学生时时处处用诚信品质来约束自己的言谈举止。制定诚信考核机制，将学生的信誉表现与学生评优、申请助学贷款、申请入党、综合评价等相结合，有助于他们自觉地确立诚信目标，增强诚信意识，自觉地维护自身的良好信誉。

（四）加强违规惩戒措施

违规惩戒措施是影响学生品德形成发展的重要环境条件，因此建立健全必要的政策、制度及各种违纪行为处罚条例，是学生健康发展的重要保障。加强违规惩戒措施，需要做好以下三个方面的工作。

第一，针对高校德育工作的具体内容，制定相应的处罚措施。

第二，领导要以身作则，将违规惩戒的条款严格贯彻落实，不对任何一个学生开后门。

第三，制定奖励措施，评定年度优秀高校德育环境保护楷模，鼓励大学生开展德育实践活动，并予以一定的物质奖励或精神奖励，从而使其养成良好的道德行为习惯。

第五章

新时代高校德育观念的改革与创新

高校德育观念是人们对高校德育的基本看法和理性认识，是先于行动的核心理论和哲学前提。高校德育观念关系到高校德育工作改革与创新的成败，没有科学的高校德育观念，就不可能有成功的高校德育工作改革与创新。只有有了观念的改革与创新才会引起方法的变革。高校德育观念的改革与创新，就是要求德育工作者转变观念，树立新的人才观。

第一节　新时代高校德育观念的历史反思与现实审视

以人为本的高校德育观念的确立及其对高校德育工作改革与创新指导作用的发挥，不仅是当下高校德育工作的境遇问题，而且是一个涉及高校德育观念的过去与现代、传统与未来关系的问题。从传统高校德育观念到现代高校德育观念的发展具有观念与实践上的惯性。传统德育观念是现代德育观念的前提与基础，现代德育观念融合于传统德育观念之中。当下的高校德育工作面临许多困扰，而当高校德育工作面临种种问题的时候，恰恰是对其观念进行理性反思的时刻。经过深层反思，我们不难发现，高校德育观念中存在诸多矛盾与问题，因此，要为高校德育观念改革与创新开辟一条新的出路，对高校德育观念进行新的建构，以一种纵向的时间关注维度与问题意识，进行一种空间上的探讨与一种历时性的感悟。历史是一面镜子，通过对传统高校德育观念进行历史反思，可以使我们厘清当下高校德育观念的诸多困惑，更深入地理解高校德育观念的发展轨迹、兴衰得失与现实问题，更准确地预测和把握其未来发展趋势，从而更有力地推进高校德育观念的整合、创新与超越。总而言之，高校德育观念的现实审视与创新建构离不开历史这面反思的镜子。

一、高校德育观念的历史反思

传统高校德育观念是指过去的、历史上曾出现过，并依然在现实中发挥一定作用的高校德育观念。任何现代高校德育观念都离不开传统高校德育观念这个基础，都需要传统高校德育观念的精神支撑，现代高校德育观念的创新发展正是对传统高校德育观念的继承、整合、创新与超越。但是，传统高校德育观念也不尽是精华，它还存在很多糟粕，具有诸多弊病，造成了传统高校德育观念的“人学空场”。传统高校德育观念的弊病不仅造成了高校德育工作在一定程度上的低效，更对现代高校德育观念具有深层次的负面效应。仔细考察我国传统高校德育观念的发展轨迹，不难发现，有悖于以人为本原则的传统高校德育观念主要有以下几种：知性德育观念、物本德育观念及单向灌输德育观念。

（一）知性德育观念

高校德育工作要培养的是掌握先进文化知识的人，但在实际工作中有些人却将高校德育工作片面归于一种对知识的掌握，认为人之所以不能行善，是因为人对善的无知，只要掌握了美德的知识，就能够按照美德的要求成为一个有道德的人。该观点还认为，高校德育工作就是要使“人先被抽象为一种‘知识’，然后去伪存真，找出‘最科学’‘最终极’的知识”。这实际上是用一种抽象化的方式对高校德育工作加以理解。

然而，“人的本质不是单个人所固有的抽象物，在其现实性上，它是一切社会关系的总和。”“人们自己创造自己的历史，但是他们并不是随心所欲地创造，并不是在他们自己选定的条件下创造，而是在直接碰到的、既定的、从过去承继下来的条件下创造。”人是社会现实之人，不能把人陷入抽象概念的困境之中，应使其跳出知识论扩张下的迷途与困局。知性德育观念将人变成了现实生活中诸多具体个人的一种抽象，扼杀了高校德育工作本身应有的生命力与感召力，成了一种与大学生现实生活脱钩的缺乏针对性的象牙塔里的玄谈空论，导致了大学生的身心浮躁与疲惫，造成了高校德育工作的错位，使高校德育工作陷入了一种自相矛盾的僵局。

第一，知性德育观念是一种对象化与割裂化的高校德育观念。它遵循知识与认知的逻辑，夸大知识在高校德育工作中的作用，过分凸显学生的“书本世界”，片面注重知识与技能的教与学，单纯重视脱离生活的推理说教，轻视、疏远与放弃了大学生丰富的生活世界，没有处理好书本知识与生活意蕴之间的合理张力。它将人与现实生活世界相隔离，淡化高校德育工作科学发展的奠基性平台，使高校德育工作走向异化，成了一种被束之高阁的象牙塔里的抽象思辨，遗忘了知识家园的生活价值与最终归宿。

第二，知性德育观念只沉迷于学生个体的理性判断与选择之维。它关注的只是学生个体道德理性与政治分析能力的张扬，漠视与冷落了对学生的道德情感、动机等非理性因素的培养，否认了学生的主体位置，忽视了学生的文化积淀，使学生沦为被动接受道德教义、缺乏丰富多彩性的理性工具；它阻碍了学生自我建构能力的培养，对学生的分数过分关注，造成了学生对分数的过分倚重与“超级崇拜”；它忽视了人格的培养，形成了一种大学生有德育知识无德育文化的悖论。

第三，知性德育观念没有处理好知识评估与行为践履之间的关系。它缺乏对知行命题内在复杂性与紧张性的理性思索，片面强调德性中“知”的一面，忽视了“行”的环节，在实践中往往使道德变成了在课堂上谈论的东西，而不是需要身体力行的东西，忽视了高校德育创新与发展的社会场景与微观心理活动，使大学生日益变得“知行脱节”与“言行不一”，造成高校德育工作的僵化、片面甚至畸形发展。[1]

（二）物本德育观念

物本德育观念，是指在高校德育工作中存在的一种片面强调高校德育工作的社会外在价值，而忽视高校德育工作育人的内在关怀，轻视乃至淡忘高校德育工作长期效益，仅要求高校德育工作即时与显性效果的一种具有急功近利倾向的高校德育观念。物本德育观念下的高校德育工作为市场经济所主宰与异化，忽略了人的价值与意义，导致了主体性的偏差。物本德育观念使师生平等关系发生了质的变化，教师成了兜售知识的商贩，大学生仅仅是高校用来统一模塑的工具，从而使高校德育工作无法张扬自己的教育主张，丧失了自身的超越品格。物本德育观念忽视学生的主体性与情境性，仅把学生看成对外部刺激

[1] 刘丽波.新时期高校德育教育创新发展研究[M].石家庄：河北人民出版社，2018：52.

做出被动反应的动物，漠视和压制大学生自身发展的内在需求，忽视高校德育工作的人文关怀，仅对大学生进行扭曲与功利性的关心，从而使大学生的眼光仅限于眼前，仅限于对物质富足的追逐，而失去了对人生意义和价值的追求，并认为对人生终极意义与目标的诉求只是一个“无聊”的问题。由于过分强调结果的实效性，在这种观念下的高校德育工作把学生培养成了失去自身丰富性的、纯粹的经济动物。在这种情况下，现金支付成为人与人之间联系的唯一纽带，对物的依赖把刚从人的依赖关系中解放出来的人变成了物的奴隶，形成了物化的社会，使得大学生被一种外在的、异己的力量所控制，深受金钱的奴役，深受对自由的困惑和人格分裂的折磨，饱受生存意义的苦恼与精神疾患的摧残，最终造成了高校德育工作地位的下降、高校德育工作效度的缺损与高校德育工作信度的丧失，造成了高校德育工作中严重的“人的缺位”。

（三）单向灌输观念的弊端

将学生视为“物”，必然导致教师的“独语”，即形成一种片面的“单向灌输观念”。从以人为本的角度来看，这种“单向灌输观念”是一种有害的“非人本”德育观念，其主要特征是把学生当作可被他人占有的东西，作为国家驯服工具来培养，作为美德之袋进行德育注入；对学生实施居高临下的单向影响，使师生之间形成权威与服从的关系。

黑格尔（Hegel）认为，“教育”的过程是一个引出“人”的过程，是使自在的存在通过培养成为自为的存在。单向灌输德育观念是建立在师生关系不平等和工具化的基础上的，这种德育观念带来的只能是大学生主体地位的缺失，只能是大学生作为自在的存在的延续。这种德育观念忽视了大学生的生活世界，忽视了大学生的变动性、未完成性、创造性、自由个性与大学生作为意志主体的自我独立性，忽视了大学生的道德情感的激发与培养。秉持这种高校德育观念的教师往往以一种居高临下的“权威者”的姿态出现，对学生进行一种统一规划与“自上而下”的“填鸭式”的教育。单向灌输观念下的高校德育工作是一个单向灌输、机械决定的过程，在这一过程中的大学生没有思考、没有反省、没有批判、没有超越，唯一能做的就是毫无尊严地被动接受；尤其是随着现代科技主义与工具理性的发展，教师与学生之间的关系更是出现了严重的失衡，师生之间的交往变成了单纯的、抽象的知识信息与经验的单向灌输、传授，否认了大学生的主体性、完整性、能动性与选择性，严重压制了大学生自主创新意识的发展，造成了学生作为人的情感的缺失。在此情形下，大学生所具有的只是一种依附性的人格，只能木讷接受、毫无自由，只能进行表面应付，只能成为一种毫无创造性的、被动的、利他的工具。这导致了学生本性的淹没与本真价值的失落。

二、高校德育观念的现实困境

改革开放以来，我国高校德育工作迎来了很多发展机遇，同时也面临着前所未有的挑战。我国高校德育工作通过在回应挑战中的艰辛探索，取得了积极的进展，其社会和时代适应性得到了增强，在培养中国特色社会主义建设者和接班人中发挥了重要的作用。但是，由于高校德育工作具有一个“大气候”与“小气候”的关系问题，加之传统思维的惯性、时代变迁的特殊性以及西方不良思潮的影响，当下我国高校德育观念不断向前发展的同时，也陷入了诸多的矛盾与现实困境，直接影响了高校德育工作的育人铸魂工程建构。可以说，高校德育观念正面临着社会转型中的不同道德体系的激烈挤压、碰撞与交融，面临着一个艰苦的磨合过程，其改革与创新承载着巨大压力，使学生的健康发展、和谐发展、全面发展都受到了一系列的困扰。

（一）高校德育观念的崇高性与市场经济工具性之间的矛盾

改革开放以来，市场经济的确立与快速发展，使人逐步从自然经济的牵制中得以解脱。市场经济的竞争及对效益的追求，铸就了人们不甘落后、积极进取的效率意识和务实精神，为人的主体性及自由全面发展带来了良好的契机。与此同时，市场经济的各种缺陷也给人的发展带来了一些不利的影响。高校德育工作是一项塑造人的灵魂的神圣而崇高的工作，它的本质在于“铸魂”，是高等教育工作的坚强支柱，在高等教育中具有不可替代的特殊地位与作用。然而，在市场经济的强力冲击下，高校德育工作也被加以市场化、工具化、短视化。工具理性的过分张扬，使高校德育工作的价值理性受到压抑，高校德育观念的崇高性受到了工具性的挤压，高校德育工作的价值与作用受到了怀疑，甚至被颠覆。市场经济的趋利性，助长了拜金主义、个人主义、利己主义和享乐主义等价值观的蔓延甚至泛滥；市场经济对知识在学习中所占核心地位的突出，使高校德育工作的作用与意义遭遇了前所未有的挑战；市场经济对自我价值的高度崇尚与诉求，使传统的集体主义道德观念受到冲击，国家、民族及全局观念变得淡薄，奉献精神遭到了否认甚至讽刺；市场经济带来的人的伦理精神的失落、个人主义的横行、金钱支配一切及人的异化，使高校德育工作弘扬的集体主义以及社会良知遭遇了最大的嘲弄；市场经济对眼前利益与发展机会的空前关注，使高校德育观念倡导的个人对崇高理想与长远目标的追求消解；市场经济体制多元价值的影响与对个人本位的片面追求，使高校德育观念中的各种消极因素不断增加。总而言之，市场经济把人及人的生活方式物化，使人的自身发展的全面性、丰富性遭到空前压抑，使学生的心灵遭受创伤，学生被片面的物质享受与可怕的精神贫困所撕裂，被异化为只考虑自身利益的一种单面的怪物。这导致部分大学生出现了不同程度的心理失衡，是非善恶不分，理想、信念缺失，人文精神匮乏，精神家园迷失，人际关系功利化。

（二）高校德育公利性与家庭德育功利性之间的矛盾

我国是一个有着悠久历史文化传统的国家，因此传统文化对我国社会有着深远的影响。中国伦理重视私德，而轻视对人的公德的培养，即重家庭伦理而轻社会伦理和国家伦理。因此，长期以来中国家庭伦理奉行的是一种功利化的观念。整体主义是中国传统社会中个人的基本价值取向，而家族主义则是整体主义的主要表现。自古以来，在中国，家庭对个人就有着至关重要的意义。例如，个人依附于家庭，家庭是个人生命的载体，个人必须维护家庭的利益，以家庭和谐为目的；个人生下来就要为家庭而奋斗，“修身，齐家，治国，平天下”是人成长的座右铭，出人头地、金榜题名、光宗耀祖是人生在世的主要目的。

家庭是子女心灵的港湾，而父母是孩子的第一任导师，个体的早期社会化就是在父母的引导下完成的。在中国家庭中，子女是父母的全部，是家庭的中心，子女的个人功利成就是父母的终极价值追求。因此，中国的家庭德育实质上是一种功利性教育，是一种以子女为中心的个人本位的德育。父母在家庭中对子女个人物质、精神资源的满足，实质上是对子女利己需求的满足，具有个人化与私人化的特点。同样，在家庭德育中父母对子女也寄予了非常功利化的期盼，“望子成龙”“望女成凤”即是现实生活鲜明的写照。许多父母注重子女对家庭的责任，将子女的成长成才与家族荣辱连在一起。由于功利心的驱使，许多父母只注重子女对知识的学习、能力的造就，而忽视了对子女德性的培养，当子女或家庭的私利与社会利益相悖时，往往将个人私利置于社会利益之上，忽视甚至牺牲了子女对社会的责任，割裂了个人私利与社会整体利益的内在关联。高校德育旨在为现代文明社会培养公民，换言之，它要求一个人会过民主和法制的生活，会在民主和法制的社会条件下过尊重法律、尊重道德和尊重他人的生活。因此，满足社会整体利益与价值是高校德育的价值诉求，社会公利是高校德育的基本价值导向和一贯秉行的观念，高校德育具有强烈的公利性、公益性和公其性色彩。高校德育在观念上强调的是对学生社会责任的培养，强调的是学生对祖国和人民的奉献精神，强调个人价值与社会价值的有机统一，而这与家庭德育以子女为中心的功利性是矛盾的。家庭德育的功利性往往会给高校德育带来无形的障碍与损害，消解了高校德育的实际效果。因此，高校德育如何实现对家庭德育及其功利性观念的扬弃与超越，增强自身对大学生的吸引力，提高自身的实效性，依然是一个有待解决的时代性难题。

（三）高校德育价值追求与高校生存发展之间的矛盾

高校德育的价值追求可以说是高校德育工作的预存立场与指导思想，它同时也是有着明确价值旨归的德育实践。高校德育价值追求直接影响着高校德育工作的成效与价值，是高校德育工作的核心问题。高校德育价值追求应与时俱进，与社会发展需要相契合，与时代背景相一致，与大学生的身心发展规律、特点相适应。但是，人类社会的不断进步、信息科技的迅猛发展、市场经济的高速腾飞，对高校德育工作的发展提出了更多、更高的要求，使高校的生存发展面临着很大的压力。近年来，在商业利益的巨大驱动下，伴随巨大的竞争压力，高校德育工作的改革与创新进行得如火如荼，而这项工作在取得一定成绩的同时，也进入了矛盾的凸显期。高校德育的应然价值追求与高校生存发展的矛盾日益突出，高校对自身生存发展的关切，压倒了对高校德育价值追求的重视，使高校德育工作处于一种尴尬的境地。在此背景下，高校出现了一系列“超常规”的发展，出现了种种短期化的急功近利式的拼杀，已不再是纯洁的象牙塔，不再是纯粹的知识圣殿、社会的良心与公器；高校德育工作也不再是“育人铸魂”的崇高工程，而是沦为了追名逐利的机器。面对浮躁的社会现实，高校德育丧失了自身独立的价值判断，高校德育价值追求也受到了世俗的价值标准的影响。

以人为本是高校德育工作的基本价值追求，要求高校德育工作不仅要使大学生掌握知识、学会做事，更要使大学生学会做人，学会正确处理自己与他人、主体与客体的关系，使大学生成为有志有为、德才兼备之人，最终达成人性完善与自由全面发展的目标。但是，高校迫于生存发展的压力，无暇顾及或从根本上漠视了高校德育工作的基本价值与终极价值追求，使高校德育工作的发展表现出了明显的工具理性与工具论的倾向。由于外在的社会需求与大学生内在的人性需求之间的矛盾日益突出，工具理性与价值理性的矛盾更加凸显，使高校德育工作受市场经济的负面影响出现了误区。高校在生存发展中一味被动地迎合社会的需要，以功利性与工具性的价值追求，湮没了对大学生健全人格与完美人性的培养，忽视了对大学生全面素质的培养，抹杀了大学生的个体性与差异性、积极性与创造性，不利于大学生的主体性与自由个性的发展，其结果只能是有损高校自身的可持续发展。

第二节　新时代高校德育观念创新的要求

对高校德育观念的创新，不是对传统高校德育观念的简单抛弃，而是在继承基础上对高校德育观念进行新的探索，在反思的基础上对传统高校德育观念进行扬弃与超越、提升。高校德育观念的创新，实质上就是通过对传统高校德育观念的继承和新的探索，在思想、理论与实践层面切实体现以人为本，真正使以人为本这一观念成为高校德育工作的根本性逻辑支点，成为高校德育工作的根本原则与方法。鉴于此，新时代高校德育观念的创新要满足以下要求。

一、聚焦大学生的自由全面发展

（一）从无根性向终极价值关怀转化

培养真善美统一的完美人格，便是高校德育工作的终极价值。真善美的统一，可以使人实现对自身本质的科学、合理与全面的占有，实现人与自然、社会、他人及自身的和谐统一，这当然也是高校德育工作的最高目标。但是，这毕竟是一个应然目标，离实现还有一定的距离。因此，在高校德育研究中，有的人在反思以往高校德育工作目标时，又走向了另一极端，即走向了对高校德育目标的盲目否定，缺乏对高校德育目标深入的研究与理性分析。这种简单的否定，带来的只是人的精神家园的迷失，只是人的德性的匮乏。只有使高校德育工作目标转向对大学生的终极价值关怀，才能使大学生树立起更加远大的理想，具有更强大的精神支撑；才能使大学生在痛苦、彷徨与困惑中重新找回自己迷失的灵魂，生活得更加丰富多彩，充满自信与活力。

（二）从高校德育工作目标泛化向高校德育工作目标人性化转化

我国高校德育工作目标的确立往往只注重高尚性、统一性与同一化，忽视了人的本质，忽视了大学生的德性培养、人格完善与可接受性，忽视了高校德育工作的现实外部环境，缺乏社会性、适应性、层次性、渐进性与个体适应性的有机统一，从而使高校德育工作仅仅流于一种“假、大、空”的说教，导致高校德育工作的可操作性与实效行动低下，不利于大学生的健康长才与成长。因此，高校要在高校德育工作目标上实现从泛化向人性化的转变，发展大学生的主体性道德人格，回归大学生的现实生活与内外环境，尊重大学生的主体地位与个体差异性，兼顾个人利益与社会整体以及人类终极价值需要，对大学生的崇高理想、人格完善与德性培养给予必要的引导，让大学生能够在现实的道德价值冲突情境中，自觉、主动地做出合理的价值分析与判断，进行正确的道德选择，并能自觉践行高校德育规范，真正成为有德性的人，从而逐步推进高校德育工作理想目标与现实目标的最终达成。

（三）从世俗化向关照人文精神转化

在高校德育研究中，有的人在否定高校德育工作崇高性的同时，转向了对世俗化的热衷，将规范式的高校德育工作异化为高校德育工作的目标，盲目尊崇实用主义、物质利益，使得大学生成了追名逐利的工具与机器。这种现象造成了人与人、人与自然、人与社会、人与他人之间关系的异化，使彼此之间交往除了金钱、利益别无其他。因此，高校德育工作迫切需要加强对大学生人文精神的关照，也迫切需要加强对大学生的心理疏导，唤醒他们心中沉睡已久的对崇高理想与真善美的渴望，从而使人与外界的关系更加和谐、美好。如若离开了对大学生人文精神的关照与心理疏导，大学生就会变得诚惶诚恐，在精神上毫无依归。我们很难想象一个精神的流浪者与心灵的空虚者，会有一个健全的心理；很难想象一个没有精神支柱与终极关怀的民族、国家，会有光明而远大的前途。

（四）从片面化向注重人的综合素质全面发展转化

以往的高校德育工作往往注重对大学生的知识传授与单向灌输，忽视了大学生综合素质的全面提高与发展，教师与学生彼此关心的焦点只有分数。这种高校德育工作培养出的往往是接受知识的“美德袋”与盛装德育知识的容器，造成了大学生的片面发展。如今，随着市场经济的快速发展与科学技术的突飞猛进，有的高校的高校德育工作目标又转向了对市场经济与科学技术的盲目追随。这些高校在培养大学生时只注重即时性与短暂性，缺乏人文教育与科学教育的融通，缺乏一种全面、长远、可持续的战略眼光，从而使高校德育工作失去了崇高性与科学性。片面发展的人是掌握不了人类文化的整体的价值的，而且会造成残缺的人生体验与无尽的人生遗憾。因此，高校德育工作要注意大学生的健全个性培养，关照大学生的自由全面发展，对大学生进行必要的市场经济理论、民主法治、科技常识、技术培训、就业指导、心理健康等的教育，实现人文教育与科学教育的有机结合，使大学生的综合素质得到实质上的提高；要让大学生更有自信地、更加坚强地面对与战胜各种困难与挑战，以更强的自信去进行实践探索与创新，从而更好地实现与外部环境的良性互动与和谐发展，实现自身内在的自我转化与主体人格的完善。

二、坚持大学生个人价值与社会价值的统一

（一）凸显大学生的个人价值

高校德育工作要以人为本，要凸显大学生的个人价值，满足大学生的个人需要。著名科学家爱因斯坦（Einstein）也认为，学校“应当发展年轻人中那些有益于公共福利的品质和才能，但这并不是意味着个性应当被消灭，使人只变成蜜蜂或蚂蚁那样的工具。一个由没有个人独创性和个人志愿非规格统一的个人组成的社会，将是一个没有发展可能的不幸的社会。因此，学校的目标应当是培养有独立行动和独立思考的个人”。可见，大学生个性的发展、个人利益的满足，是国家、社会创新发展的一个重要条件。确立以人为本的高校德育观念，就要在价值追求上，既着眼于社会整体利益的满足，又重视学生个体利益的实现；既立足于满足学生的现实需要，又立足于满足学生未来发展的需要。当代中国教育价值取向强调教育的社会工具价值，经常以牺牲大学生正当利益与正当价值为代价，去片面迎合社会利益的需求，无视大学生个性的发展与个人利益的需要，具有一种明显的“目中无人”与“实用工具化”的倾向。这严重挫伤了高校德育工作的可信度，使高校德育工作遭到了大学生内心世界的拒绝，导致高校德育工作收效甚微。因此，确立以人为本的高校德育观念，就要在价值追求上贴近大学生生活，贴近大学生实际，贴近大学生思想，不断满足大学生在学习、生活、心理、就业等方面的利益与需求。只有社会价值与大学生的个性相通融，正视大学生的个人利益，最大限度地满足大学生最直接、最现实、最关心的现实利益需求，最大限度地实现大学生的个人价值与幸福美好

的愿望，才能确保高校德育工作的可接受性，使高校德育工作更具可信度与亲和力，从而使大学生能自觉、主动地为社会、集体利益做出更大的贡献。

（二）达成个人利益与社会责任的有机统一

以人为本不仅肯定人的发展的最终目的性，而且肯定社会的发展是人的发展的前提条件与基础。因此，高校德育工作要想取得积极进展，就离不开对大学生个人的培养，更离不开对社会的责任担当。当下有很多年轻人，在自身权利不断得到保障的同时，遗忘了自身对社会的义务。这为高校德育工作的开展带来了一定的困难。其实，个人为社会做贡献，不仅可以促进社会的整体进步，而且有利于个人利益得到更好地满足。国家与社会的整体利益，正是个人长远利益的反映，个人只有融入国家与社会之中，才能实现更好的生存与发展，才能真正有所作为。

第三节　新时代高校德育观念体系的创新

社会的不断发展和开放程度的加大，使不同人群之间的社会观念冲突越来越明显，为高校德育工作带来了挑战；经济水平的不断提升和社会改革的不断加深，在为高校德育工作带来新机遇的同时，也为高校德育工作带来了新的挑战。因此，高校德育工作要不断适应形势的发展，摒弃不适应社会发展规律的旧传统和旧观念，创造出适应社会现代化事业的新的高校德育观念体系。

一、价值观的创新

价值观创新的主要目的是树立个人价值与社会价值内在统一的新价值观。在市场经济条件下，追逐利益最大化成为个人价值观的重要组成部分。从人的生存与发展的角度来说，物质是人维持生活的基础，也是获得其他发展的前提，因此，个人的逐利行为无可厚非。这是当前德育工作无法回避的一点，尤其是当前市场竞争机制充分激发出人们获取个人利益的欲望，如果仍然对物质利益避而不谈，高校德育工作不仅难以取得成果，而且会让人感到厌烦。[1]

---

[1] 郭祥谋.更新观念 创新体制——构建高校德育工作新体系[J].中国校外教育（理论），2008（S1）：1177，1180.

在过去高度集中的计划经济体制下，人们对社会和国家绝对服从，丧失了个体自主性，更谈不上对物质利益的追求。在当时的社会环境下，人们人为地、片面地将社会价值和个人价值对立起来，强调社会价值，忽略或完全否定个人价值，导致在相当长的时期里存在高校德育工作只培育社会价值观的片面观点：高校德育工作只强调促进社会发展的功能，忽略或贬损个人发展的功能；高校德育工作只求社会发展，而不管个人发展；高校德育工作的内容只讲个人对国家和社会相关利益的服从，而不提对个人利益的保护。这一切都导致个人的积极性与主动性受到了损害，使高校德育工作不可避免地受到了人们的冷遇。

同时，随着我国市场经济制度的不断完善和经济水平的不断提高，社会中还出现了只强调个人价值而无视社会价值的思想。这种思想蔓延到高校，使得高校德育工作出现了只追求满足人的需要，而忽略社会要求的倾向，严重削弱了高校德育工作的影响力。

从根本上说，社会和国家的集体利益是人民的根本利益。个人利益和社会利益应该是有机的融合体，不应该对立起来。因此，在我国，个人与社会是辩证统一的。个人的全面发展是以社会发展的各个方面为基础的，社会和国家要为个人的全面发展提供最有利的环境，保障个人的合法权益，使个人自由目标的实现必须处在社会共同体之中。同时，个人的全面发展又能促进社会的全面发展。这就使在确立个人价值和社会价值内在相互统一的新价值观时，既要满足社会发展要求，又要防范片面的唯社会价值观，从而使人能按照社会发展的需要，主动服从并维护社会和国家的利益，最终实现自身的价值。

二、方法观的创新

方法观的创新应该是把教师和学生结合起来，从德育方法的选择和运用入手，在学生的自身优势得到充分发挥的基础之上，充分调动学生的积极性。

三、主体观的创新

在传统高校德育观念下，学生的主动性和积极性受到了严重压抑。为了有效应对学生的主动性和积极性受到压抑的问题，在当今时代，高校德育工作要有效践行以人为本的理念，倡导主体间的交往和生活世界的回归。

（一）践行以人为本的理念

高校德育工作要坚持以人为本的理念，以学生为本，关注学生思想、政治、道德素质的全面提升，塑造的专门的教育领域，帮助学生实现人格的全面提升与素质的全面完善；要充分尊重学生的主体地位，充分发挥学生的能动性和内在潜能，以学生的实际为出发点，以学生的全面发展为根本目的，坚持一切为了学生、为了学生的一切、为了一切学生的原则，站在立德树人的高度，满足学生精神发展的需要，做到因材施教，有的放矢地正面引导学生，达到共性和个性的协调发展。

（二）倡导主体间的交往

交往是社会生活的开端，也是社会生活的基本内容，是人的一种生存方式。这意味着在社会中任何一个个体都不是单一、孤立、抽象的存在，而是在与周围的人及环境的相互作用中存在和发展的。社会是人们交互作用的产物，一个人的发展取决于和他直接或间接进行交往的其他一切人的发展。当今时代的科技发展和网络的普及使全球性的普遍交往成为现实，因此高校德育工作倡导主体间的交往，是高校德育工作做出的必然选择和理论自觉。

（三）回归生活世界

高校德育工作源于生活，内在于生活。高校德育工作的存在是为了满足生活中人的需要，尤其是人的精神需要。高校德育工作是对生活的提升，其目的是引导人过美好生活。回归生活世界不是说使离开生活的高校德育工作重新回到生活，而是使高于生活的高校德育工作回到生活。需要注意的是，虽然高校德育工作从生活出发，在生活中进行，但并不意味着高校德育工作等同于生活、消融于生活。

高校德育工作回归生活世界要坚持的基本原则有五条，即幸福性原则、超越性原则、主体际性原则、人文思维原则和体验性原则。

一是幸福性原则。幸福与人的现实生活是一回事，正如费尔巴哈（Feuerbach）指出：“生活和幸福原来就是一个东西。一切的追求，至少一切健全的追求都是对于幸福的追求。”真正的幸福主要是一种灵魂的善，是一个丰富的精神世界。高校德育工作就是要引导学生追求幸福、实现幸福、享受幸福，过真正有意义的幸福生活。为此，高校德育工作要培养大学生学会过安静的精神生活；培养大学生具有丰富、真挚的生活情感，主要指亲情、友谊和爱情；鼓励大学生追求幸福。

二是超越性原则。其基本要求是：引导大学生向世界（他人）开放，向自我开放，保持开阔的视野和开放的心态；培养大学生的反思批判精神；培养大学生形而上学的追问精神与能力，在追问生活、反思生活中活出生命的尊严，完成精神的创造；培养大学生的哲学之思，使之主动、自觉地去追问生活的合理性，追求生活的意义与价值。

三是主体际性原则。高校德育工作旨在通过人际互动、主动参与、体验感悟等方式促使大学生成为具有主体性道德人格的人，因此高校德育工作回归生活要坚持主体际原则。其基本要求是：建立和谐的师生主体际关系；教育大学生积极向他人开放；教育学生学会关心、学会合作、学会与他人共同生活。

四是人文思维原则。人文思维与科学思维相对立，主张从人所生活于其中的人文世界出发去思考、审视和揭示人的生活意义、价值及感悟，是对人的生活价值与意义的终极关怀。

五是体验性原则。体验是人的生命的存在方式，坚持体验性原则的具体要求是：引导大学生体验生命之存在，在培养大学生的同时提高大学生的体验能力；鼓励，倾听学生的生活叙事。

高校德育工作在以上原则的指导下，回归生活世界有两条路径：

第一，关注主体的现实生活。高校德育工作要从对高居于个体之上的宏大主题的关注和对道德权威教育者自身的强调，转向对生活主体的关注。关注主体现实生活的方法有：①注重培养学生的道德实践能力，在学生的直接经验和间接经验之间建立良性互动机制。直接经验是主体在生活中的经历，是主体道德学习活动的起点和基础，是间接经验的母体。直接经验能帮助学生理解间接经验，具有活化知识的作用。如果忽视直接经验，一味强调道德的规范和限制，学生就将成为“美德袋”。②注重培养主体的责任感，在自由和责任中确立主体的生命价值。生活是自在的、自发的、原生态的，而高校德育工作则要求主体过规范的生活。享受自由是人的理想，但现实生活则要求人承担责任。自由与责任是相互作用和相互联系的，在生活中，没有绝对的自由，自由意味着平等地履行责任义务。

第二，引导学生追求未来的美好生活。人的生命之流在生活中展开，承接着过去，预示着未来。因此，高校德育工作不仅要关注学生在现实世界的发展，也要引导学生创造未来。人生活于当下，对未来的美好生活充满期待和向往，但也要防止一种倾向：不能好高骛远，以未来侵吞当下；不能因为憧憬未来，而忽视现在生活的幸福。对此，教师要帮助学生做自己生活的主人，为自己的未来发展空间奠定良好的现实基础；同时，教师要引导学生去感受、理解、省察自己的生活，自主选择自己的生命存在方式，以饱满的热情和自信走向属于自己的生活。

四、质量观的创新

创新质量观的主要目的是促进思想道德素质和科学文化素质的全面发展。如果只重视科学文化素质而不重视思想道德素质，科学研究就会失去方向和规范，丧失人的主体性；如果只重视思想道德素质而不重视科学文化素质，那么培养出的人才就不能适应社会发展的需要，不能服务于我国提高生产力的要求，甚至使我国发展停滞。

第四节　新时代高校德育观念创新的实践

实践是人们能动地改造和探索现实世界的一切社会性的客观物质活动，只有通过实践才能实现“知行合一”，促进理论学习向内在品质的转化。“实践出真知”表明了实践对于人们形成正确的认识有举足轻重的作用，进行新时代高校德育观念创新的实践，就是要求高校要高度重视实践育人的作用，切实加强高校德育工作的实践性，使学生在实践中得出正确的结论，并逐步养成正确的行为规范和优良品格。

高校德育工作在整个高等教育工作中占有重要的地位，是培养学生道德素质的重要途径，是一项长期而系统的工作。在中国特色社会主义发展的新形势下，高校德育工作要与社会发展要求结合起来，通过高校德育观念创新摒弃旧思想，树立新思想，谋求长远发展。

一、素质培养意识的确立

随着世界全球化的加深，国与国之间的联系越来越紧密，竞争也越来越激烈。各国综合实力的竞争，从根本来讲是国民素质的竞争，尤其是人才的竞争。大学生是祖国未来的接班人，必须努力提高大学生的综合素质。因此，德育工作者应与社会各界人士联合起来，积极培养大学生的文化素质、科技素质和道德素质，让大学生树立合作意识、竞争意识，积极为社会发展做贡献。

素质培养意识的确立，是现代教育理论中的一个重要命题，也是新时期德育理论研究的创造发明。素质培养意识不仅决定了社会的发展动力，也决定了社会的文明程度。

素质分为先天素质和后天素质，先天素质在一定程度上制约着人才的综合素质，但起着非决定性的作用。人们通过后天学习和实践获取的素质，可以改善素质的先天缺陷。高校德育工作担负着培养学生后天素质的责任，致力于将学生培养为“德、智、体、美”全面发展的高素质人才。

（一）树立现代意识

以前的高校德育工作过分强调政治性，给人们的印象就是关注时事政治或者熟练背诵马列主义等经典著作，并强调社会性在德育工作中的主导地位，而忽略了人们的主体发展需要。长此以往，高校德育工作被束之高阁，严重脱离实践，给学生的感觉是“高不可攀”。事实上，高校德育工作要注重培养学生的主体性，鼓励个人素质的发展，让学生树立以社会主义思想为核心的现代意识。

1. 主动意识

现阶段的高校德育工作应把握发展趋势，突出战略层面的主动性特征。

第一，了解个体需要，满足个体需要。要将高校德育工作的理论与实践结合起来，根据学生思想的变化，及时调整和优化工作。

第二，积极顺应形势，根据时代发展的要求，不断调整工作方式和内容，以适应国内外形势变化。

第三，因材施教。要对大学生的身心发展水平和思想道德素养有一个基本的了解，根据不同对象的不同特点，有针对性地采取一系列措施，以满足不同对象的需要。

2. 全民意识

高校德育工作不仅要面向大学生，更要面向全体人民，是全体人民的共同事业。中华民族伟大复兴的事业要靠人才去实现，我们需要认识到加强高校德育工作的紧迫性和必要性，让全社会的成员积极参与进来并融为一体，在全社会形成有效的管理和运行机制，实现高校德育工作与社会实践的有机共生。

3. 预测意识

高校德育工作要具备预测意识，不仅要关注当下的理论和实践，而且要能够预测未来的发展趋势。一是要超前研究人民群众关注点的发展趋势，努力把高校德育工作与人民群众的需要和愿望结合起来；二是要客观准确地预测自然科学和社会科学的发展给思想道德建设带来的影响；三是要预测社会改革带来的思想变化。只有做出科学、准确的预测，高校德育工作才能适应形势的变化，而不被时代摒弃。

4. 价值意识

在中国特色社会主义制度下，个人价值和社会价值是高度辩证统一的。社会价值是个人价值的基础，个人价值促进社会价值的发展。

虽然当前大学生的整体素质在不断提高和完善，但仍然存在着诸多问题，甚至背离了社会现代化的发展进程，如诚信缺失、不守规则、行事浮躁等问题屡见不鲜。因此，高校德育工作要让学生把个人价值与社会价值结合起来，真正从服务社会的角度去实现个人价值。高校可开展相关活动，组织、引导学生进行有意识、有目标的素质训练。

5. 时代意识

时代意识是指高校德育工作要始终把握时代的脉搏，从时代的角度全局性地掌握学生的培养目标。

（1）要树立创新意识

现代社会高强度的竞争，成为创新意识的现实土壤。高校德育工作要把课堂教育与社会实践结合在一起，创造性地开展实践活动，而不应该仅仅专注于开办讲座、做研究、做解释。

高校德育工作内容要实现行为和思想的高度协调，实际和理论的密切结合。高校德育工作效果的评价，可以引入绩效评价体系，积极激发人的主观能动性，最大限度地提高人的潜能。

（2）要树立发展意识

世界上所有事物都处于不断发展变化之中，在经济全球化的大背景下，各国政治、经济和文化都处于不断的竞争和融合之中。因此，高校德育工作要顺应时代发展的潮流，努力培养适合社会发展需要的现代化人才。

（3）要树立开放意识

随着自然科学和社会科学的发展，各个学科的边界越来越模糊。高校德育工作不是闭门造车，应以开放的态度，借鉴其他学科研究成果，创建新的教育体系和教育观念。

（4）要树立多样化意识

在当前社会条件下，教师和大学生还存在着对立和矛盾，灌输式的教育模式依然存在。只有增强大学生的自主性、独立性和可选择性，才能提高大学生的积极性。为此，教师要运用多样化的方式方法，提高教学手段的艺术性和趣味性。

（二）形成前瞻心态

前瞻心态就是高校德育工作要面向未来，要激起学生对未来的美好向往，激发大学生的积极性、主动性，让学生脚踏实地地学习科学文化知识，提高思想道德修养，不断向新时期社会对人才素质的要求和标准靠拢。

前瞻意识是当前高校德育工作的一个重要方面。学生生长在不同的家庭环境和社会环境中，在身心发展水平、思维方式、思想素质和道德修养方面存在着巨大的差异，这决定了他们在对待问题的态度和处理问题的方式方法上的不同。即便是处在同一个校园环境中的学生，也可能具有不同的思想状态，呈现出多元化的发展方向。有些学生遇到问题倾向于寻求朋友的帮助，有些学生遇到问题倾向于寻求家长帮助，而有些学生遇到问题倾向于在互联网上咨询。

如果教师具有前瞻意识，就能够超前地预测可能出现的各种状况，预先想到学生能想到的或可能会想到的各种问题并进行分析，从而及时有效地解决问题，甚至可以在问题的萌芽期就积极遏制问题的产生。

（三）扩大视野

在互联网时代，科学技术迅猛发展，国际交流频繁，国与国之间的竞争日益激烈，如果没有国际视野，就很难跟上时代发展的潮流。因此，高校德育工作也必须引领学生面向国际、面向世界，用国际视角看待问题。在这样一个开放的时代，西方国家的文化和价值观不断入侵，如果我们不树立本国文化的主导地位，就难以树立民族自尊心。教师肩负着培养社会主义接班人的重要责任，必须将高校德育工作深深扎根于中华优秀传统文化，使学生以从容不迫的姿态走向世界。

（四）强化现代观念

强化现代观念是指高校德育工作要运用现代化的科学理念和技术手段，包括教学设备、教学理念、师资队伍建设水平、教育方法和教学管理制度等的现代化。

现阶段，强化现代观念是在深化历史意义的基础上，对中国特色社会主义现代化理论和实践的全面推广。强化现代观念首先要树立开放意识，无论在理论上还是在实践中，都不能让封闭成为高校德育工作的一种方法。高校德育工作要在党的路线、方针和政策的指导下，逐步打开各种学科的大门，广泛借鉴各个学科的知识，提高高校德育理论的多样性和深度。其次，要加大教育费用的投入，加强师资力量和教学设备建设，提高教学效率和质量。再次，要推进建设现代化的教学管理制度。最后，要转变高校德育工作的思维方式，实现工作技能的现代化。

当然，思维方式的现代化也是开展高校德育工作必不可少的条件。人们主要以科学的思维方式理解客观世界，只有具备完备的理论思维体系，才能在高校德育工作中摸索出新的观念，才能让中华民族屹立于世界民族之林。

二、注重培养创新能力

高校德育工作要注重创新能力的培养。创新是人类社会发展与进步的永恒主题，也是高校德育工作面临的首要任务。创新人才的培养在于创新教育，创新能力和实践能力是当今国际人才竞争所需的重要能力，也是一个国家发展进步的不竭动力。

创新能力包括创新意识、创新思维、创新技能、创新精神等方面的内容。创新意识是个体敢于标新立异，善于提出新观点、新方法来解决新问题和创造新事物的意识。它是创新思维和创新活动的基本前提，直接决定创新活动的产生，并影响创新能力的发挥。创新思维是逻辑思维、形象思维、直觉思维、灵感思维等多种思维形式的有机结合，是判断推理敏捷、概括综合准确、分析思考深刻、联想想象新奇的高级智能思维方式。创新思维是创新能力的核心，是创新活动的关键。创新技能是指创新主体在开展创新活动时所需要的实践技能，包括信息加工技能、动手操作技能、运用创新技术的技能和物化创新成果的技能等。创新技能是创新能力的直接体现。创新精神包括高度的责任感和敬业精神，勇于开拓的精神，对新事物的强烈的好奇心，以及敢于冒险、勇于进取的品质。创新精神是培养创新意识、锻炼创新思维、提高创新技能的保证。良好的创新精神对培养创新思维、激发创新灵感和开展创新活动来说都是不可或缺的。

我国传统教育过分强调集体教育，缺乏对学生自主性的培养，更谈不上培养创新能力和创业意识，这正是我国科技水平落后的主要原因。创新一方面能推动人创造能力的发展，另一方面也会对社会的进步和发展产生重大意义。

国家的创造力决定着一个国家的命运和地位。培养学生的创新能力是信息爆炸时代下的全球共识，也是提高我国综合国力的关键。我国将培养创新意识作为提高全民素质的历史任务，因此高校德育工作应该着重培养大学生的创新意识、创新精神和创业意识，鼓励学生开展发明创造和自主创业等实践活动，让学生在实践活动中自觉提高创新能力；还要培养学生的主体性，激发学生自主学习的能力，鼓励学生提出自己的想法和意见，并敢于坚持真理。

三、强化道德认知与道德实践

当前我们开展高校德育工作的目的是培养大学生的道德修养和思想品质，并付诸实践。现在的高校德育工作以灌输为主，以纯理论形式进行空洞地说教，强迫所有学生接受。对此，在开展高校德育工作时，一方面，要向大学生系统讲解道德真理；另一方面，要在积极正当的引导下鼓励其深入思考，得出正确的道德判断。

（一）开展主体性道德认知教育

在信息化时代，大学生会接收到各种各样的信息，导致他们在进行道德判断、选择时有些迷茫，甚至一些大学生可能会出现选择焦虑。大学生还不具备完整的心智，所以他们在承受外界压力的时候可能会进行违背内心原则的选择，会产生内心原则与外界压力之间的冲突和矛盾。所以高校在开展高校德育工作时，应该将主体性道德认知教育作为一个重要内容，以此培养大学生的道德能动性、意志自由的道德人格，通过主体性道德认知教育，帮助大学生了解道德的内涵，掌握道德行为理论，并在此基础上正确地认识自己、肯定自己、发展自己，成为一个对自身有正确认识、可以为自己的行为负责的人，最终能够自如、自在、自由地处理好个人与他人、个人与社会的关系。

（二）开展实践性德育

实践性德育的目标是依据一定社会要求，结合学生品德基础，培养学生的自律精神和实践能力，发挥学生在道德生活中的主体作用。

实践性德育的内容极其丰富，涵盖各类社会道德实践，是个人施之于他人和社会、社会施之于个人的主观见之于客观且具有价值意义的一切实际活动。有必要指出的是，活动指在教育过程中学生的可观测的或者外显的活动，并非内心活动、精神活动。例如，在入学时，开展为期两周的军训活动，目的在于增强学生国防意识，培养学生吃苦耐劳、磨炼意志、遵守纪律、服从指挥、维护集体利益等观念。学校可定期组织学生参加一些公益性的活动，如维护交通秩序、维护消费者权利、社会政策宣传、绿色环境保护、助残送暖等。

第六章

新时代高校德育内容的改革与创新

高等德育内容是高校完成立德树人根本任务的载体，体现着高校德育工作的目标和性质，决定着高校德育工作的方向。高校德育内容的选择及体系的建构必须以科学发展观为指导，必须紧扣时代脉搏，依据高校德育工作目标和思想政治品德发展的一般规律拓展新内容，在丰富学生精神世界的历程中开启新思路，在探索社会主义核心价值观培育长效化、常态化、科学化的进程中实现常变常新。

第一节　新时代高校德育内容改革与创新的指导思想

一、高校德育内容的改革与创新要找准思想性与知识性的结合点

思想性是高校德育工作的灵魂，离开了思想性，把高校德育知识作为人文社会知识来传授，就背离了高校德育工作的宗旨。但是高校德育工作的思想性应通过知识性来实现，让学生在满足渴求古今中外丰富知识的愿望与需求中接受教育，转变思想。这就需要教师找准思想性与知识性的结合点，防止脱离知识性的空洞说教，同时注意不能把高校德育知识讲成人文社会知识。不论是教

材内容的编写还是课堂教学内容的组织，思想性与知识性都必须有机结合，这样才能体现高校德育内容的活力。

二、高校德育内容的改革与创新要注意处理好稳定性与变动性的关系

高校德育工作要对学生进行人生观、道德观教育，包括进行中华优秀传统道德教育，使学生树立高尚的理想情操和培养良好的思想品德；要对学生进行法制教育，增强学生的法制观念和法律意识；要适时地和经常地进行形势政策教育和爱国主义精神教育。这些教育内容是相对稳定的，是必须进行的教育内容。但是，随着形势、社会的不断变化发展和学生思想的不断变化，具体的教学内容要不断地充实、调整，要具有鲜明的时代感和现实性，否则会严重削弱高校德育工作的教育功能。

三、高校德育内容改革与创新还要处理好课堂教学内容和教材的关系

高校德育内容往往体现在教材中。教材中的内容体现了课程体系的完整、系统，但是其往往是滞后的。这就要求高校德育工作要处理好课堂教学内容和教材的关系，既要发挥教材的作用，又要灵活处理课堂教学内容与教材的关系，体现精讲、管用的原则。

四、高校德育内容改革与创新要具有鲜明的时代性

时代性是指一个事物发展的历史必然性、现实选择性和动态生成性。就高校德育内容而言，其改革与创新的时代性受当代社会生活的总体特点，主要包括经济生活、政治生活和文化生活的时代特点以及青年在社会生活影响下所形成的道德素质的时代特点所制约。所以，现阶段高校德育内容改革与创新要充分体现以下时代特点。

（一）充分体现与市场经济相适应的时代特点

当前，随着我国社会主义市场经济体制的逐步建立和完善，社会成员思想观念多元化、价值取向多样化日趋明显。市场经济就像一把双刃剑，激发了人们主体意识的生成，同时也诱发了个人主义倾向；增强了效益观念和求实精

神，同时也诱发了拜金主义和重利轻义思想，造成一些领域道德失范、诚信缺失、假冒伪劣、欺骗欺诈活动蔓延。这一切都给大学生的成长带来了不可忽视的负面影响。在观念多元化的社会，如果没有一个先进的主导意识来统率全局，就会造成人们思想的混乱、行为的失范、生活的无序。对于大学生来说，他们的思想意识还没有完全定型，世界观、人生观、价值观尚未完全形成，对他们的思想道德教育必须始终坚持把马列主义、毛泽东思想、邓小平理论、“三个代表”重要思想和习近平新时代中国特色社会主义思想作为根本指针，整体建构与培育“四有”新人目标一致、与社会主义市场经济相适应、与社会主义法律规范相协调、与中华民族传统美德相承接的高校德育内容体系，正确处理好适应性和超越性的关系，处理好思想观念一元导向与多元存在的矛盾。一方面，要立足于市场经济自主经营、平等互利的实际，引导学生增强主体意识，树立平等互利、公平公正、诚实守信的道德观念；另一方面，要立足市场经济的竞争性、求利性的实际，引导学生树立开拓、进取、创新的观念和功利、信息等功效性价值观念，并基于市场经济的风险性、不确定性，培养学生适应市场经济的良好心理素质。

（二）充分体现与对外开放相适应的时代特点

进一步扩大对外开放是我国的一项基本政策。对外开放引进了西方的科学技术、信息技术和管理经验，为广大青年了解世界、增长知识、开阔视野提供了更加有利的条件。同时，我们也应该看到，国际敌对势力与我国争夺接班人的斗争也日趋尖锐和复杂，西方的思想文化、价值观念、生活方式也以各种形式渗透进来。面对这种新情况和新问题，高校德育工作必须紧跟时代和社会发展的步伐，在马克思主义指导下实现中西文化的碰撞、互补与融合，整体构建高校德育内容体系。要进一步贯彻“贯通古今，融会中西，继承借鉴，发展创新”十六字原则。一方面，根据学生身心发展特点、规律和认知水平有针对性地把民族精神教育纳入高校德育的全过程，弘扬和培育以爱国主义为核心的团结统一、爱好和平、勤劳勇敢、自强不息的伟大民族精神，加强中国近现代史和国情教育，加强中华民族传统美德和革命传统道德教育，使“天下兴亡，匹夫有责”的爱国主义精神，“天下为公”“修齐治平”的集体主义精神，“刚健有为，自强不息”的开拓进取精神，“先天下之忧而忧，后天下之乐而乐”的无私奉献精神等，在改革与创新开放的今天放射出时代的光芒。另一方面，采取分析、鉴别学习、借鉴、吸收、利用的策略，正确对待西方文化，将西方的崇尚民主、维护法律、尊重人权、公平竞争、讲求效率等观念融入我国改革与创新开放的时代潮流中，使之成为我国高校德育的思想素材。

（三）充分体现与网络化社会相适应的时代特点

互联网等信息媒体的快速发展，给大学生学习和获得信息开辟了新的渠道，为他们的交往提供了方便、快捷、高效的工具，但由于网络立法的滞后性、网络技术的欠完善性，给“黄、赌、毒、邪”等腐朽落后文化和有害信息的网络传播以及不法分子不择手段引诱大学生痴迷网络从而牟取暴利以可乘之机。少数大学生精神空虚、行为失范，有的甚至走上了违法犯罪的歧途。面对这些新兴信息传播渠道带来的挑战，高校德育工作必须跟进时代网络化趋势，迅速更新德育观念，积极抢占“网络德育阵地”，增强信息传播渠道的可控性，努力建设融思想性、知识性、趣味性、服务性于一体的主题教育网站或网页，变高校德育内容静态化、抽象化为动态化、形象化，增强高校德育工作的主动性。

总之，通过课程内容的改革与创新，要逐步形成结构合理、功能互补的高校德育课程体系。在马克思主义理论课设置了《马克思主义基本原理概论》《毛泽东思想、邓小平理论和“三个代表”重要思想概论》《中国近现代史纲要》课的同时，《思想道德修养》与《法律基础》《形势与政策》三门课应避免与马克思主义理论课重复，要充分体现德育课自身的特点和优势。

第二节　新时代高校德育内容体系构建的原则与依据

现代高校在构建高校德育内容体系时过分注重政治教育、理想教育和社会适应性教育，使高校德育工作在学校教育中没有真正独立的地位，也没有充分发挥其作用的空间。同时，这种思想滞后于社会历史发展进程，难以和现时经济基础最佳契合，致使这种高校德育工作缺乏坚实的根基。因此，为实现高校德育工作应有的目标，必须对其内容进行体系构建。

一、新时代高校德育内容体系构建的原则

（一）方向性原则

在新时代，我国与世界各国彼此开放、相互交流。面对西方意识形态的渗

透对马克思主义指导思想的挑战，面对发达国家在经济、科技、军事方面的巨大优势对大学生理想信念的冲击，我国高校德育内容创新一定要坚持社会主义方向。在融入经济全球化的今天，坚持方向性原则包含两个方面，一方面要坚持以实际问题为中心，坚持马克思主义与时俱进的品质，以发展中的马克思主义指导新的实践，武装大学生头脑，推进高校德育内容创新；另一方面要反对教条，反对自由化，即“既不丢老祖宗，又要说新话”。只有坚持社会主义方向，高举中国特色社会主义伟大旗帜，弘扬爱国主义、集体主义和社会主义主旋律，以理想信念教育为核心，加强“四信”教育，及时解决新时期大学生在形成正确世界观、人生观、价值观过程中不断出现的新问题，才能保证高校德育内容改革保持正确的方向，实现培养社会主义“四有”新人的目标。

（二）整体性原则

经济全球化实际上是人的活动方式、存在方式的社会化发展，也为人的品德、能力、社会交往关系的全面和谐发展创造了条件。简而言之，经济全球化，需要具有高度文化素养和高尚道德品质的全面发展的人。这就要求高校德育内容创新应以培养全面发展的人为目标，坚持整体性原则。这种整体性原则体现在致力于把学生培养为全面的人、独立的人、道德的人、健康的人、创新的人，不仅要关注大学生的政治方向、思想观念等意识层面上的问题，而且要关注他们情感与身心健康的发展；不仅要注重大学生知识、技能、思维的培养，而且要重视他们人格素质与社会能力的培养。

（三）层次性原则

高校德育目标有一个层次化、系列化的过程，高校德育内容的安排也有相应的层次化、系列化过程。对于高校德育工作来说，高校德育内容的层次化尤为重要。这是因为，传统的高校德育内容往往只注重培养大学生“共产主义”道德情操，却忽视或淡化了对他们进行基础文明教育及公德教育，使高校德育工作只流于形式，违背了道德教育的规律，导致大学生的道德素质经不起考验。因此，高校德育内容既要立足现实，又要面向未来，适度超前，为大学生将来走向社会奠定良好的思想道德基础。

（四）科学性原则

坚持高校德育内容体系的科学性，就是确保马克思主义在高校德育工作中的主导地位，确保高校德育内容体系符合马克思主义，确保所传授、所导引的思想、理念、观点等符合马克思主义，符合党的路线方针政策。坚持科学性，就是要使高校德育内容随着时代的发展不断地丰富，高校德育内容体系充分体现马克思主义关于人的全面发展理论，促进人的全面发展，使高校德育内容成为适应时代发展进步的体系。

（五）人文性原则

坚持德育内容体系的人文性，就是坚持以人为本，努力培育人文素质与人文精神，关注人的理想追求、价值信念等做人的基本品质和基本态度，在坚持正确的政治方向的同时，以培养良好个性和品德为终极目标。坚持高校德育内容体系的人文性，就是关注人的全面发展和人性的完善，使高校德育工作与社会生活紧密联结，培育并引导学生“学会做人”“学会生活”，服务于学生的生活需要、身心发展与价值追求。因此，高校德育内容体系的人文性，就是通过改善道德生活，提升人的道德精神，促进人的德性发展，实现道德对人生的引导和调节。[1]

二、新时代高校德育内容体系构建的思路

（一）弘扬主体性教育

高校德育工作的泛政治化倾向过分强调高校德育工作的政治品性，使其呈现出外在化、工具化特点，这造成了高校德育工作“培养人”这一内在价值的缺失。因此，高校德育内容体系构建的出发点应由“德育＝政治教育”转向“德育＝政治教育＋主体德育”，即在坚持正确的政治方向的同时，以提升受教育者的主体地位和品性为终极目标。主体德育，就是以学生为主体、教师为主导的价值理性主义德育，发展学生的主体性是主体德育的根本目的。主体性是人的本质的最根本属性，发展人就是要发展人的最本质属性。高校作为培养高级人才的地方，其基本功能就是要发展人、完善人，因此，高校德育工作的根本目的就是要发展和培养受教育者的主体性，突出主体教育也就应成为高校德育内容体系构建的出发点。

弘扬主体德育是实现高校德育内容全面构建的关键。主体德育体现了现代高校德育以人为本的精神，突出了德育内容建构与实施中的主体，突出了主体德性的全面发展。它以培养具有现代政治素质、思想素质、道德素质、法纪素

---

[1] 张昌勋.构建新时期德育内容体系的依据及其原则[J].山东省青年管理干部学院学报，2006（1）：60-62.

质和心理素质的主体人格为根本，从深层次上把握了高校德育工作发展的关键要素——学生主体，因而也就从根本上实现了高校德育内容的全面构建。高校德育工作本身是一种主体性很强的实践活动，作为一种有目的的培养受教育者德形的活动，高校德育是通过促进主体人格化来展开的，而主体人格化过程就是人的主体性素质（政治素质、思想素质、道德素质、法纪素质和心理素质）的不断培育和展现的过程。因而，在本质上高校德育工作就是一种关照受教育者的主体性活动，高校德育工作过程也是一种对受教育者的主体素质的全面培育过程。只有实施主体德育，即对德育主体全面进行政治教育、思想教育、道德教育、法纪教育和心理教育，才能真正实现高校德育内容的全面构建。

（二）彰显现实性教育

人的德性主要来源于现实生活，当今社会的政治、经济、文化、科技等无一不对把高校德育工作等同于理想教育工作提出了挑战。因此，高校德育内容构建的基础应回归现实，扎根于生活实际之中，实现高校德育内容的生活化、层次化和现实化。“三个代表”重要思想为高校德育内容构建实现理想性和现实性的统一既提供了理论指导，又指出了现实可能。代表广大人民的根本利益是高校德育内容构建的现实依据，它必须服务于具体的现实生活；代表先进文化的前进方向是高校德育内容构建的目标依据，它必须引导学生不断提高思想政治觉悟和道德水平。二者的有机结合即达成了高校德育内容构建的现实性与理想性的统一。其中先进文化中的思想道德决定着整个文化的性质，支配着整个文化的发展方向，并为科技发展和经济发展提供精神保障和人文基石。高校德育工作在先进思想道德文化建设中担负着重要使命。只有将构建高校德育内容体系放在建设社会主义先进文化的视野中认识和实践，才能加强高校德育工作在现实中的作用和吸引力，使之为广大人民的根本利益服务，并以此来指导物质生活和科学技术顺着合乎理性的方向发展，从而在最终意义上推动社会生产力的发展。

（三）凸显个性化教育

个性化教育的实质是以学生的个性差异为主要依据，让每一个学生都能找到自己个性才能发展的独特领域，以及以个性充分发展、人格健全为目标的教育。它强调通过促进学生个性完美和全面素质的提高，使学生成为自然和社会的主宰，发挥主观能动作用，拓展人的价值。高校德育工作的最根本逻辑与使命就在于“成人”，漠视这一点，高校德育工作便走向自身的悖论。因此，个性化教育应是高校德育内容构建的重要价值取向。从历史发展的角度看，我国自古以来的德育都是过分重视社会化教育而忽视个性塑造，致使整个民族的创新意识和能力相对较弱。在知识经济时代，国与国的竞争说到底是人才的竞争，这要求高校培养大量创造性人才。事实证明，发展个性是发展人的创造性的基础，缺乏个性、丧失个性的学生往往缺少开拓性和创造性。所以，无论是从克服传统高校德育工作的弊病，还是从时代发展的需要看，个性化教育都是十分必要的。从根本上讲，发展人的个性应是高校德育工作的应有之义，个性发展应是高校德育内容构建的根本价值尺度。没有个性发展，高校德育工作就失去了内在意蕴。从国际范围来看，许多国家的高校德育工作改革都深刻体现了对人性和谐完美的追求，个性化趋向十分明显。如日本高校德育工作的基础与核心就是个性教育，主张以个性实现为手段，达成整体精神与个人中心的融合；欧洲则以人本主义为高校德育内容构建的基础，反对压抑人性的德育，主张高校德育工作的目的就是要发展个体的自我意识，促进自我本体的完善。吸收借鉴外国高校德育内容中的合理成分，应是构建我国高校德育内容体系的重要环节。

三、新时代高校德育内容体系构建的依据

（一）社会政治经济的发展

高校德育内容体系是随着社会政治经济的发展而发展，并受社会政治经济的发展所制约。社会政治经济的发展决定着高校德育内容体系的时代性。社会政治经济的发展变化必然对高校德育内容提出新的要求，要求高校德育内容与之相适应。比如，在新民主主义革命时期，革命的主要目标是彻底完成反帝反封建的历史任务，并及时实现由新民主主义向社会主义的过渡，高校德育内容当然要围绕新民主主义革命的任务而确立；在实施改革开放和社会主义现代化时期，高校德育内容必然要包括坚持四项基本原则、树立社会主义核心价值观等思想政治教育内容。再如，随着社会政治经济的不断发展，网络得以普及，这就要求网络道德教育成为高校德育的主要内容之一。因此，社会政治经济的发展是高校德育内容体系构建的重要社会依据。

（二）教育对象思想政治品德的发展规律

高校德育内容体系的构建既要考虑教育对象思想品德形成的连续性和递进性，也要注意教育对象素质的层次性及性格的差异性。大学生思想政治品德的

形成是一个循序渐进、由量变到质变连续不断的发展过程。处于不同的年级、不同的专业、不同的思想发展阶段的学生，其思想政治品德形成特点不同，要根据不同学生的发展特点来确定高校德育的内容。高校德育内容体系的构建还应考虑教育对象思想政治品德发展的差异性。由于遗传、环境和教育的影响不同，学生在兴趣、爱好、意志、性格等方面存在着个别差异。因而，学生在思想政治品德发展上也必然存在着差异。从尊重差异性的角度出发，高校德育内容也必须有所差异。因此，只有根据教育对象自身的思想政治品德发展的实际情况，合理地确立高校德育内容，设计高校德育内容的广度和深度，才能促进教育对象思想品德的发展，提高高校德育工作的实效性。

（三）特定的社会生活环境

拓展高校德育内容离不开特定的社会生活环境，贴近生活的高校德育事件最容易引起学生的兴趣，与生活紧密联系的有关思想、道德和法律等也容易引起学生的共鸣。由于人的品德主要是在社会生活实践中形成的，环境对人的影响是多方面的，学生会从社会生活实践及社会环境中获得多种启示，约束、规范和帮助，从而逐步学会和适应在社会中生存所必须遵守的社会道德规范。高校德育工作的针对性也必然要求高校德育内容取材尤其是思想道德教育方面的内容取材要关注现实生活。脱离学生现实生活的高校德育工作必将成为无源之水、无本之木。

（四）高校德育工作目标

高校德育工作目标既是高校德育工作的出发点，也是高校德育工作的归宿。高校德育工作目标决定着高校德育内容，高校德育内容是高校德育工作目标的具体体现。诚如有人所言，高校德育内容就是高校德育工作所要传授的道德价值与道德规范，而这些价值与规范的选择与安排直接服务于高校德育工作目标的达成。目标的差异决定着内容的差异，在社会本位的高校德育工作目标下，高校德育内容侧重于社会责任的教育；而在个人本位的高校德育工作目标下，高校德育内容侧重于个人自由、权利和尊严的教育。因此，高校德育工作目标是影响高校德育内容体系构建的最直接因素。高校德育工作目标具有层级性，这种层级性既体现为目标制定者的层级水平，如国家的、学校的、课程的高校德育工作目标；也体现为目标表述的层级，如公民道德教育，其目标指向的分类依次为社会公德、职业道德和家庭美德，显然社会公德教育是第一位的。高校德育工作目标具有约束性，追求真善美，抵制假丑恶，弘扬社会正气，反对歪风邪气，表达的就是该坚持什么和反对什么。高校德育工作目标具有激励性，曾激励了无数人奋斗拼搏，这是不争的事实。高校德育内容的确立及选择要依据高校德育工作目标的要求与指向，结合教育对象的实际，进行内容的调整与更新，以服务于学生的发展及教育目标的实现。

由于高校德育工作与学生生活具有天然的联结，近年许多学者展开了“生活德育”的研究，关注学生的生活世界成为高校德育工作领域的一个热门话题。肖川认为：“道德教育之所以应该观照学生的生活世界，是因为只有在学生的生活世界中，在学生的现实遭遇中，在学生内心世界的价值冲突中，才真正蕴藏着宝贵的教育时机，才能够真正开掘出学生道德人格生成与确立的源头活水。”唐汉卫认为，道德与生活具有内在的本体意义上的密切联系。从社会生活现实的角度来看，现时代的生活已经发生了巨大的变化，而高校德育工作要想维护其在现时代条件下的合理性，就必须时刻关注生活的变化。从价值的层面来看，高校德育工作以生活为基础，表明了我们所持有的以人为本的教育价值观。关于生活德育的讨论，虽各种观点姚黄魏紫，莫衷一是，但高校德育内容的确立离不开现实社会生活，确是不争的事实。

综上所述，社会政治经济的发展、教育对象思想政治品德的发展规律、特定的社会生活环境以及高校德育工作目标是影响高校德育内容体系构建的主要因素。高校德育内容体系的构建必须以学生的社会生活实际为基础，必须符合教育对象的思想政治品德发展规律。所以，高校德育内容的总体设计既要符合中国特色社会主义现代化建设的需要，又要符合大学生身心发展规律与高校德育工作目标的要求，同时还要兼顾现代大学生特定的社会生活的现实。

第三节　新时代高校德育内容创新的范畴与实践

一、诚信教育

目前，诚信危机已经不仅是经济领域的道德危机，它已广泛地存在于文化、教育等社会生活的各个领域，而且是世界各国共同面对的道德问题。

现阶段我国正处于加速转型期，在大力发展社会主义市场经济和对外开放的同时，国外一些腐朽没落的思想、多元价值观等传入我国。在各种思想文化互相激荡的环境中，社会上一些个人为了一己私利，见利忘义，不讲诚信；更有甚者采取欺诈行为，制造假冒伪劣产品等。反而一些敢于讲真话、办实事的人，却遭到某些人的排挤，甚至是打击报复。这种强烈的反差，对大学生的负面影响是不可低估的。大学生不诚信现象的时有发生，固然有社会环境因素、家庭环境因素等的消极影响，但不得不承认，高校德育工作也存在着一定的问题。一些高校一味地追求大学生成绩，忽视了大学生的思想道德品质。因此，现阶段的高校要提高对大学生诚信品质的重视，加强诚信教育。

诚信是一个道德范畴，指为人处世要真诚、讲信誉，言必信、行必果。它是一个人的思想道德素质的外在表现，是每一个人立足于社会的最重要的品质。无论是在古代还是现代，无论是在中国还是在外国，诚信都是一切道德的基础和根本，都是被全社会所认可和称赞的。诚信是中华民族的传统美德，是“立人之本、齐家之道、交友之道、为政之基、经商之魂”，对于建设社会主义和谐社会是至关重要的，是每一个华夏子孙都要继承并发扬的优良品质。

当前，高校要将诚信教育摆在重要位置，充实诚信教育内容，使之课程化。高校要通过诚信教育，教育大学生要诚实、诚恳、守信、有信，做到以诚待人、以信取人。高校可以在高校德育理论课中，增加有关诚信教育的内容，提高大学生对诚信内涵的认识，帮助大学生将诚信内化为自己的心理品质，并外化为行动，树立诚信信念，养成诚信行为习惯。此外，教师还要积极创新诚信教育的新途径、新方法，比如可以通过各种实践活动、建设诚信校园等方式，坚定大学生践行诚信的信念。[1]

二、生命教育

生命教育有广义与狭义两种。狭义的生命教育指的是对生命本身的关注，包括个人与他人的生命，进而扩展到一切自然生命；广义的生命教育是一种全人教育，它不仅包括对生命的关注，而且包括对生存能力的培养和生命价值的提升。

生命教育的内容包括以下方面。

第一，生存意识的教育。生存意识的教育要求学生正确地理解生命、生存和生活的内涵，也就是尊重生命、珍惜生命的教育。生存意识的教育具体又可

---

[1] 高中建，孟利艳.德育走向与德育接受现代性德育研究[M].北京：光明日报出版社，2011：95.

分为生命安全的教育、生活态度的教育以及死亡体验的教育。

第二，生存能力的教育。生存能力的教育主要是为了对环境的适应能力、抗挫能力以及安全防范和自救能力。

第三，生命价值升华教育。生命价值升华教育要求重视培养大学生端正人生态度，使大学生认真生活、快乐学习和工作；还要求注重大学生的审美教育，让大学生在审美的过程中体验人生的价值和意义。

生命教育属于高校德育的范畴，但是在我国高校德育工作中，它却一直是一个盲区。随着我国市场经济体制的建立和迅猛发展，近年来，大学生在学习、就业、情感、人际关系等方面出现了众多问题，大学生心理问题日渐凸显，高校开始意识到生命教育的重要性。如何有效地在大学生中开展生命教育是高校德育工作的一项崭新课题。对大学生进行生命教育，目的是帮助大学生学会尊重生命、欣赏生命、珍惜生命，提高生命质量，创造生命价值，并将自己的生命融入社会主义现代化建设事业之中。

三、生存教育

生存教育就是通过开展一系列与生命保护和社会生存有关的教育活动和社会实践活动，向学生系统传授生存的知识和经验，有目的、有计划地培养学生的生存意识、生存能力和生存态度，树立科学的生存价值观，从而促进个性的自由、全面、健康发展，实现人与自然的和谐统一。生存教育是适应全面发展教育目的的重要组成部分，有助于培养学生正确的生存观念，有助于学生提高生存能力。

生存教育要以家庭教育为基础，以学校教育为主干，以社会教育为保障，通过专题式教育和渗透式教育两大类途径来实施。专题式教育可分为组织开展以生存教育为主题的专题活动和以综合课程的思路开设此类课程两个方面。渗透式教育可分为学科课程渗透和活动课程渗透两种。

四、安全教育

安全教育是为了教育学生确立自主维护生命安全、财产安全的意识，严防危及生命安全的犯罪。安全教育的内容包括：①交通安全；②校内外活动安全；③消防安全；④卫生防病、饮食及家居安全等。加强学生安全教育，可以提高学生的自我防护能力。通过安全教育，学生基本上可以做到“三懂”“三会”，即懂得各种不安全因素的危险性，从而增强安全意识；懂得各种危险危害的形成原理，注意了解各种安全事项的细节；懂得预防各种危险危害，积极开展安全宣传；学会报警方法，学会预防危险，学会自护自救方法。加强学生安全教育，是向全社会普及安全知识的一个重要环节。加强学生安全教育，有利于培养社会及专业的后备安全防范队伍。

开展安全教育，首先要切实提高对安全教育工作重要性的认识。安全教育是维护学生安全的一项基本教育，是学生素质教育的一部分，是人才保障的根本教育，它贯穿于人才培养的全过程。高校要把做好安全教育工作提高到营造优良育人环境、维护校园和社会的稳定、实现高校人才培养目标这一高度来认识，时刻把安全教育工作摆在重要位置。

其次要充分调动各方面力量开展宣传教育活动，形成齐抓共管的局面。对学生的安全教育，仅靠保卫部门和学校是远远不够的，还要依靠学生管理工作者、学生组织以及学生家长等有关部门和人员，形成齐抓共管的局面。特别是要发挥思想教育阵地的作用，利用高校德育的工作体系和优势。此外，要发挥课堂教学的主渠道作用，在有关课程和教学环节中由任课教师结合课程内容适时地对学生进行安全教育和法制教育。

再次要突出重点，注意提高教育实效。加强学生的安全教育，既要全面展开，更要有重点地进行，做到点面结合，以点带面。一是教育的内容要以防人身伤害、防财务受损、防心理失常、防违法犯罪、保学业完成为重点。二是要针对不同的学生开展不同内容的教育。如对有不良行为的“后进生”，要以防违法犯罪为主要内容，帮助、引导他们健康成长，促使他们成为遵纪守法的好学生；对喜爱运动，行为过于莽撞、冒险的学生，要加强防运动损伤教育，教育他们做好安全防护工作；对有心理失常表现的学生，要加强心理健康教育，帮助他们消除心理障碍，等等。

最后，要组织学生积极参与学校的安全管理工作。让学生参与学校的安全管理工作是提高学生安全防范意识的有效途径。学校要十分注意激发学生的参与意识，提高他们的自我教育、自我管理、自我服务能力，引导他们积极主动地参与校园安全管理工作。同时，还要争取相关部门协作，整治校园周边环境，优化育人环境。学校在加大对校园安全保卫力量的投入，提高保卫人员素质和学校安全教育水平的同时，还要积极争取地方政府、公安机关的支持，严厉打击危害学校及学生安全的不法行为，切实改善校园周边治安状况，优化育人环境。

五、创新教育

创新是知识经济时代的一个显著特征。著名科学家爱因斯坦认为，提出一个问题往往比解决一个问题更重要，因为解决问题也许仅仅是一个数学上或实验上的技能，而提出新的问题、新的可能性，从新的角度去看旧的问题却需要有创造性的想象力，它标志着科学的真正进步。然而，在长期的传统教育模式下，我国公民普遍缺乏创新意识与能力，这是由多方面的原因造成的，其中传统教育理念与模式为主要原因。传统教育一直存在着重知识、轻能力的现象，教师只是教给大学生“是什么”，而很少教给大学生“为什么”。同时，教师和学校领导只注重大学生的学习成绩，少有人去关注大学生的创新思维与能力。这些既是造成大学生缺乏创新能力的原因，也是进行创新教育的障碍。在这种情形下，加强创新教育显得必要而又紧迫。

创新教育是指在高校德育工作过程中，有意识、有目的地培养大学生的创新精神，提高大学生的创新能力，塑造大学生的创新人格的活动。在这里，我们说的创新，并不仅是创造新的、原本没有的东西，它还意味着更新和改变。对大学生进行创新教育，并非是要求他们创造新的东西，而主要是培养他们的创新意识、创新思维、创新精神、创新能力。其中，最重要的是创新精神和创新能力。创新精神是指要具有能够综合运用已有的知识、信息、技能和方法，提出新方法、新观点的思维能力和进行发明创造、改革、革新的意志、信心、勇气和智慧。它主要包括开拓进取精神、探索精神、挑战精神等。创新能力是指人们在原有的知识经验上，在创建新事物的过程中表现出来的潜在心理品质。大学生是祖国的未来、民族的希望，实施创新教育，培养大学生的创新精神与能力，是知识经济时代的要求，是推进素质教育的关键，是中国面向世界、面向未来，实施强国战略的重要举措，也是我国当前教学改革的一个重要课题。因此，创新教育关系我国的伟大复兴，具有重要意义。

创新教育与其他教育不同，它不是传授某种知识、教授大学生“是什么”“为什么”，而是培养大学生的创新意识与精神。因此，创新教育首先需要更新教材内容，增加体现时代特点的新思想、新内容。陈旧的内容与思想，是不符合创新教育要求的，是阻碍大学生创新精神、创新能力的培养的。其次，注重培养大学生独立获取知识、创造性地运用知识的能力。在教学过程中，教师要注重大学生的参与性，多一些交流、多一些讨论、多一些激励、多一些引导，给大学生多一些思考、想象的空间和创造的机会，鼓励大学生多思考、多质疑、多交流，努力调动大学生的积极性、主动性和参与意识，创设有利于大学生创造性思维发展的课堂氛围。再次，要注重培养大学生的个性。在传统教育体制下，教师以一样的标准去培养一样的大学生，忽视了大学生个性的发展，而个性在创新过程中具有重要的作用，是创新活动和创新行为的动力。教师应多尝试问题教学法，不仅要使大学生掌握课本知识，更重要的是要使大学生创造性地运用知识，积累创造性活动的经验，从而形成创造性的个性。教师要充分调动大学生的参与意识，培养大学生勤于思考、善于质疑、勇于探索、独立思考、自主学习、主动获取知识的能力，以及培养大学生的创造性和创新精神。同时，教师应根据大学生的不同特点，有针对性地对大学生进行引导与启发，鼓励大学生标新立异。最后，教师要多带领大学生走出课堂，走出校园，参加各种实践活动。在活动中，培养大学生观察能力、实践能力、想象能力、创造性运用所学知识的能力。

六、理性教育

理性是现代性的基本特征之一，对于自然世界，人类可以通过理性活动获得科学知识，并且以“合理性”“可计算性”“可控制性”为标准达到对自然的控制，其口号是“知识就是力量”。韦伯（Weber）将理性分为工具理性和价值理性，工具理性是优化人们行为手段的认识能力，价值理性是帮助人们正确选择行为目的的能力。工具理性强调在技术行为中的认识能力，目的在于追求行动的效率和功利的最大化。

在我国，高校德育工作比较注重情感教育，大多数人都认为这种教育方式亲切、生动，易使大学生产生情感上的共鸣，教育效果明显。但是，从情感教育的实际效果来看，这种教育的效果持久性较低，难以取得良好的教学效果。基于情感教育的低效性，高校德育工作应尝试着加强理性教育，以增强高校德育工作的效果。同时，改革开放以来，西方非理性主义思潮趁虚而入，这种思潮以其特有的渗透力，侵蚀着社会的各个领域。享乐主义、悲观主义等一些非理性观念在许多人身上迅速蔓延开来，对大学生的健康成长造成了严重的不良影响。理性作为人类特有的冷静、自觉、能动和科学地认识客观世界及人自身的一种人格状态或生存发展形式，是人类不断积累、丰富和加速进化的典型标志和根本保证。因此，对大学生进行理性教育是必然的，也是必要的。

理性教育是培养人的理性意识、理性精神和理性能力的教育，是对人的概括、判断、推理等认识能力，行为方式和目的的选择、判断能力以及情感、意志的协调能力的教育，其终极目的在于提升人的生命质量。需要注意的是，理性教育中的“理性”，并不等同于“现代性”的“理性”，它是人在正常思维状态下，基于正常的思维结果的行为，是人类精神生活的一种形式，它不仅包括在一定规则下应用概念进行判断、推理等思维能力或认识能力，而且包括对行为和目的的选择、质疑、反驳和辩护的能力。教师应通过各种教育方式和活动，培养大学生学会独立思考，理性地认识问题、思考问题，处理事情不冲动，不凭感觉做事情。

七、和谐观教育

在21世纪，构建社会主义和谐社会日益成为我国社会发展的主题。构建社会主义和谐社会战略思想的提出，是中国共产党对新时期社会发展规律的科学认识和科学构想，是对马克思主义社会发展和社会观的理论创新，是马克思主义人本主义思想和人性发展的最新阐述。在推进和谐社会建设的过程中，人的和谐观是前提和基础，只有人人都具有了构建和谐社会的强烈意识和责任情怀，社会主义和谐社会的构建才具有坚实的人本基础和理念支撑，才会在全社会营造出和谐发展、和谐进步的环境氛围。高校德育工作者应顺应社会发展的要求，在传授知识和技能的同时，着重培养大学生的和谐观。和谐观教育是社会主义和谐社会的本质要求，是大学生健康成长、全面和谐发展的迫切需要，它为和谐社会建设提供了精神动力，是中华优秀传统文化得以继承、完善和发展的最佳途径。

和谐观教育主要是培养大学生的和谐意识，实现自我和谐、人际和谐、人与自然和谐。其中，“和谐”是对立事物之间在一定的条件下具体、动态、相对、辩证的统一，是不同事物之间相同相成、相辅相成、相反相成、互助合作、互利互惠、互促互补、共同发展的关系。因此，“和谐”不是完全相同、整齐划一，也不是互不影响、死气沉沉，而是相互促进、生机勃勃、充满活力的统一。

培养大学生的和谐观，需要着重从以下几方面入手。首先，自我和谐。自我和谐，主要是指通过自身的不断调整，使内心活动处于平衡和谐的状态，即遇到困难不退缩、失败时不气馁等。人生的道路不是一帆风顺的，会遇到许多困难与坎坷，人的心态也是容易因环境而波动的，和谐观教育就是为了使学生塑造自尊自信、理性和平、积极向上的心态，及时调整心态，使之自我和谐，以适应瞬息万变的生活环境。

其次，是人际和谐。人际和谐，顾名思义是人际关系的和谐。人际关系是指社会人群中因交往而构成的相互联系的社会关系，它以情感为基础，主要表现为人们心理上的距离远近、彼此间的心理倾向等。人际和谐的前提和基础是尊重他人，尊重他人的劳动、知识与创造。大学生只有学会尊重他人，才能在生活学习中多一份理解、多一份信任、多一份关爱。最后，是人与自然的和谐。构建社会主义和谐社会，人与自然的和谐发展是重要的基础和保障。要想实现与促进人与自然的和谐，就要培养大学生的共生意识。我们所说的共生，是指以差异、冲突、多样性为前提向异质者开放的社会结合方式，是人与社会、自然之间的一种命运关系，包括共同生存、共同生活和共同发展三个层面。在自然界和人类社会组成的大系统中，只有各个要素和谐共处，才能促进社会的发展。因此，只有培养大学生平等、共处等共生意识，让他们更好地理解自然界的价值，才能更好地促进人与自然的和谐发展。

八、环境道德教育

自20世纪60年代以来，环境污染成为全球性的危机，时至今日，生态环境问题非但没有得到有效地控制与解决，反而有进一步恶化的趋势。自工业社会以来，世界上绝大多数国家和地区为了发展经济，对自然资源展开了掠夺式地开采与利用。人们运用各种高科技手段无限制地开发自然，在获得巨大经济利益的同时，也遭到了自然的报复。自然资源短缺，特别是不可再生资源；气候灾害增多、加剧，全球气候变暖，冰川消融，海平面相应升高，沿海低地受到海水淹没的威胁；大气成分发生不利于人的变化，二氧化碳增加，缓解紫外线辐射的臭氧层浓度降低，地球两极上空臭氧层出现空洞并在加大；酸雨覆盖面积急剧扩大；水污染严重。在我国，环境污染问题一直是制约我国经济发展的瓶颈。造成我国环境问题的原因有很多，包括片面追求经济效益、人类中心主义的影响、传统观念的影响等。除此之外，我国公民环境保护意识淡薄也是一个非常重要的原因。目前，有很多人对环境问题还不够重视，有些人的环保意识还处于较低的层面，比如很多人都知道要爱护花草树木、不能随意排污，但很多人不知道噪声是一种污染源，不知道国家环保部门对工厂区、居民区等都有不同分贝标准的规定，更不知道各地环保部门都设有24小时的噪声投诉电话。因此，开展环境道德教育，普及环保知识、培养环保意识，对广大学生来说是必要的、迫切的。

环境道德是人类在一定的思想道德观念的指导下，形成的对待自然环境的态度，是人类在处理自身活动和自然环境的关系过程中应遵循的行为规范。

环境道德教育，是为了人与自然的和谐发展，为了使人们在生态活动中遵循生态道德行为的基本原则和规范，自觉履行维护生态平衡的义务，有组织、有计划地开展系统的环境道德影响活动。环境道德教育是环境道德要求转化为人们的环境道德品质的重要手段与途径，其实质是引导大学生树立人与自然和谐发展观，提高环境保护意识。环境道德教育最基本的任务是引导大学生树立有关环境保护的观念，并在这些观念的基础上遵循一定的行为规范，这些观念包括人与自然和谐发展观、环境价值观、可持续发展观、生态生产观和生态消费观等。

针对目前我国普遍存在的环境污染问题，高校要把环境道德教育纳入高校德育工作体系，丰富学校环境道德教育内容，将环境公平观、绿色消费观、生态伦理观等纳入高校德育内容体系。教师应提高自身素质和环境道德教育意识，转变传统的教育观念，唤起大学生的忧患意识。在教学过程中，教师应善于把环境道德教育与其他德育内容结合起来，比如在环境道德教育时辅之以国情教育，增强大学生的忧患意识，这样有利于提高高校德育工作的效果。有条件的地方或学校，可开展与环境保护相关的实践活动，鼓励大学生投入环境保护与建设的行动中。同时，也可以寓环境道德教育于校园文化建设中。优美的校园环境是环境道德教育的隐形课程，校园小路曲径通幽，主题雕塑巍然挺立，矮墙长廊雅致美观，教室布置儒雅规范等，这一切都会给大学生以形象生动的美的教育，使他们对学校环境产生爱心，激发他们保护、创造优美环境的行动。

九、网络道德教育

近年来，随着计算机技术和信息网络技术的发展，互联网进入了寻常百姓的生活，网民数量呈急剧增加的趋势。据中国互联网络信息中心（CNNIC）发布的第51次《中国互联网络发展状况统计报告》，截至2022年11月，我国网民规模已达10.67亿，互联网普及率进一步提升，达到75.6%。

互联网以自身的特点，使人们在网上可以畅所欲言，不受时间、地点、年龄的约束和限制，使人们可以发表自己的见解，不必承担责任，也不用担心受到惩戒。互联网的这种匿名性，给一些人以可乘之机，他们在网络中散布虚假信息、黄色暴力信息等，对大学生的健康成长造成了负面影响。同时，西方多元价值观、“西化”思想也存在于互联网中。大学生相对于成年人而言，年龄尚小，认知水平有限，尚未形成正确的世界观、人生观、价值观，再加上其好奇心强，自控能力与辨别是非的能力较差，极易受到各种不良信息的影响。因此，加强大学生的网络道德教育显得尤为重要。

网络道德是对信息时代人们通过电子信息而发生的社会行为进行规范的准则。网络道德教育主要是教师对学生进行网络所特有的道德规范的教育的过程，是为了培养学生的法制观念和网络道德意识。网络道德教育，首先要进行网络道德规范的教育，要让大学生知道在网络中可以做什么、不可以做什么，什么是道德的、什么是不道德的；要让大学生认识到网络道德是在网络社会生活中必须要遵守的。其次，要做到诚信上网，不散布虚假信息、垃圾信息等，做一个文明的网民。最后，要培养大学生的识别能力、判断能力、免疫能力，使大学生能够明辨网络信息的真伪，谨慎对待网络中的各种信息，以防上当受骗。在教学方法与途径方面，教师要针对不同年龄段大学生的特点来进行选择，同时要发挥家庭对大学生耳濡目染的作用，积极取得家长的配合，确保大学生的健康成长。

第七章

新时代高校德育方法的改革与创新

高校德育方法的改革和创新是提高高校德育工作实效性的根本途径，虽然传统高校德育方法在实施过程中取得了一定的成效，但由于现代社会的价值观念日趋多元化，大学生的思想状况也日益复杂多变，传统高校德育方法的局限性越来越明显。高校德育方法的改革与创新要摒弃传统高校德育方法存在的问题和弊端，使高校德育工作从死板的、僵化的、空洞的方法中走出来，使高校德育工作更具有主动性、针对性和实效性。

第一节　新时代高校德育方法改革与创新的必要性与紧迫性

一、新时代高校德育方法改革与创新的必要性

（一）高校德育工作目标的特点要求方法改革与创新

高校德育工作的目标是“立德树人”。立德树人是中国特色社会主义教育的本质特征，是新时代贯彻党的教育方针的要求。立德树人的目标要求高校德育工作要有效引导学生正确的思想道德观念的形成，必须与客观实际相符，具有鲜明的先进性；必须立于最先进的思想理论基础之上，与社会的整体发展方向相一致。因此，只有保持高校德育工作方法的先进性，高校德育工作才行之

有效。

总体来说，学生的主流价值观是积极向上的，但是仍然有一些学生不同程度地存在政治信仰迷茫、理想信念模糊等问题。面对新的变化，如何采取切实有效、灵活多样的方法提高高校德育工作对存在思想问题的学生的吸引力和感染力，是高校德育工作需要面对的实际问题。

（二）高校德育工作的环境变化要求方法改革与创新

高校德育工作的环境因政治、经济、文化的变化而变化：从外部环境来看，受世界多极化、经济全球化的影响，人们的价值取向变得多元化；从内部环境而言，受市场经济和多种所有制经济结构的影响，利益主体变得多样化。国内各地区经济发展的不均衡性、贫富差距的拉大、资讯信息的快节奏传播等都会或多或少地影响大学生，以至于大学生形成错误的价值观念及不健康的生活方式。

可以说，随着网络信息时代的到来，各种文化思潮涌动，高校德育亟须创新，并不断与时俱进。

（三）高校德育方法现状要求方法改革与创新

高校德育方法是高校德育工作的重要组成部分，是实践、总结及升华成果的高度理论概括，是连接教师与学生的桥梁。只有保持高校德育方法的推陈出新，高校德育工作才能取得成效。目前，高校德育方法仍然存在着以下几个方面的问题。

第一，教育方法机械化。学生的选择性和差异性表现在各个方面，学习方式、生活习惯和心理素质上都有所不同，而面对这些特殊性，高校德育工作的开展并没有遵循学生自身的特点，“填鸭式”的教育方式依然没有完全摒弃。

第二，教育方法滞后性。“两课”是进行高校德育工作的主渠道，高校在传授知识的同时，也会将思想意识传授给学生。但是，目前课堂教学是一种成形的系统理论知识的传授，教学内容滞后于社会的飞速发展，与学生的实际情况相脱离，达不到最佳效果。针对这种机械和滞后的现状，进行高校德育方法创新成为高校德育工作必须正视的问题。

二、新时代高校德育方法改革与创新的紧迫性

目前，我国高校德育工作效果不佳、实效性不强是不争的事实，高校德育方法创新势在必行。我国所处的经济全球化大背景、我国社会转型期的特点和

新时期大学生的特点都决定了目前我国高校德育方法创新的紧迫性。

（一）由经济全球化的大背景决定

当今的时代是一个全球化的时代，人类社会正在经历一场史无前例的划时代的社会变革，这种变革把人类社会紧密地联系在一起，使全球社会呈现出了相互依存、共同发展的新局面，其作用范围之广、影响强度之深是任何一个时代都无法比拟的。

首先，高校德育工作面临发达资本主义国家强势经济、科技扩张的影响。由于发达国家的主导，各国、各地区在全球发展中的地位和水平进一步出现差异。广大发展中国家面临许多新的挑战，发展更趋困难，南北贫富差距进一步扩大。这不仅不利于全球经济的健康发展，也不利于地区和世界的和平与稳定。在自由资本主义与帝国主义阶段，资本主义凭借经济实力，运用武力征服、掠夺资源。这种全球性的掠夺造成了强国越来越富、弱国越来越穷的后果。冷战结束后，发达资本主义国家所采取的主要方式是通过资本扩张、科技输出来拉大发展中国家与发达国家的贫富差距。

我国自改革开放以来，虽然经济、科技实现了快速增长，但由于历史的原因，我国在世界范围内仍处于劣势，与发达国家仍有较大差距。这一差距对大多数青年学生来说，在很大程度上只是一种比较抽象的“数字差距”，是不直接的认识与体验，但是在经济全球化、信息网络化条件下，这种差距将被大多数青年学生从不同途径、不同方式感受到。可以说，这一客观事实是对高校德育工作最直接的挑战，也是对传统高校德育方法的挑战。

其次，高校德育工作直接面临发达资本主义国家意识形态的影响。资本主义的经济扩张与思想渗透，总是紧密联系在一起的。经济是资本主义扩张的基础和目的，思想渗透则是资本主义扩张的前提和保证。经济全球化大大模糊了传统的国家疆界，使我们的民族意识、国家观念面临挑战。世界范围内的生产全球化、贸易全球化以及金融全球化，在信息网络、相互开放与市场竞争的推动下，使现代经济的各种要素日益冲破民族国家的壁垒，在全球范围内自由流动。民族国家疆界和民族文化在一些大学生的思想上变得模糊，既是学生开阔视野、关注全球、适应开放的相应反映，也是一些大学生对经济全球化实质缺乏认识、对民族国家历史缺乏体验、对民族国家发展不平衡的根源缺乏了解的思想反映，还是经济全球化进程中复杂的利益关系、社会关系的反映。

对于资本主义制度和意识形态向全世界的渗透，就是资本主义国家的学者也不回避，著名西方马克思主义者罗莎·卢森堡（Rosa Luxemburg）还从理论上专门研究了资本主义的扩张性。她认为，孤立存在、与世隔绝的资本主义是不存在的。因此，高校德育工作者决不能忽视这种西方意识形态的扩张对大学生产生的不良影响。

最后，尤其需要高度重视的是，西方的敌对势力利用经济全球化的活动，推行他们文化霸权主义和“和平演变”的战略。经济全球化使中国国内的文化市场不断开放，文化产品广泛流动，导致一些落后的、腐朽的文化也在大学校园里乘虚而入，相当一部分腐朽思想观念、文化垃圾也得到传播。故此，极端个人主义、拜金主义等价值观必然对当代大学生的思想观念产生极大的影响。

面对经济全球化对我国社会意识形态带来的深刻影响，新时代的高校德育工作必须采取有效的方略主动应付。在严峻的国际形势和国际政治斗争形势下，高校德育工作只能加强，不能削弱；只能迎接挑战，而不能因循守旧。高校德育工作只能根据新的实际，正确审视和解决影响高校德育工作重大理论问题与现实问题，从战略高度推进高校德育工作的创新与发展，主动适应国际政治斗争变化的现实需要，增强其时代性和实效性。

（二）由我国社会转型期的背景决定

社会转型期，意指社会从传统型向现代型的转变，或者说由传统型社会向现代型社会转变的过程，就是从农业的、乡村的、封闭的、半封闭的传统型社会向工业的、城镇的、开放的现代型社会转型。我国当前正在经历的社会转型期，是自1978年改革开放以来发生的一次整体性社会变革。当代大学生一般都是“00后”，正处于中国经济社会大变革的时期。

在国际环境与国际政治斗争对新时代的高校德育工作带来严峻挑战的同时，社会转型期出现的一些新情况、新问题也对高校德育工作提出了新要求。从经济基础来看，社会主义市场经济体制改革的深化，经济成分和经济利益的多样化，在客观上促进了经济利益分化和多元格局的形成，社会生活方式多样化、社会组织形式多样化、就业岗位与就业方式多样化的趋势日益明显，多种经济成分，形成了多种分配形式，形成了多种利益群体和不同的社会阶层。

从上层建筑来看，作为变化了的经济生活的反映，多种思想文化和价值观念、道德观念长期并存，各种思想文化相互激荡、互相影响。这一场大规模的社会转型，必然引起人们的价值冲突。具体表现为，随着改革开放的不断深入，广大人民的生活方式发生了新变化，呈现多样化特点，大众的生活观念和生活态度多样化，生活观念趋向更加务实开放，生活兴趣和爱好更加广泛多样。通过大众传媒和人际交往，人们生活态度的相互影响程度也在不断加深，更加凸显自己的个性。但在多样化的同时，一些错误的或者是不文明、不健康的生活观念和生活态度也相继出现，拜金主义、享乐主义、极端个人主义等腐朽思想开始滋长蔓延；有的人的生活态度消极平庸，缺乏精神追求；有的人不思进取、得过且过，甚至无聊颓废。时代与社会的变迁与发展必然会反映到思想意识领域，高校德育工作作为意识形态的一部分，也必然会打上时代的烙印，这些不良现象在社会上的盛行必然会波及世界观、人生观和价值观正在形成中的当代大学生。

因此，随着社会转型期的到来，随着时代的发展，高校德育方法必须与时俱进地进行创新，增强引导的有效性，促使高校德育工作目标和我国高校的根本任务的实现。

（三）由新时代大学生思想的新特点决定

社会转型期带来了从社会结构到经济结构的深刻变化，深刻地改变了人们的价值观念体系，使高校德育工作的发展也随着社会的变迁而不断整合。

大学生作为受教育程度较高、知识较丰富、获取新知识手段来源较多的群体，具有很强的求新求异特点，对新知识、新观念具有很强的感知与接受能力。新时代的大学生更是产生了务实创新的精神气质和强烈的个人意识。可以说，当代大学生的思想政治状况积极、健康、向上，他们胸怀远大理想，勇于自立自强，乐于接受新生事物。他们热爱党，热爱祖国，热爱社会主义，坚决拥护党的路线方针政策。但是，随着社会转型期的到来，受经济全球化的影响，大学生群体在思想上也产生了一些新的特点。

首先，是部分大学生对西方经济、政治、文化出现盲目崇拜的现象。进入21世纪，受世界经济全球化、政治多元化、信息网络化的影响，我国高校德育工作所处的国际环境随之改变，西方从未放弃“西化”“渗透”我国的阴谋，并且这种渗透是多方面的。大学生在过去封闭的环境中，容易接受高校德育观念，他们的身上也打上了传统文化的烙印；改革开放以后，面对西方经济发达这一客观事实，一些对国家发展的历史、当今世界的发展状况缺乏全面、深刻认识与理解的大学生，只以现有的经济、科技差距为价值判断与价值取向的标准，对资本主义产生向往。另外，西方对世界观、人生观、价值观缺乏认识的大学生在意识形态和文化上进行渗透，又使他们盲目崇拜西方文化，对社会主义产生怀疑。

其次，当代大学生在世界观、人生观、价值观的选择上出现了多元化特点，具体表现为大学生对社会不良现象产生多重矛盾与困惑，容易出现多种倾向。在我国社会转型期，我国社会主义市场经济不断发展，对外开放进一步扩大，利益格局多元化、生活方式多样化，为大学生了解世界、增长知识、开阔视野提供了更加有利的条件，但是社会上一些追求物质享受、个人主义、拜金主义，以及道德失范、诚信缺失等消极现象又使大学生思想的产生了多重矛盾与困惑，出现了多种价值倾向，如片面追求物质利益的“经济人”、只顾获取科学技术的“工具人”、迷恋宗教迷信的“否定人”，在大学生中不同程度地存在。社会不良现象对处于象牙塔中的大学生产生的负面影响不可忽视。

在金钱观方面，有很多大学生认为市场经济的要求就是“有钱能使鬼推磨”，这说明了大学生在金钱观方面受社会不良影响之深。

最后，互联网等新兴媒体的快速发展给当代大学生的思想带来了新变化。网络的虚拟性在给青少年学习和娱乐开辟了新的渠道的同时，垃圾信息、网络欺诈大量充斥网络，在无形中毒害了求知欲强、世界观正在形成的大学生的思想，腐蚀了大学生的心灵。

大学生大多介于18～22岁。按照曾欣然的品德发展十阶段论，大学生所处的这一时期，是德行结构自组期。这一时期德行结构的特点是自组性（自我教育、自我选择、自我组合为主），突出表现是品德自立性和成熟性。但是青年初期和青年中期的德行结构发展更多地表现为德行内心冲突（主要是内心选择的冲突）、发展的迅速性。这一时期的冲突主要是指不同的价值观念、道德观念发生矛盾，需要有正确的价值导向做指导，需要正确的高校德育方法来引导。

面对社会转型期大学生的新特点，传统的高校德育方法虽然在过去的几十年里行之有效，但如今已经不能完全适应当代社会的发展趋势。这些都使我国高校德育工作面临着前所未有的挑战。因此，高校德育工作应针对大学生思想变化的特点，不断丰富发展、改进、完善高校德育方法，以主动适应时代发展，真正把大学生培养成德、智、体、美全面发展的社会主义事业建设者和接班人。

第二节　新时代高校德育方法改革与创新的基本原则

高校德育工作作为人类的一种实践活动，以人的思想活动为其工作对象、实践领域，较之一般的实践活动更具有特殊性和复杂性。因此，高校德育方法改革与创新的要求更高。实现高校德育方法的改革与创新，必须要有正确的原则作为指导。这对进一步增强高校德育工作的针对性、实效性、吸引力、感染力具有十分重要的意义。实现高校德育方法的改革与创新，必须坚持以下原则。

一、科学性原则

高校德育方法创新的科学性原则，要求高校德育工作遵循大学生思想活动的规律，遵循高校德育工作的客观规律，遵循高校历史发展的科学规律，克服盲目性与随意性。我国高校德育工作一直以马克思主义科学的世界观和方法论为指导，又与其他学科知识紧密联系，吸收其他学科知识的精华，这进一步拓展了高校德育工作的视野，加快了高校德育方法创新的步伐。

现代科学技术的发展，特别是互联网技术的发展，对我国的政治、经济、文化、军事等社会各个方面都产生了影响。互联网进入高校以后，对学生的思想观念、生活方式和身心健康等带来了潜在的、深远的影响。原有的高校德育方法在互联网时代完全不适用，只有及时把握现代科学技术发展要求，尽可能地把先进的科学技术运用到对学生的教育之中，才能跟上科技发展的时代步伐，也才能增强高校德育工作的效果。高校德育工作是对大学生进行教育的工作，因而高校德育工作者应把正确的政治观点、政治立场和政治方法放在首位，在实践中接受互联网对高校德育工作的影响，改变传统的高校德育方法，为此，高校德育工作者要用科学的世界观、方法论武装自己，使自己具有正确的思想观点、政治立场、思维方法和教育艺术。只有这样，才能使高校德育工作具有强大的感染力、吸引力、说服力和战斗力，从而提高大学生的德育水平。因此，高校德育方法的改革与创新一定要坚持科学性的原则，只有这样，高校德育工作才能沿着正确的路线不断向前发展。[1]

二、方向性原则

2015年，中共中央办公厅，国务院办公厅印发的《关于进一步加强和改进新形势下高校宣传思想工作的意见》中指出："把坚定理想信念放在首位，始终坚持用中国特色社会主义理论体系武装师生头脑，确保社会主义办学方向。"我国高等教育的发展必须坚持社会主义方向，现代高校德育方法的改革与创新也必须体现社会主义的方向性原则。因此，高校德育方法的改革与创新必须以马克思主义的立场、观点和方法为指导，充分体现我国高等院校发展的社会主义方向。

三、主体性原则

在高校德育工作的实施过程中，不仅要把大学生看作具有主体意识和主体价值观、独立人格的人，还要把他们视为具备主观能动性和创造能力的独立个体。由于高校德育工作的对象是大学生，高校德育方法的改革与创新就要做到一切以学生为主，重视学生的主体地位。高校德育工作不再是一种外在的强制手段，而是大学生主动发展自己的重要途径；大学生也不再是被动地接受道德知识的机器，而是能动的高校德育主体，并有其内在的发展自身的要求。因此，要把高校德育工作的着眼点放在大学生主体意识的发挥与培养上，逐渐把被动接受转换成主动接受。另外，教师与学生之间应建立平等的关系，教师要充分尊重和理解学生，对学生取得的进步应给予肯定和表扬，并经常考察学生的兴趣和爱好，使学生自觉、主动地参加高校德育活动。

四、系统性原则

高校德育工作是一个庞大而又复杂的系统，高校德育方法的改革与创新与高校德育工作主体、客体、环境、中介以及这些因素密切联系。高校德育工作的主体包括高校辅导员、思政课教师、其他专业课教师等，客体主要指高校学生；环境包括高校课堂、学生会和社团活动、学生寝室等，中介包括校园文化生活、学生家庭状况、社会风气等。这些要素内部以及各个要素之间相互联系并发生作用，如果这些因素发生了变化，那么高校德育方法的选择自然也就不

[1] 曲华君，罗顺绸，钟晴伟.德育教育与创新能力发展[M].北京：中国财富出版社，2019：126.

同。因此，系统化的方法要求高校德育方法的改革与创新要综合地考虑各种因素的实际情况，通过对各种因素及其相互关系的正确分析和运用，使之共同为现代高校德育方法的改革与创新服务。

五、层次性原则

人的发展是有层次的。当前国家的快速发展、改革开放的深入人心和高等教育的普及化，使我国高等教育发生很大变化。在这种情况下，教师更应注重平时的积累，把握不同的教育对象所具有的不同特点，有的放矢，因材施教，坚持普遍性和特殊性相结合的工作方针，这对于增强高校德育方法改革与创新的实效有着至关重要的作用。

第一，根据学生各项综合素质的不同特点，找到适合学生的高校德育方法。大学生由于成长背景不同，表现出不同的特点。教师要具体情况具体分析，找到适合学生的高校德育方法。

第二，增强高校德育方法的层次性，应该注重学生学习目的的多样性。由于学生综合素质的层次不同，不同学生的学习目的也不同。对此，高校德育工作改革与创新要分层次、有重点、循序渐进，努力贴近社会、贴近生活，充分调动学生的积极性、创造性和主动性，使各种不同层次的学生转变学习态度，真正去接受学习，从而向更远大的目标迈进。

六、现代化原则

要增强高校德育工作的有效性，就必须紧跟时代变化的步伐对高校德育方法及时进行改进和创新，实现高校德育方法的现代化，使高校德育方法实现现代化转型。当前，我国高校德育工作发展面临诸多方面的问题，为实现我国高校德育方法的改革与创新，就必须从当前的社会现实出发，结合经济全球化、信息网络化以及社会转型期的大学生思想特点进行改革。实现高校德育方法创新的现代化不仅是高校德育方法的转型，也是高校德育工作整体改革的突破口。

七、实践性原则

高校德育工作的本质是使大学生在体验中感悟并生成道德。没有实践就没有体验，没有体验也就无所谓情感的共鸣、心灵的触动。因此，高校德育方法的改革与创新不能脱离实践，否则高校德育方法就成为不着边际的假大空，是低效甚至是无效的。高校德育方法的改革与创新不应局限于大学的课堂和校园，还要走出校门、走向基地、走向社会，实现教学与实践活动相结合，从而增强情感交流和切身体验，加深大学生对德育的理解。

第三节　新时代高校德育方法改革与创新的具体内容

高校德育方法的改革与创新，要求德育工作者根据时代要求和发展趋势以及学生思想动态，在继承传统高校德育方法的基础上逐步实现。从高校德育工作的实践来看，高校德育方法改革与创新的内容主要围绕如下五个方面展开并不断探索。

一、咨询式德育方法

心理咨询主要是在意识层次上进行的一种教育性、指导性比较明显的活动，它不仅是保护人们的身心健康所必需，而且是塑造健全人格、开发人们潜能的有力手段。当代大学生由于受到自身以及外界等因素的影响，心理承受能力弱，遇事不够沉稳冷静，抗压和抗挫折能力差，甚至因为病态心理而导致行为的失误。这些问题的存在深刻影响着大学生的日常学习生活和个人的身心健康。《教育部关于加强普通高等学校大学生心理健康教育工作的意见》中指出："高等学校开展心理辅导或咨询工作，对于解决学生的心理问题，具有重要的作用。"积极开展大学生心理咨询活动是高校德育工作的一个重要途径，对大学生进行心理咨询的过程，实际上也是实施高校德育工作的过程。咨询式德育方法不仅能够解决大学生的心理健康问题，更能帮助、启发和教育大学生树立良好的思想道德品质。高校德育工作以咨询式德育方法为载体，既有助于心理疏导工作的顺利进行，又能够促进高校德育工作的科学化。因此，高校要把咨询式德育方法融入高校德育工作之中，重视心理咨询机构的构建，经常为学生进行心理咨询方面的专题介绍，开展有关心理健康类的知识讲座，帮助大学生建立更多维护自身身心健康的途径。同时，还要将心理咨询渗透到课堂教学之中，通过课堂互动让学生学习必要的心理健康知识，提高心理自我保健意识和抵抗挫折的能力。高校德育工作者也要积极学习心理教育方面的知识，加深对咨询式德育方法这一新兴方法的认识和运用。

二、生活化德育方法

中共中央、国务院《关于进一步加强和改进大学生思想政治教育的意见》中明确指出，“坚持以人为本，贴近实际、贴近生活、贴近学生，努力提高思想政治教育的针对性、实效性和吸引力、感染力，培养德智体美全面发展的社会主义合格建设者和可靠接班人”。高校德育方法越贴近生活，越能体现教育中的“以人为本”，越能发挥人的主体性，引发人的内在创造力，使人体验生活的美、教育的真正内涵，从而形成文化、社会、个性协调发展的生活环境。

生活化德育方法注重生活实践，要求高校德育工作应从生活中来，到生活中去。因此，当代高校德育工作需要改变传统的单一灌输和说服教育的方法，应善于突出学生的主体性，组织学生自我教育、自我管理，使高校德育工作真正做到贴近学生、贴近生活实际，引导学生正确地认识自己，不断改善自己的道德认识与行为习惯，保护自我心灵，发掘自我经验，关注自我行动，促进自我发展。高校德育工作是与时代特点紧密相连的，德育工作者应从大学生的生活实践出发对大学生进行教育，关心大学生的生活，让大学生得到全面的身心教育，利用“道德两难问题”启发学生，让学生思考和检验自己的道德立场，反思自己的行为，从而真正地从日常生活实践中受到教育。

生活化德育方法是时代发展的需要，是社会进步的需要，是促进高校德育工作发展的需要。高校德育方法只有贴近现实、贴近生活、贴近社会，才会为社会发展培养更多合格的高素质人才。新时代的高校德育工作应该更加注重生活化的教育，在生活实践中潜移默化地教育广大青年学生，为社会培养更多德才兼备的高素质人才。

三、渗透式德育方法

渗透式德育方法着重强调高校德育工作的潜移默化作用，要求在高校德育工作过程中转变传统观念，在实践活动中渗透高校德育内容，从而在无形之中使大学生接受道德教化。传统高校德育方法主要强调正式课程的显性影响，在一定程度上忽视了隐性课程的渗透作用，使高校德育工作缺乏实效性。因此，渗透式德育方法逐步成为当代高校德育工作发展的一大趋势。渗透式德育方法要求开展各种形式的非正式课程，把高校德育工作渗透到大学生生活的各个方面，通过开展具有教育意义的活动对大学生施加影响，使其在无意识中得到教诲；要求加强校园文化建设，努力塑造校园精神，弘扬富有时代特色的校园精神主旋律，如创建文明校园、文明班级、文明宿舍等，同时积极倡导为人师表、尊师爱生的风气，无意识地对学生实施思想教育，充分运用学生自己的力量，让学生自己发现问题、解决问题，从而创设优良的道德氛围，发挥学生干部的模范带头作用，协调各方面关系，弘扬正气，使不良习气无立锥之地。

四、引导式德育方法

传统高校德育方法通过指挥命令的方式开展高校德育工作，认为只要对学生严加管教，奖惩分明，高校德育工作就能收到良好的成效。但事实上，这种高校德育方法容易造成师生之间的沟通阻碍，降低学生对高校德育工作的兴趣，因而这种高校德育方法的效率很低。高校制定一些规章制度和纪律来规范大学生的行为对于维护秩序稳定而言是必要的，但是部分高校德育工作者往往把目光局限于大学生的日常行为及遵纪守法方面，并不做深入细致的引导工作，把塑造性和教育性很强的高校德育工作搞成了防范学生不出事、不闹事的看管工作，形成了以约束式为主的高校德育方法，而这种方法已很难适应新形势的要求。为此，高校德育方法必须要从约束式方法向引导式方法转变。由于当代大学生的自主意识和自主能力逐渐增强，教师要加强与学生之间的情感对话和交流，倾听他们的心声，通过引导式德育方法使学生感受到自己受到关怀和尊重，这样学生才会积极主动地参与高校德育活动，高校德育工作的效果也会十分显著。

五、综合性德育方法

综合性德育方法，就是以唯物辩证法关于全面的观点、联系的观点和发展的观点为指导，运用系统论的方法，把各个方面的高校德育方法有机联系起来，使之成为具有最佳教育作用的教育整体。

对不同的高校德育方法进行选择、综合和重构，需要对学生的生活环境、工作环境、性格、特征等各方面进行透彻了解，根据需要创造出一种与学生相适应的综合性德育方法。在这一过程中，高校德育工作者应该综合考察各个高校德育方法，使相互联系、相互影响的高校德育方法充分融合，然后对不同的教育对象进行彻底分析，针对他们不同的需要，有针对性地运用综合性德育方法。

六、媒体信息式德育方法

现代媒体以信息量大、传播速度快、影响范围广对当代大学生的生活方式、学习方式、交往方式、娱乐方式甚至语言习惯等产生了广泛的影响，也给高校德育方法的改革与创新提供了全新的工具。随着网络技术的发展与普及，借助网络平台开展高校德育工作已成为高校德育方法改革与创新的一个重要途径。因此，无论从内容和形式来说，还是从量与质的规定性来说，现代媒体信息都已经成为高校德育工作的新领域、新阵地。现代传媒尤其是互联网以其信息量大的特点充实了高校德育工作的内容，采用媒体信息式德育方法能够通过媒体的声音、信息摆脱时间、空间等限制，使信息得到迅速而广泛的传播，便于教师以丰富的历史文化知识和现代科技信息完成高校德育工作。

总之，高校德育方法创新的内容涉及很多方面，需要多方共同努力，不断地开发新的高校德育资源，改变传统的高校德育方法，使高校德育方法在实践中得到发展与创新。

第四节　新时代高校德育工作方法改革与创新的路径

一、创造有利于高校德育工作开展的环境

高校德育工作不同于纯粹的知识传授，高校德育工作源于生活又必须回归生活。只有在一定的社会环境和社会关系中，学生的思想道德素质才有可能形成和发展。环境对人的影响是潜移默化的，但作用是巨大的，所以只有优化环境，才能取得比较理想的高校德育工作效果。

第一，必须优化内部高校德育工作环境。内部高校德育工作环境指学校内部物质的和精神的、有形的和无形的诸种因素相互制约、相互作用所形成的教育环境，包括硬环境和软环境。学校必须健全教育网络，将教书育人、管理育人、服务育人落到实处，形成扶正祛邪、扬善惩恶的校园风气；将日常高校德育工作作为贯穿人才培养的红线，充分发挥党、团、学生会团结和引导大学生进步的重要作用，使大学生多渠道、多角度、多形式地接受教育。

第二，要优化高校德育工作外部环境。高校德育工作要取得实效，只重视高校德育工作内部环境是远远不够的。有人曾形象地说过，社会像一只染缸，学校里品学兼优的学生一到社会就变坏。这句话虽然说得有点夸张，但很好地反映了重视和优化整个社会环境对于高校德育工作的重大作用。所以，高校和教师不能关起门来搞高校德育工作，而必须和社会因素相互配合，使高校德育工作内部和外部产生共同的正向作用，只有这样高校德育工作才能取得理想的效果。

二、积极开展社会实践

组织大学生参加社会实践，是实现高校德育工作目标的基本要求。社会实践是大学生认识世界、改造世界的社会生活，是理论联系实际、为社会服务的有效形式，是学校联系社会的纽带，是引导大学生走与人民群众相结合、与实践相结合的健康成长道路的有效途径。大学生缺少社会感受，接受教化和熏陶的机会少，容易和社会脱节，导致其在学校中学到的道德教育知识很难应用到社会的交往中。因此，有必要积极开展社会实践，为大学生参与实践活动提供更多机会。

德育工作者要积极探索和建立社会实践与专业学习相结合、与服务社会相结合、与择业就业相结合、与创新创业相结合的管理机制，认真组织大学生参加各种形式的实践活动，使大学生在社会实践中受教育、长才干、做贡献，增强社会责任感。

三、加强高校德育队伍建设

高校要按照“政治坚定、素质过硬、专兼结合、功能互补”的要求建立一支能适应高等教育改革新形势、具有战斗力的高校德育队伍，这是实现高校德育工作目标的重要保证。此外，高校在招聘学术性人才时也要注重道德品质，不能只关注学历。

教师的形象和素质，对学生能否接受其教育有着直接的影响。大学生是一个特殊的群体，他们已经具备相当的文化知识和分析判断能力，会用自己的价值取向对待学校中各类工作人员的言行，并根据自己的标准决定取舍。因此，教师应作学生的表率，要以自身高度的觉悟和高度的职业道德感染学生、关心学生，对工作一丝不苟，好学不倦，虚心求教，努力提高自身的素质。

高校应认真选拔德才兼备、素质较好的人员充实高校德育队伍，把高校德育队伍建设纳入学校师资队伍、干部队伍建设的总体规划；按照“政治坚定、品德优良、业务精湛、专兼结合”的要求，建立一支专兼结合的高校德育队伍，充分发挥辅导员在高校德育工作中的主导作用，发挥党、团、学生会在高校德育工作中的自我教育、自我管理作用，将各种力量有机地结合起来，统一目标、统一组织、统一计划、统一措施，发挥高校德育队伍的整体功能。

加强高校德育队伍建设，一是要注重提高德育工作者自身素质。一方面通过各种激励措施使德育工作者具有较高的政治觉悟和思想政治素质，使他们掌握现代科学技术和文化知识。德育工作者要做到既通晓德育理论知识，又深谙心理学、教育学、社会学、伦理学等有关知识，形成较为全面的知识结构；另一方面，要努力营造人人追求高尚人格的氛围，促使德育工作者用自身的人格力量去感染人、教育人。二是要为德育工作者提供更多的学习深造和实践的机会，努力培养一批德育工作的专家。三是要采取必要的政策和措施，提高德育工作者的地位和待遇。

四、使德育活动社会化

现在各种通信技术与媒介已成为人们获取信息的重要渠道，高校德育工作影响源无限增大，这无疑加大了高校德育工作的难度。高校德育工作需不断向家庭、社会延伸，已不再可能闭门造车，必须打破原有的狭隘教育模式，寻求一种有利于学校、家庭、社会教育三者相互衔接、相互补充的一体化模式。

家庭是影响大学生思想行为的重要因素。学校必须积极寻求家庭的配合，通过各种途径与形式，与家长建立经常性的联系，普及家庭教育知识，引导家长参与高校德育工作，使他们能够更好地、更有效地致力于培养子女良好的行为习惯和基本的道德修养，优化家庭教育环境。

任何人都生活在一定的社会环境中，大学生也是在社会环境中接受教育的。无论是社会的政治、经济形势，还是社会风气，都对高校德育工作的效果具有极其重要的影响。因此，德育工作者还应努力挖掘和利用社会德育资源，拓宽德育领域，通过建立健全社会实践活动基地、校外教育网点，加强对文化市场和娱乐场所的管理，动员、组织、协调社会各方面的力量支持高校德育工作。

高校德育方法的多样性和层次性提醒我们对于不同时期、不同环境下的不同教育对象，要有针对性地采取不同的德育方法；高校德育工作要注意各种方法的有机结合，优势互补；既要发挥高校德育工作主体的优势，又要尊重高校德育工作客体的要求，在高校德育工作主体与客体之间寻求最佳结合点，以取得最佳高校德育工作效果。总之，高校德育工作在学生成长过程中具有不可替代的作用，而该作用的发挥有制约条件，尤其受社会大环境的影响与制约。只有构建起高校德育工作社会化模式，实现合作育人，建立起学校、家庭、社会相互协作的综合化社会教育网络，形成全方位的高校德育工作格局，才能取得最佳的效果。

五、积极搭建心理咨询平台

大学生心理教育问题是一种复杂的教育管理过程，主要包括对大学生心理发展的前期掌握、身心健康知识和心理教育方法的完善、健全和建构科学的心理咨询系统。积极搭建心理咨询平台，了解大学生心理健康状态，更好地为大学生进行心理疏导，有利于大学生更好地学习和生活，以促进高校德育方法的创新工作。

（一）完善心理咨询师资队伍

大学生心理问题随着社会的不断发展变化而呈现出复杂性和多变性，因此要根据多变的社会实际状况和大学生心理特点，不断探索和创新咨询方法。咨询师资队伍应转向专业化和扩大化的方向发展。传统的心理咨询师大多是尚未接受过专业心理知识培训的理论课教师，缺乏专业性和知识性，对解决大学生心理问题并未起到实质性效果。加大对心理咨询机构的资金投入，可定期聘请专家教授开展集体心理咨询指导。

心理咨询的内容由原先的解决心理障碍为主，向发展性咨询方向发展。如针对当前大学生就业困难、就业压力等问题，可专门聘请专家教授进行专题演讲。在高校德育方法创新中，应多采用现代化的心理咨询方式，如网络聊天咨询、专线咨询和电话交流等咨询法，打破传统的面对面交流模式，使谈话时间和空间不受限制，为高校德育方法创新注入新活力。

（二）了解学生心理健康

随着改革开放和市场经济的发展，人们对物质生活要求不断增高，思想观念也发生着变化。新旧传统观念的融合，使人们无法适从，尤其是消极情绪、抵触、急躁、压力等，影响了高校德育方法创新。因此，心理咨询走进高校的呼声也越来越高。高校学生的心理咨询工作有利于掌握大学生心理健康状况，同时也有利于推动高校德育工作向前发展。大学生心理健康状况的掌握，需要运用科学的方法在学生群体中开展心理普查工作，并根据所收集的数据信息进行归类、总结和分析，对问题学生进行心理疏导和教育；及时发现学生心理问题，做到“及早预防”“及早解决”和“及早发现”，切实发挥高校德育工作的作用。

（三）普及心理健康知识

随着学生群体中独生子女的比例越来越大，大学生常有“骄、娇”的表现，对学校管理产生强烈的不满情绪。大学生在面对挫折和困难时，心理承受能力较弱，对陌生环境的适应能力不强，极易在学习和生活中产生厌烦、焦躁的情绪，甚至出现极端行为。大学生心理素质的提高，需要教育者全面掌握大学生对心理健康知识的了解程度，从根本上加强大学生对心理健康知识的了解。

大学生心理健康教育知识的普及可通过多种途径和方法，如开展心理知识课堂活动、开通校园心理健康知识网站、主办心理健康专栏等；同时，也可以通过教师和大学生的日常互动交流活动，使心理健康知识在大学生中潜移默化地得到普及。在大学生中开展心理健康教育非常重要，能够有效帮助大学生认识心理健康对成长成才的重要性，树立心理健康意识，培养在面对问题和困难时的承受能力，使大学生学会自尊、自爱、自律、自强。

（四）增强心理教育

大学生心理咨询工作并不是固守成规的，而需要教师结合教育现状，适时改变咨询工作方式。为更好地开展大学生心理咨询教育工作，需要建立健全和完善心理咨询教育系统机制，完善心理咨询工作。

首先，充分发挥教师的积极主导作用，专门设立心理咨询教育机构，全面提高教育师资队伍的基本素质，不断提高教师的职业素质和道德修养，更新和完善心理咨询内容，改进心理咨询方法和措施。

其次，积极发挥各学科院系的作用。学科院系是开展心理咨询工作的辅助部门，应充分发挥院系的主导作用，对大学生进行心理分析和指导，切实为大学生的成长考虑，不断激发其学习热情。

再次，积极发挥班集体的凝聚力作用。班集体是学校组织中最基础的组织，集体的力量是无穷无尽的，它为大学生心理咨询系统的建立提供动力。

最后，保证大学生的主体地位不动摇，以确保大学生在心理咨询教育工作中的主动性。

六、积极运用新媒体技术

（一）引用多媒体手段实现高校德育方法的现代化

传统高校德育工作借助一支粉笔、一面黑板，是教师在三尺讲台上进行的活动。现在虽然已经有相当多的课堂实现了教育手段的现代化，教室内也安装了多媒体网络教学设备，但由于教师的信息化素养不是很高，在课堂上还是难以利用信息技术成功开展高校德育工作。加之一些教师在高校德育工作中，不重视教学模式的创新，习惯性地用灌输式教学方式进行教学，导致高校德育工作缺乏吸引力和活力。因此，教师必须要能够积极提升自己的信息化素养和水平，能够应用多媒体手段进行教育，结合传统教育经验实现高校德育工作的创新。教师可以通过多媒体手段，把相关内容制作成视频、图片，通过PPT演示方式创设一种生动的情景，使学生能够利用视觉、听觉等多方面感知教育内容，以此手段提升高校德育工作的生动性和感染力。另外，教师还需要积极开辟网络课程，通过网络平台方式进行高校德育工作，突破传统高校德育工作的时空限制，以实现教育方式的创新。教师可以开展网络视频课堂教学，搜集一些优秀的视频课程资源，比如，优秀教师的精彩视频、名家名师讲座、政治学术论坛内容等。通过这种方式使学生感受到高校德育工作的生动性和内容丰富性及深刻性，通过汲取各家精华，创新课堂形式和内容，有效增加学生学习德育知识的积极性。在高校德育工作中，利用信息技术手段进行教育，各学校、各地区之间能够通过信息技术手段进行学术交流。这样，高校德育工作的质量就能够不断提升，实现高校德育工作的现代化发展。

（二）利用信息技术手段开辟高校德育工作新天地

目前，学生生活学习交流方式已经实现了现代化，微博、微信、QQ等在学生生活中得到了最为广泛的应用。高校德育工作也要能够立足学生发展情况、需求情况，积极利用新技术，利用网络化手段，开辟高校德育工作新天地。高校德育工作要积极实现方式的创新，这样才能被学生所接受、所喜爱。

第一，利用微博扩大高校德育工作影响力，对学生心智健康成长产生潜移默化的作用。通过新浪微博平台所提供的相关数据，我们能够了解到现在学生普遍是微博用户，学生群体已经成为新媒体应用的主力军。可见微博对学生的生活和学习方面的影响是极大的，微博已经渗透到学生生活中。因此，在开展高校德育工作时，教师必须要重视微博这种新媒体。一方面，教师可以通过微博对党政政策和精神进行传达，还可以针对某些时政热点问题通过微博与学生进行广泛的讨论，通过这种方式潜移默化地对党的政策，一些先进的思想进行传播，对学生进行有针对性的引导。

第二，通过博客和论坛等传播网络正能量，对学生进行政治教育的渗透。教师可以把课堂讲义中的一些重要内容通过微博传达出去，供学生自主学习参考。另外，在博客中，教师也可以为学生提供更多的教育信息资源，通过撰写微博传播一些先进的教育理念、成长故事、心理健康知识等，对学生进行正面的引导和启发。另外，在论坛中，教师还可以对网络负面舆论进行批评，并启发学对网络负面内容进行思考，通过这种方式使学生能够认识到对错，培养学生正确的人生观和价值观。通过博客、论坛等教育者还可以传播一些网络正能量，使学生能够产生情感和认识上的共鸣。通过博客，师生之间可以像朋友一样实现情感态度和思想上的交流，这种无声的教育的感染力是强大的，对于学生的思想认识的提升作用是巨大的。

第三，利用网络开展模拟实践活动，在实践中实现对学生的有效教育。高校德育工作要能够充分发挥学生的主体地位，发挥学生的主观能动性，引导学生边学习边实践，才能真正提升学生的思想政治修养。作为教师要能够积极利用网络手段开展模拟实践活动，使学生在接触到一些理论性知识的时候，能够进行实践活动，对相关理论进行消化和吸收，通过理论与实践的结合，真正促进学生素养和能力的发展。教师可以利用网络手段，建立网络虚拟课堂、网络实验室、网络社会实践活动模拟等，以这些方式激发学生实践的积极性，使学生能够在实践中实现思维和能力的发展。高校德育工作离不开实践，离开了实践的高校德育工作，力量是微弱的，相关理论知识也不足以让学生信服。只有学生进行了实践，在实践中检验到理论知识的价值和意义，学生才能真正认识到高校德育工作的重要性，高校德育工作的目标才能真正实现。因此，利用网络开展模拟实践活动，使学生在实践中不断发展，是教师必须要做好的工作。[1]

（三）完善教师思想政治理论知识体系

高校德育工作目的是提高学生政治觉悟，培养学生良好的理论知识储备能力。为加快促进高校德育工作的顺利开展，高校应充分认识到思想是行动的基础条件，应强化教师知识体系，将知识应用于实践。社会正处于“互联网＋”发展形势中，教师应充分学习互联网知识，掌握互联网技术。久而久之，教师

[1] 闻竹，李康.新时代背景下高校思想政治教育创新发展研究[M].北京：九州出版社，2020：184.

教学模式与途径也会越来越多元化，丰富的知识储备也能够显著提高课堂教学的有效性与生动性。在“互联网＋”形势下，高校德育工作产生新需求，基于校园网的在线学习模块既需要网络技术人员的积极参与，又需要教师参与其中，共同构建交互式网络学习模块，从而在双向交互体系中，使学生深刻正确认知社会热点事件。此外，高校德育工作中的人情味要求教师必须具备较高的网络信息素养。

（四）全方位扩展高校德育工作渠道

在“互联网＋”发展的推动下，高校德育工作方式已实现了快速进步与优化，效果也显著提升。在高校，教师是时代信息的引导者，因而针对高校德育工作，教师应以学生喜闻乐见的方式开展。在预习时，督促学生通过网络获取思想政治课程相关信息。在教学活动设计时，基于所搜集信息资料，从实际教学活动出发制作教学课件，通过“互联网＋”创设新型教学情境，创造轻松自由、与学生心理特性相契合的教学氛围，以此改善高校德育工作的效果。此外，教师可就校内实际状况构建网络教育栏目，其趣味性与生动性会更突出，使教师与学生间的交互性显著增强。

第八章 新时代高校德育机制的改革与创新

目前高校德育工作出现了边缘化和功能弱化的趋势，其深层原因在于其机制的弱化和偏失。但目前关于这一问题的研究相对薄弱，且其系统性不强，深度不够。因此，高校德育机制研究不但是高校德育研究的应有之义，而且迫在眉睫。实践表明，只有真正把握高校德育工作的基本矛盾、基本规律及其发展趋势，才能更好地促进高校德育工作的发展。

第一节 新时代高校德育运行机制的改革与创新

新时代高校德育运行机制的改革与创新，大体要从以下几个方面入手。

一、管理机制改革与创新

高校德育管理体制是高校德育运行机制的最核心问题。面对高校招生规模的扩大，高校之间并校改革，高校德育管理工作人员紧缺，传统的管理机制已显得力不从心，促使我国高校德育工作应实行在党委统一领导下，党政群、各有关部门和全社会共同实施的高校德育管理的新机制。这种新的机制有利于高校党委对高校德育工作的统一领导和部署；有利于高等学校全方位、全过程育人，把高校德育工作贯穿于教学、科研、管理，后勤服务的各个环节；有利于高校各部门教职员工在高校德育工作的实施过程中发挥更大作用；有利于不断改善高校德育硬件条件，在高校德育方面增加经费投入，把高校德育工作做实做好。

当前要真正实行这种新体制一定要切实做好旧体制的改革，必须切实改革原有的高校党委和行政各职能部门在高校德育管理中相分离，没有形成齐抓共管合力的情况。

只有高校党委和行政部门转变观念，高校德育管理机制的改革才能有效地进行。高校党委要转变观念，就是党委要知道学生的思想问题、道德问题常常出现在学习和日常生活中，和学校的教学、科研、管理、后勤部门息息相关，应由学校行政职能部门对高校德育工作进行具体负责，使高校德育工作能更加具体化和有针对性。为了实现学生德、智、体全面发展，全面贯彻党的教育方针的要求，高校行政部门要把高校德育工作当成自己实际工作的重要组成部分，这也是社会主义高等教育的性质和规律所决定的。新体制下的高校党委仍是高校德育工作的最高领导，对高校德育工作中的重大问题具有领导权和决策权。党委对高校德育工作的领导是整体性、全局性的。

高校德育管理机制是对高校德育工作的目标及其系统决策实施取得预期效果的保证。创造及改进适应全面改革开放和社会主义市场经济新常态的高校德育工作机制，是机制创新研究的首要目标。我们必须建立一种科学决策、有效执行、及时反馈和有效调节的管理机制，不断提高高校德育管理水平，促使高校德育工作快速走上科学管理轨道。这就需要在高校德育系统构建及其运行中，形成完备的导向机制、激励机制、协调机制、约束机制等高校德育管理机制体系。[1]

二、互动机制改革与创新

在传统的高校德育工作中，教师是教育活动的主体，学生是教育活动的客体，思想政治教育、道德法纪教育、素质教育等是教育活动的内容。这样的教育理念与以人为本的理念相左，已被实践证明不能有效提高大学生接受德育知识的积极性。在新时代，要提高高校德育工作效率，应借鉴“双向主体理论”与互动式教育模式。

高校德育工作不应是单向度的教育活动，而应是教师与学生有机统一的

[1] 马延年.新时代高职院校德育运行机制与实施策略探究[J].大学，2021（16）：143-145.

双向活动。从教师的角度看，主体是教师，客体是学生；从学生的角度看，主体是学生，客体是教师。也就是说，教师是施教活动的主体，学生是受教活动的主体，教师和学生在施教活动与受教活动中分别处于主导地位、发挥主导作用，哪一方的主导地位被损害、发挥不了自身作用，都会使教育目标落空。只有施教活动的主体与受教活动的主体相互尊重彼此的主体性，积极配合、回应对方的主体性活动，双方的活动才会有实际效果。在高校德育工作中实行师生互动机制，对提高高校德育工作的效果有着重要的意义。

首先，实行师生互动机制，能充分发挥教师的主导作用与学生的主体作用。在高校德育工作过程中，教师是教育信息的编码者、发送者与导控者，在互动中具有主导作用，是互动的源泉。学生是教育信息的解码者、接受者和反馈者，更是教育效果与质量的具体体现者，因而在互动中拥有主体地位，是互动的中心和基础。只有同时发挥教师的主导作用与学生的主体作用，高校德育工作才能健康有效地深入开展。

其次，实行互动机制，能大大增强教育的针对性。通俗地讲，互动就是对话，就是交流，就是沟通。通过师生间的对话、交流与沟通，能使学生坦诚地向教师敞开心扉，将自己内心深处真实的想法和盘托出，从而使教师能摸准学生的思想脉搏，做有针对性的说服、教育等疏导工作，大大提高高校德育工作的针对性和实效性。

再次，实行师生互动机制，能增强高校德育工作的艺术性和科学性。教师与学生之间的双向交流与互动，使学生感觉到人格被尊重，能克服和消除常见的抵触、对抗情绪及逆反心理，使其心悦诚服地接受高校德育工作，将社会主义道德规范观内化为自己的行为规范。

最后，实行师生互动机制，有助于克服大学生的新特点带来的新挑战。大学生大部分来自独生子女家庭，对他们进行价值观教育，靠强制、灌输，会导致他们出现逆反心理，而互动在一定程度上能消除或缓解大学生的这种逆反心理。在增强师生双方主体性的基础上，要把互动机制运用到高校德育工作的全过程，要树立“互相学习、彼此欣赏、共同提高”的教育理念，让学生在平等、和谐的环境中愉悦地接受高校德育工作。一是要以人为本，实现交往式的教育。在高校德育工作中，教师和学生都应积极主动地与对方进行交往，特别是教师更应主动指导、启发、鼓励学生参与交往，通过交往使高校德育工作成为双方知识共享、情感共鸣、智慧共建、意义生成、精神提升的过程。二是要相互尊重，实现欣赏式的教育。在高校德育工作过程中，教师和学生在政治上、法律上、人格上都是平等的，双方都有参加交往和表达的愿望、情感的均等机会，都会对客观事物做出判断、解释甚至辩论。三是要内化实践，实现体验式的教育。师生双方都要把在互动中形成的共识运用于实践，在实践中进行体验，在感悟中发展自我，实现价值观念的重构。四是要多向互动，促进教育和谐。教师与学生之间的关系是多向互动的，既包括教师之间、学生之间的互动关系，也包括教育者和学生及其与教育环境、教育内容、教育手段、教育方法之间的多向互动关系。教师要以尊重学生的主体地位为前提，发掘学生的主体潜能，培养学生的主体意识，发展学生的主体能力，塑造学生的主体人格，使学生真正实现自教自律。学生要以尊重教师的主导地位为前提，充分发挥自身的能动性，合力推进高校德育工作发展，努力寻找教师与学生双方对话的共同点，搭建互动的平台、桥梁与纽带。

在实践中，一是要重视理论教育的互动，要改进高校德育工作方法，引导学生进行广泛的学习和深入的讨论，使学生在质疑中主动学习，提高认识，加深理解，从内心深处认同道德观念。二是要搞好个别谈心活动。谈心活动能有效地形成双向互动，大大地增强高校德育工作的针对性与有效性。教师只有晓之以理、动之以情、导之以行，与学生推心置腹、坦诚相见、平等对话与交流，才能得到真实信息的反馈，从而摸清学生的思想脉搏，做到有的放矢。三是要善于利用网络等途径进行平等对话和交流。网上交流的平等性、开放性等特点，有助于消除学生的精神压力，使他们直接地毫无保留地向他人坦诚自己的思想观点、认识与看法。借助网络，师生双方都可以避免不必要的语言斟酌，真正进行一种地位平等的对话与交流，这有利于教师在交流中摸准学生的思想脉搏，做好高校德育工作。

三、反馈机制改革与创新

反馈是控制论中的一个基本概念，是指系统输出的全部或部分信息通过一定的通道反送到输入端，从而对系统的输入和再输出施加影响的过程。在社会这个大系统的控制过程中，普遍存在着反馈机制。反馈方法作为现代管理方法之一，是一种在各类系统实施控制均衡之有效的科学方法。推进当代高校德育工作，同样需要反馈机制。在高校德育工作中，施控系统（教师）对受控系统（学生）不断发生作用，学生必定会产生对教师所实施教育的反馈信息。这些不同的反馈信息通过各种反馈通道回到教师那里，为下一轮决策的形成、执行与总结起到指导作用。因此，建立完善的反馈机制，对于当代高校德育工作具有特别重要的意义。

在当代高校德育工作中，信息反馈具有鲜明的特点。一是准确性与及时性的统一。信息反馈的准确与及时，既是教育活动对反馈机制的基本要求，也是它区别于其他信息反馈调节的一个重要特征。高校德育工作中的信息反馈主体是大学生。作为有鲜明思想倾向和个性特点的特殊社会群体，大学生一旦接受到有关教育信息，就会产生各种各样的反应，这些反应若得不到及时的回应，就会引发各种各样的情绪，乃至造成严重的社会影响。因此必须注意反馈的及时性与准确性特点，及时、准确地发现问题。二是精确性与模糊性的统一。高校德育工作过程中的信息反馈不像经济活动那样有精确的数量化指标，更不像机械电器系统那样可以通过各种数据把偏差精确地计量出来，从这个意义上说高校德育工作的信息反馈有其模糊性。另外，高校德育工作反馈的内容一般具有相辅相成、对立统一的关系，如政治与业务、精神力量与物质利益、以情感人与以理服人、重视思想教育与完善规章制度等。正是这种辩证关系，制约着信息反馈的范围和程度，要求反馈的信息有一定质和量的准确性，从而使得反馈成为一种层次高、艺术性较强的活动。

在高校德育工作中改革与创新反馈机制，需要注意三个方面的问题。首先，为了做好教育信息的反馈，应当明确有关调研机构和调研人员，专门负责处理这方面的信息，为决策提供依据。高校德育工作信息的反馈系统应有纵向系统和横向系统纵向系统是不同级别、不同层次机构之间的相互反馈。横向系统是同一层次、不同职能机构之间的反馈。这样纵横交错、互通信息、相互配合、取长补短，能够使各职能部门充分发挥各自的特点和优势，形成教育合力。

其次，要完善信息反馈制度。一是要用制度来强化反馈系统的整体效应。既要健全教育系统内的反馈制度，以协调系统内上下左右的反馈行为，又要建立教育系统与其他系统之间的反馈制度，以更好地发挥教育系统对其他系统的服务作用和促进作用。二是要用岗位责任制确保反馈渠道的畅通。三是要贯彻民主集中制，用制度保障信息反馈所需的畅所欲言、令行禁止的民主氛围。

最后，要采用多种方法、多种渠道进行信息搜集与反馈。一是要运用多种形式，如问卷调查、工作汇报、化评估以及召开座谈会等，收集大学生德育信息。二是要有发达的信息采集渠道，除在高校德育体系内建立信息上报的反馈渠道外，还可以聘请专门的信息员搜集高校德育工作方面的信息。

四、目标管理机制改革与创新

目标机制的建立，应以科学理论为指导，以新时期高校德育工作的总目标为出发点，以严格的岗位目标责任制为基础，并与配套的考核评价制度相联系，以鼓舞高校德育工作者和广大师生不断进取，努力接近或实现目标。

高校德育工作的目标具有多样性、层次性等特点。在现代管理科学中，层次性被称作为“分层目标结构”，即目标是由总目标到具体目标所构成的一个层次复杂的体系，下一级目标往往是实现上一级目标的手段。高校德育工作的目标，要注意因地制宜、因人制宜、因事制宜、因时制宜。由于不同部门、不同岗位、不同层次的干部和群众所处的环境、承担的任务、面临的问题不同，其思想活动的特点和要求也会有所不同。因此，要区别对待，提出不同的目标要求。在具体实践中，要将高校德育工作的总目标、远期目标，按层次与阶段分解成若干个分目标和近期目标，再把这些目标有机地联结起来，形成目标锁链然后按最近层次到最高层次的次序一一加以实现，努力构建起符合形势发展需要的高校德育工作的目标机制。

五、激励机制改革与创新

激励机制，是通过表扬与批评、颁发奖状、发放奖金与扣发工资等形式，运用精神和物质的奖惩手段，以达到鼓励、调动人工作的积极性和创造性的目的。创新高校德育工作的激励机制，实质上是创新学校内部人事制度、分配制度、管理体制改革的问题。一些高校由于没有真正把高校德育工作放在首位，在行动上差之千里。一方面是用“先进性”要求高校德育工作者多做贡献，另一方面是将高校德育工作者打入冷宫，冷眼相待，挫伤了高校德育工作者的积极性和创造性。我国现在处于社会主义初级阶段，正在健全社会主义市场经济体制，物质与金钱的地位和作用尽管在不同的人群中占有份量不同，但在任何一个群体中都还存在。坚持物质激励和精神激励的统一，是高校德育工作的重要原则。高校既要提倡先进性，倡导发扬无私奉献精神，又要考虑广泛的群众性，经常关心高校德育工作者的思想、工作和生活待遇，对优秀的高校德育工作者大力进行宣传和表彰，树立典型，弘扬正气。在给予精神褒奖的同时，还要给予一定的物质奖励，积极引入竞争机制，激励高校德育工作者知难而进，与时俱进，勇于创新，努力攀登高校德育工作科学的新高峰。

高校德育工作就其本质来说就是做人的工作，这一特点和规律要求高校德育工作者应具有较强的内在动力，不断进行自我激励，用远大的理想、宏伟的事业鞭策自己，做到自强不息，奋发向上。高校德育工作既是一门科学，又是一种高超的艺术，如何做到科学性和艺术性的高度统一，是一个需要探索和研究的新课题，值得高校德育工作者为此付出毕生的精力和心血。此外，做好高校德育工作特别需要发挥榜样的作用，要求高校德育工作者正人先正已，重言传更重身教。因此，高校德育工作者要不断加强自身的道德修养，努力做到言行一致、为人师表、率先垂范。

第一，建立透明的激励机制。激励机制的透明与否，直接关系到激励的效果，这其中包括三个方面：一是激励机制本身条款公开，如果学校已经制定了激励机制，而学生不知道，肯定达不到效果；二是激励机制运用时的程序公开，包括方法、手段、过程的公开，否则难以使人信服，不利于取得激励的预期效果，还会挫伤学生的积极性；三是激励的结果公开，如果不公开，则前面两步就没有意义，激励的结果须经得起检验。只有做到这三个方面，激励机制才会在透明的状态下运行，发挥积极作用。

第二，采取多样化的激励手段。在高校德育工作中，建立激励机制，目的就是为了激发教师和学生的动力，使他们在某些方面符合高校德育工作的要求。因为教师和学生在思想认识水平、知识水平、分析能力和个人需求等方面都存在着很大的差异，所以要针对不同的对象采取不同的激励手段。

第三，建立科学的配套机制。激励是高校德育工作目标实现的催化剂。激励过程受多种因素的影响，高校德育工作目标的实现就是这些因素共同作用的结果。在运用激励机制时，要构建科学的配套机制，才能获得最佳效果。因此，要把激励与教育、科学管理等结合起来，制定科学的教育制度、管理措施，创建良好的教育环境，使这些外部激励因素转化为学生的内在激励因素，促进其循着正确的管理方向与教育目标发展。

第四，加强合理的约束措施。一是制度约束，“无以规矩，不成方圆”。作为以育人为第一要务的学校，尤其需要加强对各项规章制度的改革和建设，以规章制度规范学生的行为，使其在学习生活和社会活动中按规章制度行事。另外，在制度建设的同时，也要提高对制度的执行水平，以更加公平、科学地进行制度约束。二是管理约束，在日常管理中，要让学生明确是非，对纪律和作风进行严格教育和管理，形成从严治学、从严治校的良好风气。管理约束要做到规范化、具有前瞻性。管理约束规范化能够使学生更加清晰地明白孰是孰非，更容易养成良好的习惯，不会因为管理者的变化而感到无所适从。管理约束具有前瞻性是要求管理者要对处于萌芽状态的错误行为进行教育约束，体现高校德育工作以人为本的理念。同样，管理约束也要做到严格和合理相统一，但严格不等于简单生硬，合理并不等于放任自流，应当掌握好宽严适度，达到教育目的为宜。

六、运作机制改革与创新

建立健全运作机制应在高校德育工作的启动机制、教育机制和渗透机制上下功夫。完善启动机制要求在领导方式上形成党建、思政和行政三位一体的运作理念，构建高校德育工作全员、全程和全方位育人的新格局。完善教育机制要求在内容上将政治导向、理想信念、道德示范、法纪约束及文化陶冶有机结合起来，推进群众自我教育、相互教育，构建“大教育”工作网络。一些人有一种偏见，认为高校德育工作是“两课”教师及高校德育工作人员的责任，缺乏一种全员育人、全程育人、全面育人意识。高校德育工作是一项全局性的社会性的系统工程，校内外各个方面都应该对高校德育工作负责，都应该以爱国主义、集体主义和社会主义为主旋律，以科学的理论武装人，以正确的舆论引导人，以高尚的情操塑造人，以优秀的作品鼓舞人，引导学生追求高尚的道德情操、健康的审美情趣，倡导正确的消费方式和生活方式，树立远大理想，勤奋学习，积极进取。就校内来讲，“两课”是开展高校德育工作的主渠道，但它并不是唯一的渠道。高校德育工作的渠道是多方面的，无论是任课教师，还是管理干部和后勤服务人员，都责无旁贷地担负着对学生进行德育的任务。完善渗透机制要求把高校德育工作渗透到具体工作中去，把影响大局和群众关心的问题作为工作的着力点和突破口。

改革与创新运作机制，首先，在思想认识上要树立高校德育工作围绕中心、服务中心、保证中心的理念和意识，要从高校改革发展的实际和党建工作的内在要求出发，确立党建工作、高校德育工作和行政管理工作一体化的运作模式。

其次，在工作网络和运作机制上，要构建以学校党委为核心，以党的基层组织和行政管理系统为主线，以党员和教师为主体力量，以党委政工干部、行政管理干部、“两课”教师为骨干队伍，工会、共青团等群众组织积极支持配合，社会力量有效参与，专兼结合、党政协调、主辅相配、齐抓共管的工作格局。

最后，在工作内容及方法上，要始终坚持以理想信念教育为核心，把高校德育工作贯穿在日常的思想教育、课程教学、行政管理和校园文化活动之中，把高校德育工作与解决师生的实际问题结合起来，与党的思想建设、组织建设和作风建设结合起来。

七、环境机制改革与创新

优化大学生成长的育人环境包括社会大环境和学校育人的小环境。社会大环境主要指国际和国内的社会环境。当前，国际国内的社会环境主要表现为社会主义与资本主义两种社会制度之间的对立和斗争对人们思想政治品德的影响。两种社会制度斗争的长期性和复杂性，决定了社会大环境诸因素对青年学生思想政治品德的影响的长期性和复杂性。我们必须从国际和国内、历史和现实的角度，深刻分析新形势下高校德育工作的客观环境及其基本特点，正确审视和解决那些影响广大师生思想活动的重大理论问题和实际问题，进一步增强高校德育工作的主动性、针对性和有效性。

校园小环境可分为硬件环境和软件环境。硬件环境是校园环境建设的物质依托和基本前提；软件环境是校园文化运行机制的核心。为了强化高校德育环境的有效影响，当前，要重点抓好四方面工作：一是加强学风、教风和校风建设，创造良好的育人环境；二是形成全方位德育格局，全员德育意识的“两全”局面；三是深入开展校园文化建设，在校园中营造浓厚的人文精神氛围，为高校德育工作创造良好的校园文化环境；四是社会和家庭要保持和学校教育的一致性，努力形成内外结合的环境教育机制与合力。

必须着重指出的是，社会大环境与校园小环境对学生的思想品德的形成与发展虽然具有十分重要的作用，但这种影响最终要通过学生自身的内化机制，即学生个体知、情、信、意、行等独特体验及内在的矛盾运动来实现。一定的社会要求反映到主体的内部，与学生原有的内部道德环境之间展开矛盾斗争，从而产生新的思想政治品德状态。如果没有主体内部积极有效的矛盾斗争，外部环境的影响就不可能发生作用，也就不可能产生新的思想政治品德。因此，创新高校德育工作的环境机制，必须实现内外结合和主客体因素的相互平衡、相互协调和相互促进。

八、制约机制改革与创新

高校德育工作制约机制的主要功能，是通过反向控制和行为约束，增强师生自我控制、自我约束的能力，规范学校的教育和管理行为。制约机制分为外部制约机制和内部制约机制。外部制约机制包括政策法规制约、宏观调控制约、督导评价制约等，如上级主管部门组织建立的督导机构，对各高校的高校德育工作进行指导，定期或不定期进行检查，总结交流推广好的经验，通报各校高校德育工作情况，激励先进，鞭策落后，以此推动高校德育工作相对平衡地向前发展，就是外部制约机制。内部制约机制包括责任制约，即系列化的明确严格的责任制、考评与奖惩制约、学校监督制约等。

高校德育工作制约机制应建立健全督导组织，定期研究、部署、检查高校德育工作，做到了解新形势，掌握新情况，明确新特点，拓展新思想，开辟新途径，探索新方法，创造新经验。部署工作要具体化，既要有一般性相对稳定的总体任务要求，又要紧密联系形势的发展变化，在不同时期提出不同的具体任务要求。同时，部署工作还要有重点，切忌泛泛而谈，以便开展有针对性的高校德育工作，增强其工作的实效性。检查工作要发扬深入调查研究的作风，避免搞形式主义。检查是手段，不是目的，其实质是为了督促高校德育工作者发扬优良的工作作风，把工作任务落到实处，创造性地开展工作，把工作做扎实、做活，收到良好的工作效果。

高校德育工作的制约机制重点在于发挥监督与协调功能。这种监督，主要是对高校德育工作的领导机构和领导人的权力（领导权、决策权和管理权等）渠道、使用及其效果的监督。高校德育工作的制约机制要充分发挥统一协调功能，要理顺工作程序，明确各部门职责，防止高校德育工作失控和各自为政。总之，在新形势下，高校德育工作要注意强化法律、政策、管理等方面的制约功能，善于把正确的思想观念、道德情操渗透在法律法规和学校的各项规章制度之中，使自律与他律、内在约束与外在约束有机结合起来，形成扶正祛邪扬善惩恶的良好育人环境。

九、队伍建设机制改革与创新

在新时代，结合高校人事制度改革，按照合理流动、动态稳定的原则，逐步建立能进能出、择优上岗、可持续发展的队伍建设机制，建设好一支新老交替、专兼结合、功能互补、信念坚定业务精湛和待遇落实的高校德育队伍，是改进和加强高校德育工作的关键，也是保持高校德育工作后劲的必然要求。

第一，要提高认识，搞好规划。高校德育工作要站在培养适应21世纪社会主义现代化建设需要高层次人才的战略高度，从切实维护高校稳定的需要出发，像规划建设以传授科学文化知识为主的“经师”队伍那样，下力气规划建设好以传授做人知识为主的“人师”队伍。

第二，要确立制度，强化机制。培养和造就一支优秀的高校德育队伍，必须逐步形成高校德育工作人员择优输入、相对稳定、按需培养、奖惩分明和合理分流的良性运行机制。

第三，要创造条件，提高待遇。要从制度和机制上切实解决好专职高校德育工作人员的职称和待遇问题，使他们具有温暖的归属感、安全的保障感和奋斗的成就感。要利用政策的杠杆增强吸引力，使高校德育工作成为人人尊敬的工作岗位。

第四，要切实加强师德建设。在师德建设过程中，有的地方和学校存在着一些不良倾向，应该引起重视，予以摒弃。

一是极理想化倾向——脱离现实。有的高校把师德建设标准定得过高，用古代“谋道不谋食”传统的师德观来衡量和要求现代教师，片面强调教师的奉献天职，而轻视教师的应得利益，忽视社会主义市场经济体制下教师队伍变化的必然性，要求教师在事事处处都成为“人之楷模”。有的高校把师德标准描绘得“尽善尽美”，把“誓做蜡烛”“甘为人梯”“无私奉献”喊得又响又亮，却很少考虑教师的应得利益，甚至连法律赋予教师的权利都不能很好地维护。有的高校对教师双休日补课、节假日加班不给予的报酬，还常常给教师冠以“拜金”的“罪名”，甚至把教师维护自身的正当权益视为不本分、不道德的行为。过度理想化倾向，在一定程度上损害了教师的合法权益，挫伤了教师的工作积极性。诚然，“学为人师，行为世范”是师德建设的准则，教师作为“蜡烛”“人梯”的奉献精神应当大力弘扬，“人之楷模”是所有教师都应该追求的理想师德。但是，不能过度理想化，不能追求脱离社会现实的师德模式。道德属于上层建筑的范畴，是经济基础的反映，而不是脱离历史发展和社会现实的抽象概念。师德建设要适应市场经济发展，不能超越社会主义初级阶段国情，把理想和现实割裂开来，提出不切实际的要求。高校要赋予师德更有基础、更现实的目标和价值取向，使师德建设具有合乎实际的可操作性。

二是泛政治化倾向——“以政代德”。有些高校把师德建设内容“窄化”为政治教育和政治活动，忽视师德责任、师德理想、师德技能等一系列师德规范建设。有的高校一提师德建设，首先想到的就是“轰轰烈烈”的政治活动，用“讲政治”取代“讲道德”。有的高校片面夸大政治的作用，曲解“讲政治”的本意，把“政治上同党中央保持一致”窄化为“政治上同高校领导保持一致”。更有甚者，以教师与高校领导的关系为标准，来衡量教师的政治素质和道德水平。师德建设的内容首先应当包括思想政治建设，采取多种形式，教育教师用马列主义、毛泽东思想、邓小平理论、“三个代表”重要思想、科学发展观和习近平新时代中国特色社会主义思想武装头脑，指导现实工作，牢固树立正确的世界观、人生观和价值观，是无可非议的。但是，以政治思想教育取代师德教育，实际上缩小了师德内涵。师德建设的内容既包括思想政治建设，又包括师德理想教育、师德规范教育等。“以政代德”有损于师德建设的全面发展。值得强调的是，对一些“左”的倾向，更要注意加以纠正和防止。

三是纯制度化倾向——轻视内因。有些高校在师德建设的方法和途径上，重制度约束，轻教师自身修养，重他律，轻自律；认为师德建设就是约束教师行为，是督促教师为国家、民族、社会、学生利益而尽职尽责的外在手段，忽略了教师的内在修养，忽视了师德在教师自觉履行义务、承担责任、规范行为、优化形象、提高精神境界等方面的影响和调控作用。有的高校特别重视他律手段，强调以严格的要求、严明的纪律来约束教师的言行，而忽视利用真情实感，激发教师内省自律，缺乏被教师完全认同并内化为教师个人的思维、情感、意志的内省自律机制，更多地利用一些指令性的方法，强调教师应该做什么、应该怎么做、做不到怎么处罚，较少地关注教师心理内部的矛盾冲突。师德建设的规章制度一大摞，条条框框一大堆，却很少有为教师做实事、办好事的以理服人、以情感人的举措。有的高校只强调教师“乐业”，而不关注教师“安居”，几百名教师居无定所，学校却视若无睹。有的文件字里行间充满“教师光荣”，可执行部门却很少有尊师重教的举动，就连教师节也“泰然处之”，不理不闻。凡此种种，大都很难收到明显的师德教育效果。固然，制度建设是非常重要的，也是十分必要的，健全规章制度是加强师德建设的重要保证。但是，制度约束是对教师的外部作用，是外因。师德建设更重要的途径是激发教师自身的积极性、主动性和创造性，即内因。马克思主义哲学认为，外因和内因是辩证的统一，外因是事物变化的条件，内因是事物变化的根据，外因通过内因起作用。在师德建设过程中，需要从外部加压，需要用制度规范使教师有章可循，但更需要教师通过从容选择、思索、修炼等自省的形式，形成固化的内在素质。高校切莫将外因与内因关系倒置或割裂开来，轻视或忽视内因的作用。

四是搞形式化倾向——华而不实。一些学校开展的师德教育工作仅仅是走过场，可谓是“展览型”或“橱窗型”，追求的是短期的轰动效应，来时一阵风，走时去无踪。单纯依靠指令性手段，采取群众运动式的教育方法，举办几次政治学习活动，提出几句漂亮口号，总结推出几条“成功”经验，看似热热闹闹，轰轰烈烈，其实收效甚微。有的高校“纸上谈兵”，把师德建设喊在嘴上，画在“脸上”，写在纸上，讲在会上，就是不落实在行动上。有的高校“蜻蜓点水”，对师德建设没有足够的重视，被动应付，漂漂浮浮，华而不实。虽然形式是内容的外在表现，师德建设离不开必要的形式。但是并不是有了形式，就有了一切，就能把师德建设真正搞好；纯形式化更不会也不可能有好的效果。师德建设内涵丰富，必须扎实推进。高校要把师德建设摆在教师工作的首位，贯穿于管理工作全过程；要努力探索新形势下师德建设的特点和规律，在内容、形式、方法、手段、机制诸方面不断改进和创新，特别是要在增强时代感、针对性、实效性上下功夫、做文章，讲究实际效果，把师德建设工作向深处想、往实处做，使师德建设更加贴近实际、贴近教师，赢得教师的普遍认同和积极参与。

十、保障机制改革与创新

高校要加大对高校德育工作的经费投入，要合理确定高校德育工作的经费投入科目，确保各项工作顺利开展。高校要为开展大学生德育工作提供必要的场所与设备，不断改善条件，优化手段。要把高校德育工作作为对高等学校办学质量和水平评估考核的重要指标，纳入高等学校党的建设和教育教学评估体系。面向新时代的高校德育工作，不论从深度还是从广度上讲都是前所未有的，为完成这一艰巨的历史使命，必须建立规范、有效的资金投入和保证制度，形成开展高校德育工作所需要的投入保障机制。

第一，要研究确定高校德育工作的投入方向，即在哪些方面该投入的问题，如高校德育工作基地建设、师生文化活动中心和各类场馆建设、信息资料中心建设、“两课”教材建设、师资进修与培养、政治辅导员及班主任岗位津贴、教学科研及表彰奖励、现代化传播工具等方面的投入。在信息化社会，进行高校德育工作不能局限于教室、宿舍口头讲说，而是需要一定的场所和先进设备，优化教育手段，实行多方面的教育。通过高校德育工作所需经费是否合理，能否切实保证，可以看出一所学校对高校德育工作的重视程度。事实证明，凡是高校德育工作搞得有声有色，效果好的高校，必有工作所需经费的足额投入。反之，没有工作所需经费足额投入的高校的高校德育工作，尽管工作者费了九牛二虎之力，也只能取得一般效果。“巧妇难为无米之炊”，这是最简单不过的哲理。

第二，要有法制保障。关于高校德育工作的地位、作用、任务、方针、原则等，中央已经做出了明确的规定，具有权威性和相对稳定性，但必须有相应的法律法规，才能保证教育者和受教育者以及社会有关方面共同遵循。

第三，将已有的高校德育工作经费统筹合理使用，避免低水平重复投入。当前，在有些项目投入不足的同时，有些项目却存在隐性浪费的现象。因此，必须提高高校德育工作的成本核算水平，努力构建起科学合理的投入机制，最大限度地提高高校德育工作的投入效益。

第二节　新时代高校德育动力机制的改革与创新

在研究高校德育动力机制的改革与创新之前，必须先研究高校德育动力机制的动力结构，对高校德育动力系统中的子系统、各子系统的组成元素、系统的功能与功能结构进行探讨，然后进一步研究高校德育动力机制的运作机理，对基本结构、基本类型进行分析，最后对高校德育动力机制予以构建和完善。

一、高校德育动力机制的动力结构

对系统进行结构分析是系统研究的基础。一个复杂系统是由元素和子系统组成的。系统的结构，是指系统各组成元素和子系统之间关联方式的总和。元素是系统和子系统的组成部分，但具有基元性特征，是相对于给定的系统不能也无须再分的最小的组成部分。元素不具有系统性，不讨论其结构问题。高校德育工作是个极为复杂的系统，对高校德育动力机制系统进行结构分析，既是研究复杂高校德育动力系统的前提，也对研究者研究的路向具有决定性作用。

（一）高校德育动力系统的子系统

划分子系统是结构分析的重要内容。一般而言，可以从不同的视角对子系统进行划分。如高校德育主体动力系统结构，可以包括教育主体动力结构、受教育主体动力结构、社会主体动力结构、政治主体动力结构等；高校德育组织动力系统结构，可以包括政治组织动力结构、经济组织动力结构、文化组织动力结构和社会组织动力结构等；高校德育方法动力系统，包括高校德育研究的方法论系统和高校德育实践的方法论系统；高校德育技术动力系统，包括高校德育工作的各种技术手段的使用。当然，高校德育动力系统是一个极其复杂的系统，根据研究需要，可以从不同方面把高校德育动力系统划分为不同的子系统，每个子系统又可分为不同的层次。虽然无论从哪个方面划分子系统，它们在复杂高校德育系统内部的联系还是交织一起的，但每一个子系统相对于母系统又具有一定的相对独立性。

（二）高校德育动力子系统的组成元素

每个子系统都是由一定的元素组成的。有些子系统有多个元素组成，有些子系统只有一个元素组成。系统是一个整体，但系统之间、各子系统内部组成元素之间不是孤立的，而是相互联系、相互作用的有机整体。不同系统之间、各子系统内部组成元素之间的相互作用、在何种规则的控制下发生作用、如何作用、有何规律，是高校德育动力机制结构演化的关键，也是探讨高校德育动力机制的基础。内生动力系统、外生动力系统和联动动力系统，都有各自的组成元素。内生动力系统由教育主体的动力结构要素、受教育主体的动力结构要素、社会主体的动力结构要素和政治主体的动力结构要素等元素组成。外生动力系统主要是由理论创新的动力结构要素和实践创新的动力结构要素等元素组成。联动动力系统主要是由动力加速机制及其结构要素、动力缓冲机制及其结构要素等元素组成。

各子系统在一定的高校德育环境条件下彼此之间相互制约、相互联系，共同构成一个不断矛盾运动的高校德育动力系统。任何一个子系统的变化都不可避免地对其他子系统产生影响，从而对整个动力系统的效能发挥产生影响。因此，系统、全面地研究高校德育动力系统中的子系统及其构成要素，明确各子系统及其构成要素是如何作用于高校德育工作的，并且揭示其作用规律，对进一步优化高校德育动力系统结构，促进高校德育工作发展具有重要意义。

二、高校德育动力机制的运作机理

高校德育动力机制是指在高校德育动力产生和发展过程中，高校德育工作内部要素、外部要素与整合要素之间相互作用的机理与方式，是促进高校德育工作良性运行与协调发展的各种构造、功能和条件的总和。

（一）高校德育动力机制的基本结构

根据动力机制的一般定义，高校德育动力机制由外围结构与内核结构两个部分组成。外围结构又包括动力主体、动力传导媒个以及动力受体。

根据需要主体的三个层次，动力主体可以分为个体（微观层次）群体和集团（中观层次）、国家和社会（宏观层次）。在整个高校德育工作中，德育主体是贯穿整个高校德育工作过程的组织者、参加者，既是高校德育工作的出发点，也是高校德育工作的目的和归属。具体到高校德育动力机制中的高校德育动力主体还应该进行进一步的细分。根据主体在高校德育工作过程中角色与功能的不同，可以把高校德育主体分为教育主体、受教育主体、社会主体和政治主体。这四种主体之间的主体性与主体间性的融合，在特定的德育关系与德育实践中存在一种相互理解、相互融通的互动与作用关系，并且各主体之间所发出的动力可以通过一定的媒介互相传递。

动力传导媒介是高校德育动力从一个动力主体传到另一个动力主体的渠道，也是高校德育动力积累和递增的主要凭借之一。它能把教育主体、受教育主体、社会主体和政治主体的德育动力整合为一体，成为高校德育工作的整体动力。

首先，利益是最重要的动力传导媒介。政治主体最经常的是通过利益这一传导媒介，将自身的德育动力化解，传递到教育主体、受教育主体和社会主体等动力主体身上。社会主体、教育主体和受教育主体在政治主体整体规划的高校德育工作目标所规定的利益导向下，开展创造性的高校德育工作，培养道德行为，形成道德习惯，以此满足利益需求。这样，政治主体就把自己的高校德育动力传导到了其他高校德育动力主体身上。反过来，其他高校德育主体形成道德习惯、实践道德行为又使高校德育工作计划、目标得以实现，从而使政治主体的利益得到了保证。实际上，所有高校德育主体的动力通过利益这一传导媒介相互传递而凝聚成为实现高校德育工作整体利益的动力集合。

其次，文化也是重要的动力传导媒介。因为文化价值观和文化模式通过社会化和内化过程，可以融入主体的人格系统里，必然会对动力主体的需求结构、价值观等产生影响，从而使他们的动力发生变化。

最后，信息也是重要的动力传导媒介。因为某一动力主体可以将动力以信息的形式传给另一个动力主体，使之知晓，或认同执行，或反对抵制，或置之不理。如政治主体可以通过广播、电视、网络、报纸、教科书等媒体进行高校德育工作的宣传，将高校德育工作政策、高校德育工作目标、高校德育工作规范等告知其他高校德育主体，使之认同执行。教育主体往往也通过丰富多彩的渠道和多种多样的形式，如利用PPT、视频、动漫等多媒体，将高校德育工作内容（道德信息）融入其中，把枯燥的道德说教变成潜移默化的道德体验。当然，高校德育动力通过信息这一传导媒介可以在高校德育主体间进行相互传递。

动力受体是指高校德育主体获得需求满足的对象、工具、资源等。需求满足的对象称之为满足物，最简单的划分是物质满足物与精神满足物。任何以物质形式存在的满足物都被称为物质满足物：反之，以非物质形式存在的满足物，如爱、权力、地位、荣誉等称之为精神满足物。工具则是高校德育主体在满足需求的过程中设计和创造出来的，是动力作用于满足物或为了获得满足物的桥梁。社会资源作为动力受体，在于它可以被改造为某种满足物，或作为工具去获得某种需求的满足物。

高校德育动力机制的内核结构包括动力源、动力方向、动力贮存体和道德行动四个要素。动力源是指高校德育主体的内在需求，它产生的动力是原生性动力。动力方向指动力与高校德育目标一致或相悖，直接关系到动力主体的动力性质和动力机制的性质。不同动力主体的动力贮存体的形式是不同的。教育主体的贮存体就是其教育能力，受教育主体的贮存体就是其接受教育和道德行为的能力，社会主体的贮存体就是团体、集体或群体的凝聚力，政治主体的贮存体就是其政治、经济、文化实力，包括现实生产力、科技水平以及建立在经济基础之上的权力体系和执政能力。道德行动是高校德育动力的直接表达。各高校德育主体将自身的动力转化为道德行为，各主体恪尽职守。教育主体、受教育主体践行社会公德、家庭美德和职业道德，社会主体和政治主体遵循政治文明，依法执政，促进物质文明、精神文明与政治文明协调发展。

（二）高校德育动力机制的基本类型

根据高校德育动力机制的结构性特征和构造要素，可以将高校德育动力机制划分为高校德育内生动力机制、高校德育外生动力机制以及高校德育联动动力机制。

高校德育内生动力机制，是指高校德育内在过程的动力构成要素之间相互作用的机理与方式。它涉及的是高校德育工作的内因，是决定高校德育工作能否有实效的关键性要素，主要涉及主体形态及其需要的结构要素。高校德育内生动力机制是高校德育工作形成和发展的内在依据，旨在确保高校德育工作的正确方向，增强高校德育工作的继承性。

高校德育外生动力机制是高校德育工作的各种外在动力构造要素之间相互作用的机理与方式。它涉及的是高校德育工作的外因，是促进理论形态与实践形态双向互动的各种外部要素，包括理论创新机制的动力结构要素和实践创新机制的结构要素。高校德育工作外生动力机制是高校德育工作形成和发展的外在关系机制，其功能是增添高校德育工作改革与创新的活力，促进高校德育工作的内化与外化双向互动。

高校德育联动动力机制是促进高校德育动力系统实现良性互动的各种整合要素之间相互作用的机理与方式。它涉及的是有效促进高校德育工作发展的各种整合要素，包括利益激励机制和适度竞争机制组成的高校德育动力加速机制、动力协调机制、动力保障机制和政策导向机制组成的高校德育动力缓冲机制。高校德育联动动力机制是高校德育工作形成和发展的整合要素，实质上是一种整合性、衔接性的动力机制，其功能是实现工具理性与价值理性辩证统，保证动力机制为高校德育工作提供适度动力。

三、高校德育动力机制的构建及创新

动力欠缺的高校德育工作往往具有一种按部就班的工作作风，在某种意义上可以说形式主义、教条主义、官僚主义的思想严重伤害着高校德育工作，高校德育工作在应试教育的整体环境压迫下苟延残喘，即使想对高校德育工作有所创造也早被应试的氛围抹杀。在这种生态环境下的高校德育工作动力是极其不足的，这也是造成今天高校德育工作实效性低下的根源。因此，要使高校德育工作获得源源不断的动力，必须要对高校德育工作的动力机制予以构建和完善，并有所创造，这是高校德育工作走出困境的必由之路。[1]

（一）高校德育动力机制构建的目的

高校德育动力机制构建的根本目的是实现高校德育工作的终极价值——“把人实现为人”。其直接目的就是要把高校德育工作的动力最大限度地激发出来，并且形成适度的合动力，使之成为推动高校德育工作的持续的、稳定的力量。但是，这还是比较空泛的目的，有必要从小的、具体化的方面对这一问题予以阐述。

1. 高校德育工作异化与人的异化的双向扬弃

高校德育工作异化是高校德育工作动力缺失的重要原因。因为异化的高校德育工作不再是人们所需要的德育，而变成一种约束人、限制人的异己力量。

[1] 刘丽波.新时期高校德育教育创新发展研究[M].石家庄：河北人民出版社，2018：38.

高校德育工作异化主要表现在以下几个方面：一是当前高校德育工作的异化。由于应试教育影响，一切高校德育工作以高考升学为转移，高校德育工作塑造人、完善人的功能被严重弱化，普遍存在重分数、轻德育的现象，高校德育工作畸形发展。二是在道德相对主义、欲望主义与工具理性主义的合力作用下高校德育工作背离了大学精神和教化本性，持守价值中立、娱乐化和工具化的立场，导致了自身的异化。其结果是，以促进大学生德性成长为目标的高校德育工作却导致了学生人性的迷失和堕落，这是对大学生发展的不负责，也诱发了高校德育工作自身的生存危机。

高校德育工作异化在本质上就是人的异化。高校德育工作异化最根本的体现就是漠视人和生命的存在，对人和生命尊严的深层蔑视。异化的高校德育工作培养出来的学生必然是人格有缺陷的，对人和生命本身缺乏同情、怜爱、关怀、呵护与尊敬的麻木、冷漠、无情的人。这样的人，必定是异化了的人。高校德育工作一旦异化，在某种程度上就会忘却高校德育工作的真正对象和真正目的，就会漠视人的尊严、压抑人的自主、忽视生命的体验、曲解生命的意义，收获的是生命贫乏、缺乏活力、遗忘生命意义的学生。这是与高校德育工作的本质背道而驰的。在根本意义上，高校德育工作指向的是人的精神世界和意义世界的构建，它的任务是通过人的塑造，提升人、发展人，使人“超越现实的物欲满足，超越生命自身的时空限制，获得精神的提升，从而得到人生幸福和存在的意义”。因此，构建高校德育动力机制的首要目的和任务就是要防止、抵制、避免高校德育工作与人的双重异化。

2. 人的全面发展与德育文化的双向互促

人不仅是认识主体和实践主体，也是价值主体。高校德育工作必须以这个现实的人为根本的出发点和归宿。人的根本需要则是解放、自由和全面发展的需要，因此从高校德育工作的终极意义或高校德育工作的最终本质来说，它要促进人的自由而全面发展。高校德育工作的原点和归宿应该是人的全面而自由发展。这种追求人的自由而全面的价值取向，不仅是由人之为人的内在本质决定的，也是人之存在要求的应有之义。所以，作为促进高校德育工作发展的高校德育动力机制也要围绕“人的自由而全面发展”这一原点和归宿展开。高校德育动力机制促进人的自由而全面发展应该是一种对人的整体性发展和每一个人都自由而全面发展的促进，因为全面发展的人，不仅其物质力量要素要有充分的发展，而且其观念意识也应当全面完善。全面发展的人将是一个能使个人诸种特性全面生成，并不断地改变自身支配客体世界的方式、手段，同时又能内化社会多种理论的整体性发展的人。并且，真正的人的发展不是一部分人发展和另一部分人不发展，而是人人都自由而全面地发展，因为“一个人的发展取决于和他直接或间接进行交往的其他一切人的发展”。对人的自由而全面发展的追求，实际上也是高校德育动力机制构建的一种终极价值取向。高校德育工作和高校德育动力机制的各个构成要素都是围绕着“人的自由而全面发展”这一最高价值追求展开的。因此，高校德育动力机制构建要实现对人的自由而全面发展的促进，就要坚持以人为本，注重人文关怀，使各种机制及其构造要素都要围绕解放和释放人的精神创造力，提升人的主体性和精神境界这一主旨，使人自觉人之责任，使人获得的正确政治方向奠定在理性文化的信仰基础上，通过文化自觉实现政治上的坚定。

（二）高校德育动力机制构建的基础

高校德育动力机制构建的基础，是关系到高校德育动力机制是否稳固、能否真正发挥它应有的功能的重要基石。

1. 尊重人的存在和主体性

高校德育工作作为“把人实现为人”的一项育人活动，其出发点和价值旨归应是尊重人、提升人、发展人、丰富人、完善人。这种人本价值旨归，应当充满对人自身的尊重、对自由和幸福的追求，蕴含深厚的人文精神和终极关怀。从这个意义上，高校德育工作必须与人的幸福联系起来，与人的自由联系起来，与人的尊严联系起来，与人的终极价值联系起来，使教育真正成为人的教育，而不是机器的教育；使教育不只是人获得生存技能的一种手段，而且能成为提升人的需要层次、丰富人的精神世界的一种途径。

主体性已成为当今我国哲学社会科学领域的一面旗帜、一个纲领和一个口号。主体性就是道德活动的主体所具有的完善自身、完善他人和完善社会的能动性。高校德育工作中的教育者不是传播某种理论或意识形态的“机器”，受教育者也不是一个个需要填满的“容器”。他们本身“占有自己的全面的本质”，有自己作为个体独特的能力、情感、意识、品性和价值取向等。因此，如果人们承认人本的价值旨趣，就不能仅仅把他们都作为某种“物”存在，而应该作为“人”存在。在高校德育工作过程中，要塑造人、完善人、发展人，但是首先要做的是尊重人，然后实现作为“人”的价值、尊严和意义。从这种意义上，高校德育动力机制构建的基础首先要尊重人的存在和主体性。也就是说，高校德育动力机制的设计理念必须以人为本，以促进人的思想解放和精神的自由为宗旨，把人当作价值目的。因此，对高校德育工作进行主体性建构，必须按照人的方式把人实现为人。“人的方式”，就是“人以一种全面的方式，作为一个完整的人，占有自己的全面的本质”。具体来说，按照“人的方式”就是按照人之为人、人成为人的经济的、政治的、思想文化的条件和根据，让人之为人的自主本性得以自我创生、自我呈现的过程，按照人的方式把人实现为人就是这个意思。主体性理论为高校德育工作的主体性建构提供了理论指导和可能路径。

2. 导引终极关怀

终极关怀是高校德育工作的终极目标和价值。终极关怀是最根本的关怀。“人本”，就是以人的幸福为本。从这个意义上说，人的终极关怀，就是使人得到幸福，即所有的教育主体，无论是教师还是学生，都应该通过高校德育工作获得幸福的终极关怀。因此，获得个体幸福是高校德育工作的应然追求，高校德育工作不能背离“幸福”这一价值旨趣。然而，种种高校德育工作实践行为所导致的“人”的迷失，往往使高校德育工作深陷有悖个体幸福的重重矛盾之中。事实上，不管高校德育工作以何种形式和程度使“人”迷失，归结到一点上都是对“人”的挤压，它压制了学生，也扭曲了教师本身。因此，高校德育工作应回归幸福的本真。

从这个意义上，在高校德育工作中，不但要对教育主体施以现实关怀，更要给予终极关怀。现实关怀是低层次的需求，终极关怀才是价值追求、自我实现、全面发展的高层次精神需求。

（三）高校德育动力机制构建及创新的路径

高校德育动力机制通过制度化的运作，为高校德育工作提供适度的动力，推动高校德育工作发展，实现高校德育工作价值，满足高校德育工作主体利益需要。从高校德育动力机制运作机理看，其主要包括四个方面的要素：主体、利益、价值和制度。高校德育动力机制运作的最终指向是高校德育主体的需要满足。因此，主体是高校德育动力机制的最终目的，也是高校德育动力机制建构的首要内容。高校德育工作受教育主体的需要、教育主体的需要、政治主体的需要和社会主体的需要都表现为一定的利益，高校德育工作的内生动力、外生动力和联动动力都是建立在利益基础之上的，利益因素是高校德育动力系统有机地联系的中介。故而，利益是高校德育动力机制中的核心因素，探讨高校德育动力机制的建构，离不开对利益的考察。受利益最大化的驱使，在多元价值格局中建立在不同利益追求基础上的高校德育主体之间必然产生矛盾和冲突，因此高校德育动力机制除了通过利益激发动力，还必须超越利益的视野，通过提升价值和优化价值引导高校德育工作各主体选择、确立并维系共同价值理念和基础，从而使各方利益结构趋于平衡、协调和有序，实现社会和谐。所以，价值也是高校德育动力机制必须建构的内容。然而，价值引领是一种柔性的利益调节方式，不带有强制性，必然有其自身的局限性。俗话说“无规则不成方圆”，高校德育动力机制也不是随意而为的，也该有一定的规则，才能更好地规范高校德育工作。从这种意义上说，制度是构建高校德育动力机制必不可少的内容之一。

1. 主体维度的建构及创新路径

从高校德育动力机制的性质和实现途径看，全员参与是高校德育工作理念的核心价值所在，是高校德育动力机制的应然取向和现实诉求。

全员参与的核心思想是人人都是高校德育工作主体。对于高校德育动力机制而言，人人都可以是高校德育动力的主体，也是高校德育动力机制的主体。“这既是教育本身意义的要求，也是当代教育发展的内在需求。”高校德育工作不是高校德育工作者的专属领域，其他主体，包括专业课教师、学校各职能部门、后勤服务人员、学生组织、政治主体和社会主体都含有丰富的高校德育动力要素，都会对高校德育动力机制的建构和运作产生一定的影响。因为各门课程、各个部门、各种服务载体、各类组织、团体里的人都具有高校德育资源和高校德育功能，其思想、道德、品质和人格都会给学生以潜移默化的影响。所以，高校德育动力机制需要全员参与，把高校德育工作渗透到各个工作环节和各项日常管理中去，构建各部门齐抓共管、各育人环节紧密配合、全员参与的“全员育人、全方位育人、全过程育人”的高校德育工作格局，形成全校上下共同推进的强大合力。从这个意义上说，全员参与是高校德育动力机制的应然取向和现实诉求。高校德育动力机制的主体应该是一种由教育主体、受教育主体、社会主体和政治主体组成的多层次的、全员参与式的高校德育动力主体。

基于目前教师和学生的主体性地位不够凸显的现状，高校德育动力机制的主体建构重点应放在教师和学生的主体性建构上。

2. 利益维度的建构及创新路径

利益是高校德育动力产生的原动力。马克思说：“人们奋斗所争取的一切，都同他们的利益有关。”因此，构建高校德育动力机制，首先要考虑利益驱动。利益驱动是高校德育动力机制实现张力作用的手段之一。对于高校德育内生动力机制而言，一切主体的利益追求都可以是高校德育内生动力机制的内在动力构造的源泉。

对教育主体而言，高校德育工作的利益驱动表现在两个方面：一方面，高校德育工作是教育主体的职业，为了不丢饭碗，要做好高校德育工作；另一方面，高校德育工作也是教育主体，只有在实际工作中证明自己的价值才能获得职业尊严。

对受教育主体而言，物质利益是学生产生高校德育动力的物质基础，而享受精神愉悦、实现完美自我是产生高校德育需要的内在动因。在高校德育工作过程中如果能够充分肯定和彰显个体利益和个体发展，必然会提高个体内化德育内容、养成道德行为的热情，提升道德成长的动力，最终提高高校德育工作的实效性。

对政治主体来说，其利益就是巩固统治秩序和维护统治阶级的利益。政治主体有意识地利用高校德育工作（教化）的手段来灌输主流意识形态培育政治品质，实现自己的意志和目的，巩固阶级统治秩序，维护阶级利益。

对社会主体而言，其利益就是维护社会秩序和实现集体最大利益。道德作为一种调节社会关系的规范，是一种维护社会稳定的手段。社会主体通过高校德育工作引导学生在追求自身利益满足与个性发展的同时，也应当遵循相应的道德原则和社会规范。

3. 制度维度的建构及创新路径

高校德育动力机制除了有主体参与、利益驱动和价值引领外，还必须有制度予以保障。因为“制度文化是精神文化的载体，制度文化赋予物质文化以生命和活力”。当前的高校德育工作正处于实效性低下的困境当中，而导致这一困境在很大程度上有制度方面的原因。因为高校德育工作在制度方面有欠缺，存在高校德育工作建设制度不完善、不合理、缺乏人道精神等问题。要改变这种现状，以提高高校德育工作的实效性，加强高校德育工作制度建设是一项有力的举措。加强高校德育工作的有效性和德性，需要注意两点：一是社会制度本身要体现公平和正义，从而形成良好的社会道德风气，二是高校德育工作不能回避对于道德制度本身的德性考察，应该正视并弥补制度缺陷，不断去完善自身的道德规范和制度体系，通过道德的制度来教育人、鼓舞人。所以，高校德育动力机制的制度建设是非常重要的一环。各主体在利益驱动和价值引领的前提下参与高校德育工作，利益诉求各异，价值观念也各不相同，单靠自觉自律是不行的，还要对高校德育主体之间关系及其调整规则进行合理确定。这不仅有利于更好地规范个人行为、管理行为和政治行为，提高高校德育工作的质量和调整力度，也有利于贯彻以人为主体、理解与尊重主体的合法权益与合理要求的高校德育理念。这也是完善高校德育动力机制，促进高校德育动力机制的科学化、法治化的重要环节。高校德育制度是一个非常复杂的体系，制度体系的建构也是一项系统工程，而就高校德育动力机制的制度机制构建而言，主要可以从政府与学校的关系、教师与学生的关系构建两个维度对高校德育制度予以完善。

第三节　新时代高校德育评价机制的改革与创新

高校德育评价，是高校德育工作的一个基本环节，是根据高校德育工作的各项客观指标，对高校德育工作进行评价的过程。高校德育评价机制改革与创新是当代高校德育工作的必然结果，具体可以从高校德育评价方法的创新、评价指标体系的创新、评价模式的创新、评价操作体系的创新等方面对原有的评价机制进行完善和补充，以便使其适应现代的生活节奏。

一、高校德育评价方法的创新

（一）建立多样化评价指标

促进高校的多样化和特色化，发展高等教育的多样化和多层次化必然会带来教育水平的多元化，因而也就要求不同层次的高校应该有不同的质量标准；特别是在我国高等教育大众化发展的今天，不仅高校的类型和层次呈现出多样化的特征，而且存在着办学情况和教育水平的差异，试图用一个指标体系来评价我国高校德育工作显然是不合理的。要想保证高校德育评价的科学性，就必须以学生为本，创新评价方法，重新建立一种科学合理的评价指标体系，从强调高校一致性和相似性的取向转为在确保高等教育质量基本要求的同时，体现出不同高校的独特性和特色性。

（二）创新定量分析与定性描述的评价方法

观察法、访谈法、比较法、文献档案法、问卷调查法、系统分析法、模糊综合评价法、动态与静态结合评价法、过程与效果统一评价法等，都是传统的高校德育评价方法。在新时代的高校德育评价中，改革与创新定量分析与定性描述相结合的方法至关重要。定量描述是指运用精确化的数学原理和统计工具，对高校德育工作中表现出来的量的关系进行研析，然后对其局部或整体效果和业绩做数量化的说明。定性描述是指通过观察、访谈、综合和比较等多种手段，对高校德育工作的方向、性质、实效和价值，用语言文字来进行表达、解释和阐述的一种方法。

简而言之，定量分析要注重量的考察，定性描述是侧重质的鉴定。

（三）创新多层次化评价

1. 专家评价和自我评价相结合

专家评价是由教育主管部门抽调的专家组成的专业评价小组，不仅能够发现工作中的不足和缺点，还能够提出相应的改进意见，为高校德育工作的有效开展指明方向。自我评价是大学生根据自身的实际情况，成立自评小组，利用评价体系来做自我评判的过程。自我评价随时随地都可以进行，能够时时关注高校德育工作的变化并及时对高校德育工作的内容、方法、手段进行改进，从而可以逐步地加强大学生在高校德育评价中的地位，将评价的重点过渡到大学生。

2. 整体评价和个体评价相结合

评价体系中不能只是整体的、笼统的评价，还应该顾及学生个体评价。个体活动体现了高校德育工作实施过程中的个体差异性，而个体评价可以更好地反映高校德育工作实施效果。所以，创新以大学生为主体的高校德育评价体系，不仅要抓住整体性、全局性的内容，也应该把大学生的活动和对大学生的个体评价纳入其中。

3. 线上评价和线下评价相结合

网络德育评价不同于其他教育评价，它是一种显著表现新技术、新手段的高校德育评价方法。在网络德育评价中，要注重利用网络的现实表现，建立网络评价体系，使学生可以直接在网络中进行评价工作。网络德育评价的对象依然是大学生，所以对学生的评价必须回归到现实条件下，以便真实有效地了解大学生的实际情况。在网络德育评价中，一定要注重线上评价和线下评价的有机结合，掌握比较全面的评价信息。

4. 特色指标与发展指标相结合

现在高校德育评价指标的设计与调整显示出较强的自主性和灵活性，在高校内部进行评价的各职能部门既可以依据发展思路自主设定指标，又可以根据外部环境的变化和自身实际情况，对高校德育评价指标设计进行动态调整，这就是特色指标。当然不同性质的高校的特色指标也不尽相同，在特色指标设计的基础上，高校德育评价可以追求卓越和持续改进，这就是发展指标。高校德育评价指标能否体现特色化和发展性，一方面取决于社会的需求与学生自身的追求，另一方面取决于高校的特色定位。各高校不仅要设定特色指标，而且要逐渐改变在传统的评价主体的地位，通过加大大学生权重来强化发展指标，最终保障高校德育工作的积极有效开展。

二、高校德育评价指标体系创新

（一）高校德育评价理念创新

传统的高校德育评价主要是为评价而评价，过分强调评价结果，对高校德育工作过程和未来发展关注不够，不利于高校德育工作管理的可持续发展。因此，开展高校德育评价的基本价值取向，应当是促进地方党委政府、相关职能部门明确工作目标，建立长效机制，查改薄弱环节，推动高校德育工作可持续发展。具体说来，要做好以下几个方面的工作。

第一，全员参与。对高校德育工作进行评价，就是要充分调动全社会的积极性和主动性，形成强大合力。“众人拾柴火焰高”“众人划桨开大船”，只有推动全社会参与高校德育工作，才能把高校德育工作做得更深更细。

第二，持续改进。对高校德育工作进行评价，能够有效地查找地方党委政府、相关职能部门工作中存在的问题，从而为更好地为高校德育工作积累经验、吸取教训，就工作中存在的各种问题不断地加以改进和完善。

第三，有利服务。对高校德育工作进行评价，就是要考察地方党委政府、相关职能部门是否真正满足了高校德育工作对象的合理需求并解决了高校德育工作对象的实际困难等，从而提高为高校德育工作对象服务的质量。

第四，推进工作。对高校德育工作进行评价，是为了让地方党委政府、相关职能部门高度重视高校德育工作，充分认识搞好高校德育工作的重大意义，自觉推进高校德育工作。

（二）高校德育评价体系创新

为了准确诊断高校德育工作可能存在的问题，应当构建具有可视性和普适性的全新的高校德育评价指标体系。这个体系要克服传统的高校德育评价普遍存在着“过空过虚”的问题，包括评价目的不清、评价主体单一、评价内容抽象、评价手段滞后、评价功能狭窄等。以下方法可作为克服这些问题的参考。

1. 对“靠大量文字描述，靠长时间现场评价”传统做法的突破

要构建高校德育评价指标新体系，评价方式就必须尽可能地信息化并透明化，以通过“基础信息＋现场考察信息”来提高测评效率与信度。在过去的评价中，往往认为高校德育工作评价仅仅是作为一种管理手段，其目的是考核打分，很多内容都是靠文字材料来支撑，靠受评对象的汇报和不厌其烦地解释来争取。这样的评价既给受评对象以较大的发挥空间，又让测评工作者在各种“真真假假”的支撑材料中疲于搜索有用的信息，在无形中增加了测评难度，降低了测评信度，无法真实反映各受评对象工作的状态和水平。

2. 对“高校德育工作看不见、摸不着，可重可轻”传统认识的突破

要建立新的评价体系，既要充分继承已有的高校德育评价方法中的宝贵经验，又要注意跳出传统的模糊认识的框子。一方面，要坚持定性测评与定量测评相结合，评价指标需尽可能地数值化、事实化并可测量化，依靠动态数据和可追溯性事实支撑好三级指标的可测点；另一方面，将受评对象直接对应到相应的部门或单位，以克服相互推诿和无人负责的现象，从而增强评价的科学性和准确性，促使高校德育工作由“软”变“硬”、由“虚”变“实”。

3. 对“上级对下级”单一评价主体的突破

长期以来的高校德育评价，几乎都为内外部的“上级”对“下级”的结论式单向评价，其主体多为非教育系统行政主管部门或校内行政职能部门，这使评价信息不能闭合式互动并立体覆盖。鉴于此，必须根据地方党委政府、社会相关方的职能，充分发挥各方主体的能动作用，以避免单一评价主体带来非均衡评价结果的不良现象。

三、高校德育评价模式的改革与创新

评价模式既反映着高校德育工作的形态特征，也反作用于特定形态的高校德育工作，还给评价提供了便于操作的样式。高校德育评价模式主要有质与量相结合模式、自评与他评相结合模式。

（一）质与量相结合的评价模式

质与量相结合的评价模式，即将定性评价与定量评价相结合的模式。也就是说，在高校德育评价中，既要对评价对象进行整体和性质的分析综合，以鉴别和判定高校德育工作实践效果性质，又要运用数据的形式，通过对评价对象表现出来的一些数量关系的整理分析，相对精准地把握高校德育工作实践效果状况。

1. 质与量相结合评价模式的优势

高校德育评价主张采用质与量相结合模式的主要理由有以下几点。

（1）事物都是质与量的统一

唯物辩证法认为，事物都包含一定的质，也都有一定的量，是质与量的统一。因此，高校德育评价既看其质，也看其量，这样才符合事物的发展规律，才能使评价客观、准确、和谐。

（2）量的评价必须以质为前提

数学、统计学和计算机科学的发展，为高校德育量化评价奠定了基础，使量化评价在现实中逐渐被采用。但是，定性是定量的前提和结果，离开定性的定量评价毫无意义。

（3）仅有质的评价难以精确

质的评价是传统的评价方式。这种方式容易过多地依靠经验和印象，导致主观随意性，仅有质的评价是难以精确的，是不科学、不和谐的。

（4）质与量结合的评价才准确

质是不同事物相互区别的规定性；量是保持事物性质的规定性。质的评价以便区分优劣，认识其性质；量的评价以便区分优劣的程度，对同性质的对象做出精确地鉴别。可见，只有质与量结合的评价才准确、和谐。

2. 质与量相结合评价模式的操作程序

一般来说，质与量相结合评价模式的操作程序如下。

（1）看、听、问——形成初步印象——有了初级的质

对高校德育工作对象的评价，不论是对个体的评价抑或群体的评价，一般都要先看评价对象的面貌、状态，听评价对象汇报，问评价对象的教育安排、效果等，对评价对象形成初步的印象以及类似程度的初级判断。

（2）查、调、访——深入了解分析——获取足够的量

一般来说，深入了解分析主要是通过查阅资料、调查、访问的方式进行的。查阅资料即查阅评价对象提供的反映本次评价情况的文本资料；调查即对文本材料、“看、听、问”阶段了解的情况等加以查证、核实；访问即深入评价对象之中，了解、掌握更具体的情况。通过这样的查、调、访，可以获取足够的量。

（3）依据量研究质——质与量相结合

在有了初级的质，获取了足够的量以后，就可以依据量分析研究质，对质做出更为精确的判断，即质与量的结合，从而实现更客观、真实的评价。

3. 质与量相结合评价模式的基本要求

运用好质与量相结合评价模式的基本要求有以下几个方面。

（1）质的判断必须以量为基础

在质与量相结合的评价模式中，初级的质的判断，可能没有充分的量的支撑，但是这时的质的判断也应以通过“看、听、问”获取的一定的量为基础，否则质的判断就是无据的。在获取了足够的量后进行质与量相结合的评价时，质的判断不论是对一定质的程度的判断抑或是对不同质的判断，都必须以量为基础，否则对质的断定就难以客观、准确，难以服人。

（2）进行量的分析要充分

在质与量相结合的评价模式中，量也是重要的，它规定着质。所以，在进行量的分析时，要脚踏实地，要了解足够的量、真实的量，对量的分析、研究要充分、精细，防止形式主义、走马观花。

（3）进行质的判断要谨慎

起初的质的判断对整个评价起着基础的、导向的作用；最后的质的判断是对评价对象的质的判定。不论前者还是后者在评价中都是至关重要的，因此，在进行质的判断时要谨慎，尽力使判断客观、准确。否则，不仅评价失真，对评价对象也可能会造成很大的不利。如若这样，评价就是消极的了。

（4）量的分析必须以质为前导

在质与量相结合的评价模式中，虽然量的分析是重要的和必要的，但是对于量的分析必须以质为前提和指导，即必须看清是什么质上的量。否则，离开定性评价的定量评价，毫无现实意义。

（二）自评与他评相结合的评价模式

自评与他评相结合的评价模式，即将被评价对象的自我评价与其他评价主体的评价结合起来的评价模式。

1. 自评与他评相结合评价模式的优势

高校德育评价之所以倡导自评与他评相结合的评价模式，主要有以下几方面的理由。

（1）自评与他评相结合的评价有利于激发、调动被评价对象的积极性

被评价对象最清楚高校德育工作的情况，而既往的高校德育评价没有或者很少让被评价对象参加，致使评价难以准确并且难以为被评价对象积极接受。所以，运用自评与他评相结合的评价模式，让被评价对象参与评价过程，有利于激发、调动被评价对象的积极性，使他们易于接受评价结果，从而更积极地投入持续的高校德育工作过程中去。

（2）自评与他评相结合评价客观、准确

评价是为了掌握高校德育工作的情况和促进高校德育工作深入开展。被评价对象最清楚高校德育工作的情况，被评价对象是高校德育工作的主体和亲历者，对高校德育工作的过程及其效果心知肚明，所以被评价对象要自评。但是，现在有些人不那么坦诚、谦逊，不仅如此，有的还喜欢自夸或者夸大其词，甚至弄虚作假。因此，不能仅依靠自评，还需要有他评。他评可以保证评价的客观性，只有自评与他评相结合，评价才会客观、准确。

（3）自评与他评相结合是对高校德育评价的改革和创新

上面已经谈到，应该让被评价对象参与评价，特别是在当代社会，倡导以人为本，人们的自主意识、民主意识、参与意识普遍增强，仅有他评，把被评价对象看作机械的客体，是很难让被评价对象接受的。所以，高校德育工作提出自评与他评相结合的评价模式，以改革既往的、不合理的评价模式。

（4）只有自评与他评相结合，评价才和谐

虽然被评价对象最清楚高校德育工作的情况，但是较长时期以来，在现实评价中，被评价对象都难以参与评价，这导致评价仅关注了那些显性的东西，

对高校德育工作过程及学生思想认识的提高、心理的变化等难以顾及，而这些都是高校德育工作中的重要方面。正因如此，对于评价给出的判断，被评价对象往往有意见，这甚至影响了高校德育工作的开展。所以，只有坚持自评与他评相结合，评价才会和谐。

2. 自评与他评相结合评价模式的基本程序

（1）被评价对象自评

被评价对象自评，即让被评价对象对自己的高校德育工作（对教育者而言）或接受高校德育工作的过程与效果做出评价。被评价对象的自评，可以采用定性评价来定等级，也可以运用定量评价来定分数。不管运用哪种方式，都必须有依据，即对判断有足够的支撑，以防止自评弄虚作假。

（2）其他主体评价

其他评价主体的个数难以确定，有可能就是一个主体，有可能是多个主体，如教师、学生、领导者、专家学者、职能部门、知情者（同事、同学、家长、朋友，或与被评价对象有较多交往者等）。参与评价的其他主体越多，评价的结果就越客观、准确。其他主体评价一般采用定性与定量相结合的评价模式。参与评价的其他主体务必抱着对被评价对象、对社会负责任的态度，认认真真地进行评价，不可草率从事、搞形式主义及弄虚作假。

（3）自评与他评相结合

在自评与他评的基础上，将自评与他评相结合，即将两个评价结果进行整合。整合不是将两个结果简单相加或按一定的权重计算得出最后的结果，而是要认真地对比、分析，研究各评价的客观、合理之处，对各评价结果“去粗取精，去伪存真”，然后由各评价主体的代表协商出最终的评价结果。

3. 自评与他评相结合评价模式的基本要求

（1）动员被评价对象如实自评

较长时期以来，在高校德育评价中，自评未被重视，或者未被采用，其原因是多方面的，如教育观念问题、社会理念问题等。但是，其中最主要的原因是不相信被评价对象。在现实社会条件下，弄虚作假者有之，自评很可能有一定的“水分”。因此，在采用自评与他评相结合的评价模式时，评价领导者、组织者要对被评价对象加以动员、引导，让他们有求实的态度和作风，要告知他们除了自评还有他评，弄虚作假迟早会暴露。

（2）各评价主体独立进行评价

为保证各主体评价的真实性，在采用自评与他评相结合的评价模式时，各评价主体要独立进行评价，自主地表达自己的意见，否则就等于仍然由一个主体主宰评价；特别是自评，要切实保证被评价对象不被控制、操纵、愚弄，成为某个人或某些人的玩偶。

（3）其他主体评价要客观、公正

评价中的客观、公正非常重要，做不到客观、公正，就违背了评价的初衷——总结经验教训，推进高校德育工作持续、深入开展。其他评价主体的客观、公正，首先取决于态度的客观、公正，其次取决于工作的认真、扎实，特别是那些平时与被评价对象接触较少、了解较少的评价主体，要保证评价的客观、公正，必须深入被评价对象的日常教育、工作、生活中做细致的观察、了解、调研。

（4）对评价结果的整合要科学

受评价者对被评价对象的了解程度、评价者的观念和评价中的态度、评价者的水平、评价工作的认真程度等的影响，各评价主体的判断肯定是有差别的。那么，对于各个主体的评价如何赋以权重、整合便成为一个复杂的问题，需要认真研究。一般来说，谁更知情，谁更懂得评价，谁获取的证据更有力，谁的意见就更为重要。在整合中，要充分发扬民主，让各评价主体平等地表达自己的意见，阐述自己的理由，通过民主协商得出最终的评价结果。

四、高校德育评价操作体系创新

（一）高校德育评价的组织架构创新

1. 教育行政主管部门评价的组织架构

各省、自治区和直辖市的教育行政主管部门的高校德育评价组织，分为教育行政主管部门的内部组织和外部组织。

内部组织由党工委书记、分管高校德育工作的领导、办公室领导、宣传处领导等组成高校德育评价工作领导小组，负责组织、领导和协调高校德育评价工作的开展，对评价结果的处理以及督促整改工作。

外部组织由高校德育评价专家组成高校德育评价工作实施小组，负责对高校德育管理工作进行测评，报送测评结果并提出整改意见等。

另外，由地方的相关职能部门和少数人大、政协代表等组成高校德育评价工作观察小组，负责对高校德育评价过程的公平、公正和公开进行监督。

2. 内部组织的架构

内部组织由党委办公室、组织部、宣传部、人事部等部门负责人为成员，另外还可以下设领导小组办公室，组建校级自评工作专家组。

高校德育评价工作领导小组的主要职责是：研究、决定、部署评价工作中的重大事项；负责评价工作方案的审定；对自评结果进行科学分析；全面领导高校德育工作的自评；提出高校德育评价的指导性意见；对需要改进和完善的相关体制、机制、运行模式进行研究和决策。

自评工作专家组具体负责对高校德育工作的状态与水平进行分析与评价。其主要职责是：做好各种自评资料的收集、整理、汇总、统计和分析，组织和落实“以评促建、以评促改”工作；向领导小组办公室提交自评报告，向有关部门和单位反馈自评结果；具体组织实施自评工作。

3. 社会中介评价的组织架构

社会中介评价的组织可以有两种形式：一是由中央宣传思想工作领导小组委托社会中介评价组织，组建测评工作专家组，对省、自治区、直辖市党委政府高校德育工作管理进行测评，只对中央宣传思想工作领导小组负责。不管是国家教育行政主管部门，还是地方教育行政主管部门，都只能是协助社会中介评价组织，并为社会中介评价组织服务和提供各种方便，不能参与，更不能干预。二是由省级党委政府高校德育工作评价工作领导小组委托社会中介评价组织，组建测评工作专家组，对省、自治区、直辖市所辖高校德育工作进行测评，只对省级党委政府德育工作领导小组负责。

（二）高校德育评价的操作规程创新

1. 高校德育评价的操作流程

（1）成立高校德育评价领导小组办公室和建立评价专家库及专家档案

评价领导小组办公室负责发布高校德育评价实施方案，对评价工作进行协调，做好安排。设立评价专家库与专家档案，根据专家档案成立5～7人的测评专家组，对测评单位开展测评工作。

（2）专家组开展评价工作

专家组开展评价工作分三个阶段，即评价工作准备阶段、评价工作实施阶段、评价信息处理阶段，各阶段的都有各自的主要工作内容及具体操作方法。

第一，评价工作准备阶段：成立专门的或相关的组织机构，配置人员；做好评价实施办法的颁布及工作部署（确定测评的范围、途径、原则，内容等）；开展人员的学习培训（熟悉指标体系，学习测评办法及操作规程，了解有关要求，做好人员准备）。

第二，评价工作实施阶段：这个阶段又分为三个环节，即对信息的采集、分析、应用。信息的采集的具体做法是对照指标体系，进行信息源分类；拟定各类信息采集步骤及具体技术；开展现场测评，收集相关信息；开展第三方评价，核实收集相关信息；根据所采集信息，分类进行评价。信息分析的具体做法是对所采集信息进行整合，筛选；对确定性信息进行系统分析；对所有信息进行总结分析。信息应用的方法是根据信息分析情况，进行信息研判；根据信息分析结果，形成评价结论；反馈评价结论。

第三，评价信息处理阶段：根据现场评价情况，反馈评价意见；限期整改，或组织召开经验推广会；根据整改意见，修改完善相关政策、制度等；被评价单位自行组织开展评价；评价资料归档；后期复查回访。

2. 高校德育评价的操作规程的创新

第一，在设计高校德育评价指标体系时，两套指标体系可以分别由5个定量化的一级指标和1个定性化的一级指标构成，再加特色项目。

第二，高校德育评价指标体系可由“三级评价指标”和“对应的评分标准”构成，其中一级指标可以根据高校德育工作的重要职能职责设计，如设计为组织领导、条件保障、主渠道建设、育人环境、人文关怀与管理服务、工作效果和特色与创新项目；二级指标在一级指标的基础上进行分解，如组织领导可以分解为工作定位与工作思路、领导重视等指标；三级指标又在二级指标的基础上进行分解，使三级指标成为可视可测的观测点。

第三，把高校作为评价对象开展高校德育评价。评价的依据是平时报送的基础性数据和现场考察获取的基础信息；评价的基本工具可以是专门研发的高校德育评价系统，包括电子档案袋、数据统计分析软件、在线测验、网络调查、投票器等；评价主要包括上级评价、自我评价、学生评价、家长评价、社会评价五个方面；评价的主要形态，包括状况评价、过程评价、相对评价三种形态。

第九章

新媒体环境下高校德育工作的创新

在不同时期、不同阶段，高校德育工作呈现出不同的特征，这种时代特征已经深嵌在高校德育工作发展的历程中。新媒体在高校的推广与普及对大学生产生了广泛而深刻的影响，在给大学生生活、学习、思想等方面带来积极影响的同时，也带来很大的负面影响。新媒体对高校德育工作提出了新的课题与任务，总结新媒体环境下高校德育工作的载体创新，对于进一步厘清新媒体环境下高校德育工作的创新具有重要的现实意义。

第一节　新媒体环境下高校德育工作的载体创新

一、高校德育工作载体创新的必要性

（一）传统载体的吸引力下降

从高校德育工作的传统载体来看，高校德育理论课的课堂教学、实践教学、各类校园文化建设平台、日常管理载体，以及各类各级的会议、群团活动、实物宣传等方式，都是以高校德育工作者的策划、讲授、组织的载体为主，发挥着主渠道的作用，对大学生思想政治素质提升发挥了重要的作用。但随着时代进步，很多大学生也对这些传统载体提出了更高的要求，对这些传统

载体的形式和发挥作用的渠道提出了新的需求，因此传统载体的吸引力正在逐渐弱化，迫切需要通过传统载体的变革，进一步发挥大学生的主动性和调动大学生的积极性。

（二）新型载体创新不足

目前，面对新媒体，一个普通人拿起数码相机就是摄影师，拿起数码摄像机就能当导演，每个联网终端前的人，都能够轻松向全世界直播自己的关注点，传播主体是多元、混杂和大众的，传播主体的变化在一定程度上重新定义了大众传播，使其不仅是面向大众的传播，也是大众参与的传播。大学生群体对新媒体的接受度高，对新媒体的掌握程度高，因此对教育教学的手段和方法提出了新要求，对高校德育工作载体的创新提出了新要求，迫切需要开发和创新一些新型载体，加强高校德育工作的实效性。

从教育发达国家大学生利用多种载体接受教育的状况来看，推特等平台在很大程度上推动了新媒体在大学生群体中的推广和应用，并在一定程度上，将手机终端、交流软件的个性化过程与外部链接，实现了个人与外部的轻松对接；在教育教学的过程中，从申请课程到课程讨论、交作业、租用教科书、考核与分享，都可以通过专门的平台完成，大学生可以通过新的载体进行心理疏导、学生活动、学生组织、就业准备、职业素养训练等。由此可见，现代化的手段和技术，可以被广泛运用与大学生的各类教育教学之中。

目前，国内已经有不少学者在探讨如何将高校德育理论课与新媒体结合起来。如网络在线教学平台、精品课程网站、慕课教学方式等已经发挥了一定的作用，也有一些学校建立了官方微信和微博，设立了一些官方论坛。但总体来说，我国高校德育工作的载体创新，滞后于新媒体本身的创新与发展速度，没有根据新媒体的特征和大学生的特点发挥充分的作用。

（三）载体合力尚未形成

高校德育要实现整体的实效性，就需要对各个载体的力量和方向进行加强和引导。新媒体的诞生与发展，为高校德育工作载体的整体合力的发挥提供了技术基础，它可以整合信息与资源，架起传统载体和新载体之间的桥梁，打通不同载体之间的信息和资源壁垒，可以融合教师和学生这两个传统意义上的主体和客体，将教师和学生共同纳入高校德育工作的主体动力上来，并特别加强了学生的参与积极性；可以为载体的整合提供技术平台，很多网络互联技术和多媒体平台，可以将信息的制作、传输、存储、变更都变成一个可以共享的过程。

从现实情况来看，高校德育工作的总目标和分目标之间的关系，应该是整体和部分之间的关系，各个分目标也应该是相互联系、相互促进的关系，而由于不同载体之间的整合度不高，使课堂教学的目标和实践教学、校园文化建设、学生活动等载体的目标产生不一致，使不同载体的活动各自为政，目标产生分割，缺乏整体性协调。在新媒体提供的海量信息中，有很多可以成为高校德育工作载体的资源，而且具有共享性。在目前的教育过程中，新型载体和传统载体之间还没有实现更深层次的资源共享，也没有实现操作平台上的共享；但在现代技术条件下，教师和学生、家长的互动可以更加顺畅、及时，共同构建起高校德育工作的载体合力。

二、高校德育载体创新的手段

（一）开拓以互联网为平台的德育阵地

新媒体作为当代最具有革命性的科技成果之一，以一种全新的信息传播方式加速了德育知识传播，更好地满足了教师和学生之间双向互动的需要，不断地推动着高校德育工作发展完善。

网络集知识、娱乐、趣味和政治于一体，包含声、像、图、文等各种信息，具有虚拟性、及时性、丰富性和共享性等特点，其发展非常迅速，成为当今社会信息传播的主流媒体。在全面、深入、创造性地开展高校德育工作的过程中，需要利用网络开辟新的教育阵地。

网络通过终端将千家万户连接在一起，将使用网络的每个人连接在一起。大学生通过网络可以实现和网络中每个个体的实时对话，教师以网络为载体，可以实现和大学生的即时互动，大幅提高高校德育工作的时效性。

1. 有利于高效便捷地传递高校德育工作的信息

高效便捷地传递信息是网络的一大特点。教师可以在第一时间将对热点问题的导向性看法录入网络，可以在第一时间和大学生展开互动。教师可以将民族精神教育、道德教育题材的电影、纪录片或短片载入网络，实现不同大学生个体的资源共享。教师可以通过在线消息平台及时向大学生发布学校或班级的纪律要求，实现随时随地地实施教育。

2. 有利于以丰富多彩的形式开展德育

网络集多媒介于一体，以丰富多彩的形式展示信息。教师在网络上可以对向大学生传递的信息赋予丰富的表达形式，如视频的形式、文字加图片的形式。这样的表达方式避免了简单的说教，可以吸引大学生的注意力，可以将枯燥的理论知识趣味化，可以减少大学生的抵触心理，拉近高校德育工作内容和大学生的距离，帮助大学生理解和内化。

3. 有利于教师和大学生的平等双向互动

网络交流在一个虚拟的平台中实现了交流主体的平等双向互动。在传统的高校德育工作中，教师和大学生的身份区分是非常明显的，双方的交流总是在设定的身份范围内进行，交流氛围无形中受到这种身份界定的影响。在网络德育中，教育信息以文字、图片、视频形式出现，大学生完全是以一种放松的心态在接收这些信息。在教师和大学生在运用E-mail、QQ、博客等交流时，由于双方不是面对面的接触，大学生的心态是比较放松的，能更好地实现双方的平等互动。

（二）以手机媒体为平台创新高校德育工作方式

手机作为一种新媒体，已经不再是单纯的通信工具，人们利用它可以随时随地上网获取信息、收发彩信、了解新闻、收看电视等。可见，手机给人们的生活带来了许多便利。

手机媒体为开展高校德育工作提供了资源丰富、覆盖面广的平台，成为德育信息的集散地和社会舆论的放大器。因此，高校必须探索出一条运用手机媒体开展高校德育工作的有效途径，使手机媒体为传播社会主义先进文化而发挥自身的作用，成为高校德育工作的前沿阵地和广阔空间。

1. 利用手机媒体加强高校德育工作的导向性作用

高校德育工作在树人、育人的过程中，既要注重互动性、针对性，也要重视信息传播媒介的导向性、理论性，深入了解不同教育对象的实际认知能力、道德水平和思想状况，有的放矢地引领、疏导其提升境界、树立信念，通过增强引领的导向性来提升德育的实效性。

要在全社会范围内建立信息平台，引领正确舆论导向。国家机关、政府机构、社会组织必须充分认识到手机媒体在高校德育工作中的引领作用，在全社会范围内建立广泛的信息应用平台，以现代信息技术为先导，提高信息加工处理和反应速度，扩大信息传播的覆盖面积，凝聚力量、鼓舞士气、导正风气，增强高校德育工作的控制力和主动权。同时，也必须认真考虑青年一代的各方面需求，在高校德育工作过程中调动大学生的积极性和参与性，在教师和学生之间营造出平等、开放、互动、共享的教育氛围，充分发挥手机媒体的舆论引导功能，将社会主流文化渗透其中，弘扬社会正气。

2. 在大学生群体中营造文明使用手机媒体的环境

大学生是校园活动的主体，要重视大学生的主导地位，给予其充分的尊重，通过手机媒体的运用，实现教师与学生之间的平等沟通与交流。此外，高校要重视校园内的手机文化建设，构建独具魅力的手机文化环境，倡导积极健康的手机媒体运用。高校应组织文明向上的手机文化交流活动，促使大学生提高自身的文化和思想道德修养，防止不良信息的侵蚀，树立积极向上的生活态度。

3. 加强对手机媒体的宏观监督与管理

手机本身所具有的特点，使得手机所传播的信息纷繁复杂，良莠不齐。在大学生群体中手机传播的内容一部分存在极大的负面作用，对大学生的思想和行为产生了不良影响。对此，相关部门就必须加强对手机媒体的监管，建立宏观监管机制已经刻不容缓。

一方面，手机媒体行业必须加强自我监督、自我管理，完善行业自查机制。手机媒体行业必须严格制定和执行行业规范，加强自我监督、自我管理，从源头入手，清除虚假信息、黄色信息、不良信息。与手机媒体相关的各方力量，比如监察部门、运营商、代理商及手机用户，也应从技术、法律、道德等层面对手机媒体行业进行监督管理，积极贯彻执行监督管理条例，为手机媒体行业的健康发展贡献一分力量。

另一方面，手机媒体的社会责任感亟待提高。政府部门必须建立健全手机媒体行政管理机制，加强手机媒体领域的社会责任意识、道德意识和法律意识。手机媒体行业则需要加强从业人员的社会道德和职业道德建设，主动接受有关部门和手机用户的监管，勇于承担净化手机媒体传播环境、维护公共信息传播秩序的责任，履行保障手机媒体安全、稳定、有序发展的社会责任和义务。

（三）利用即时通信工具与平台扩展德育空间

即时通信是指具有实时在线交流、在线传递信息等功能的一种业务。近年来，即时通信软件的功能日趋完善，随着人们的需求不断地增强自身的功能。即时通信软件的功能涵盖了博客博文、邮箱邮件、音乐共享、电视观赏、游戏娱乐和搜索百科，不再是简简单单的休闲交流工具，而已经成为能够进行交流、问答、娱乐、搜索、电子商务、办公协作和企业客户服务的全方位的信息平台。下面介绍几种常用即时通信工具与平台在高校德育工作中的应用。

1. 利用QQ开展高校德育工作

对于QQ这一高校德育工作新载体，必须从思想上重视其在高校德育工作中的作用，利用其加强高校德育工作。

QQ为人们提供了一个集群式互动交流的平台，按照腾讯QQ的规定，QQ用户级别在16级及以上者可建立一个普通群，建立者为QQ群的群主。群主可以管理QQ群，可以允许或拒绝其他用户加群，可以选择三名群成员成为该QQ群的管理员。管理员也有允许或拒绝其他用户加群的权利。普通群人员上限为100人，只有成为VIP会员才能开通超级QQ群，才可以组建人数100人以上的大群。德育工作者可以根据实际情况建立普通QQ群或超级QQ群。QQ群具有强大的功能，影响范围广、使用方便快捷，德育工作者应该充分挖掘QQ群各项功能的作用开展高校德育工作，如群社区、群共享、群相册、群讨论组等功能。

群社区是面向QQ群内部成员的虚拟公告社区，QQ群的成员可以在这个空间进行自我展示，还可以从这里查询群内的聊天记录，将资料上传至群社区可以供群成员下载，实现资源共享。群讨论具有BBS的功能，群成员可以利用群讨论功能就某个话题进行发帖、跟帖。德育工作者可以充分利用群讨论这一功能，选择一些社会热点问题，或者与学生的学习、生活有直接关系的问题，以及高校德育教学问题或后勤问题等，在群社区内让群成员展开讨论，了解大学生的实际想法。群讨论可以采用多种形式，如一对一、多对一、一对多、多对多等。在这样的环境中，德育工作者和大学生可以建立平等的关系，从而有效促进他们的沟通交流，得出正确结论，有利于形成正确的舆论。针对某些持有不同意见但又不敢在群里公开表达的大学生，可以通过私聊的方式进行单独交流，以便了解其真实想法，帮助其正确分析问题。

群共享也是QQ群的一项重要功能，利用这个功能群成员可以简单快捷地实现资源共享，可以将学生管理的通知、文件和学习资料等上传至群共享空间，让学生自行下载了解。同时，德育工作者还可以利用群共享的优越性上传一些党的路线方针政策、重要会议讲话、时政新闻、马克思主义经典著作、党的发展历史、形式政策等方面的知识，可以充分利用群共享的功能对大学生开展高校德育工作，丰富他们的马克思主义理论知识，让他们及时了解国家大事。

2. 利用微信开展高校德育工作

微信是新媒体时代的一种全新媒介形式，它具有方便快捷互动性强的优势，并且随着微信的不断发展，其实用性还不断增强，已经成为最常用的社会化媒介之一。在新时期，高校要进行高效的高校德育工作，就必须重视微信作为新的高校德育工作载体这一挑战性课题。

微信可以通过网络链接快速发送语音短信、文字、图片和视频，同时微信还支持多人群聊。微信的兴起满足了大学生彰显个性、追求时尚、敢于尝试新事物的需要。大学生往往对新生事物充满好奇与热情，他们在科技产品面前，往往是积极的尝试者和探索者，对于微信也不例外。微信是传统通信手段和互联网信息技术的有机结合，构建了一个集邮件、短信、手机、SNS和微博等应用于一身的个性化立体式服务平台，让异地沟通更加轻快便捷，在校园掀起了一股风潮。微信虽然是即时通信应用，但其功能并不仅限于此。微信还有“摇一摇”“漂流瓶”“朋友圈”等功能，同时通过关注感兴趣的公众号，可以及时获取有兴趣的信息。同时，微信还增加了“钱包”“游戏”“购物”等多个版块，功能更加丰富、实用，可见多方面地满足更多使用者的需要。微信是十分火爆、备受学生喜爱的新媒体载体，高校一定要牢牢把握机遇，融高校德育工作于微信中，拓宽高校德育工作渠道，加强探索实践，促使微信成为辅导员进行高校德育工作的有力工具。在新的社会条件下，高校德育工作者应该解放思想、勇于创新，不断探索和创新全新的工作模式，要跟上时代潮流，把握机遇，不断提高高校德育工作的实效性。

（1）利用校园公众号开展高校德育工作

高校应该开通自己的校园公众号，通过公众号及时向学生推送校园信息，并且可以利用公众号开展高校德育工作，加强对这方面教育内容的推送。公众号往往采用图片加文字的形式推送消息，还可添加语音和视频，是一种全方位的沟通方式，具有新颖性、创新性、知识性、趣味性和可读性。高校要善于应用微信公众号的优势，通过公众号推送高校德育工作相关话题；利用图片、音视频等因素增添内容的趣味性和可读性，使学生充分调动各种感官感受高校德育工作别有风味的一面，从另一种视角诠释高校德育工作。这样可以让知识的传递更加自然顺畅，学生也更加乐于接受，排除因单纯说教产生的排斥心理，提高学生的积极性，并和传统的课堂教学形成互动互补。此外，高校可以开通几个不同的公众号，从不同的角度对某个内容或主题进行联合推送，这样可以展现不同的教育重点和风格，以此让学生获取更丰富多彩的教育资源，从而更好地满足他们的信息需求。

实际上，利用公众平台开展高校德育工作，是一种教育模式的深化和扩展。德育工作者必须坚持兼顾高校德育工作的知识性、趣味性和时代性，偏废其中一面都不利于长久地传播，并且要做到持久坚持。此外，还要能够对当下社会热点和学生广泛关注的事件做文章，做到“从学生中来、到学生中去”，介绍学生最关心、最直接和最现实的问题，把握时代脉搏。对于有争论性的话题，允许出现多元化声音在民主对话中潜移默化地引导舆论走向。

（2）利用微信加强师生交流

微信的语音功能是其一大特点，相较于使用文字进行交流，语音交流更直接，并且具有更强的时效性和便捷性，增加了对话的真实感，并且还可以增加对话的内容含量。对于工作量较大的辅导员来说，语音对话为其提供了更加便捷的沟通方式，不论是在上班途中、电脑桌前，还是休息空闲时，都可以通过语音的方式进行轻松的交流，减少了触屏打字的操作，使交谈更为快捷、有效。此外，语音能够真实记录谈话双方的语气、语调和说话态度等，利于辅导员把握学生情绪和精神状态，进行有针对性的交谈，拓展谈话内容，及时发现学生重点需要解决的问题。语音对话也能使学生，尤其是遇到困难的学生产生辅导员一直在身边帮助自己、关爱自己的感觉，为他们提供心理安慰和精神支撑。辅导员可将文字对话和语音对话相结合，根据场合恰当选择，使工作更为灵活和高效。

（3）利用朋友圈了解学生动态，实现信息共享

德育工作者与大学生成为微信好友后，会处于共同的朋友圈平台，这样可以让双方都对对方产生更充分、全面的了解，同时还可以让德育工作者更及时、准确地把握学生的思想动态。大学生思维活跃、兴趣广泛、充满好奇心理。辅导员可通过学生分享或转发的文章了解学生的兴趣点和关注点，并通过相关评论进一步掌握学生的想法和心理特征。例如，对于就业压力较大的毕业生，往往要给予足够关注，其发布和评论内容能展示对外界事物的看法、最近的心情状况和精神状态。一旦发现消极词汇、抵触外界的言语时，辅导员要及时给予心理辅导，防止意外发生。大学生热衷于关注和评论社会热点，并将自己的立场和观点发表在微信朋友圈中，即使一个小小的“赞”也能传达学生的某种情感倾向，利于辅导员多渠道把握学生的思想动态。辅导员一旦发现那些由于大学生认知水平有限而形成的偏激观点和错误想法，就可以利用微信与学生及时地进行在线交流，也可以利用评论的方式表达自己的看法，以此纠正学

生的错误想法。这样的交流方式打破了传统的高校德育工作中主客体的明显定位。通过这种方式可激发大学生的主动性，引导其树立正确的世界观、人生观和价值观。

此外，微信还可以实现德育资料的有效共享。德育工作者可以通过传送或收藏的方式共享德育资料，丰富正面的、积极向上的主流价值观宣传，使学生在潜移默化中接受正能量、弘扬正能量，从而增强高校德育工作的实效性。

微信平台为高校德育工作带来了新机遇，但是要想有效利用微信进行高校德育工作必须注意一些问题。除了以上提到的问题外，还有以下几点应该着重给予重视，具体包括：如何提高德育工作者对于微信平台的管理运营能力并保持长久的生命力，如何消除微信对大学生思想价值观念和行为习惯带来的影响，如何在“裂变式”传播形态下加强校园的网络舆情监控等。这些问题对于高校德育工作而言既是机遇又是挑战，高校一定要有迎接难题改革创新的勇气，使高校德育工作与时俱进展开崭新的工作局面。

3. 利用微博平台开展高校德育工作

微博给高校德育工作提供了崭新的环境和平台，拓展了现有的网络德育领域，提升了高校德育工作的影响力。如何善于把握微博这一新媒介，利用微博加强大学生德育是当前高校德育工作应当思考的一个重要问题。

第一，正确认识微博，树立发挥微博教育功能新理念。微博的快速发展，不仅见证了传播技术与传播手段的创新，更意味着思想教育、政治传播、意识形态建构的目标群体越来越庞大，领域越来越广阔，方式越来越灵活，监控越来越困难。这就要求高校德育工作一定要深入研究微博的教育和传播功能，充分发挥微博的德育作用，提高大学生的思想道德水平，使大学生树立起正确的世界观、人生观和价值观。

从一定程度上来说，以微博为代表的“微时代”的来临，对德育工作者的信息传播主导权和话语主导权，都造成了一定的削减。因此，新时期的德育工作者要解放思想，不断与时俱进，看到微博在德育方面的优势，树立全新的高校德育工作理念。德育工作者，应开通个人微博，将社会主流文化融入微博文化建设中，充分发挥出微博对于社会先进文化的传播作用，在微博空间中营造主流文化的舆论环境，扩大个人微博的影响力。一方面，对多元化的思想应给予包容和理解，对学生进行心理疏导，让学生感受到人文关怀，学习微博中的积极态度，丰富自身的语言体系，提高高校德育工作的感染力。另一方面，由于微博对于信息的传播速度很快，交互性也很强，通过微博这一媒介载体，既可以强化正面观念和情绪，又可以使负面观念和信息得到传播和放大。这种双面性使德育工作者必须积极主动“介入”，对于传播的规律进行积极研究，及时发现微博中的负面观念和情绪，对其进行消灭，从而切实提高高校德育工作的实效性。

第二，积极创建微博，构建高校德育工作新平台。作为大学生信息交换和人际交往的重要平台，微博已经得到广大大学生的普遍认可。大学生使用微博在大学校园内是非常普遍的现象。因此，针对这一普遍现象，高校应通过构建微博平台，充分发挥出微博对高校德育工作的优势。

当前的高校德育工作过程并没有充分挖掘出微博在其中所产生的巨大作用，很大一部分德育工作者往往忽视了高校德育工作中微博所产生的巨大影响，因此也就没有探索出利用微博进行高校德育工作的实践路径。对高校来说，必须科学、及时创建微博平台，并且保证微博平台的运行和维护，主动经营微博阵地，更重要的是要把学生微博与高校德育工作有机融合起来，将主流意识形态和核心价值观教育科学地渗透到微博中，采用隐性方式对学生进行社会主义核心价值观教育。

第三，科学使用微博，正确引领微博舆论导向。由于微博在大学生群体中使用广泛，从而引发了校园舆情形成、发展和传播的新趋向，在一定程度上对于高校德育工作的舆论文化和社会心理都产生了直接或间接的影响。对此，为了切实提高高校德育工作的实效性，德育工作者就必须积极适应大学生，创建微博并正确使用微博，从而在与学生进行交流沟通的过程中，发现学生个性化语言中所包含的思想态度和价值观念，体察学生群体丰富的内心世界和社会心理状况，引导学生主流意识形态的形成。

另外，高校德育工作还应建立舆论监测和信息反馈机制。通过微博传播信息速度快、广度大，使信息很容易在学生群体中产生非常巨大的影响。对于这种情况，校园舆情监测就起到了非常重要的作用。校园舆情监测部门要对校园的微博网络进行分类管理和全面识别，全面分析用户数量、信息流量、舆论内容等信息。

第二节　新媒体环境下高校德育工作的创新举措

在新媒体时代，高校德育工作遇到了前所未有的挑战和机遇。我们应该充分认识到高校德育工作所面临的新境遇，认真分析社会环境变化对高校德育工作产生的深刻影响、高校德育工作在新境遇下的新变化及其呈现出的新特点等，从而寻求并创新适应新媒体时代的高校德育工作的新方法、新对策，促进高校德育工作的不断进步与发展。

新媒体环境下高校德育工作的创新举措包含的范围很广，目前对高校德育的创新应主要针对以下几方面，即提升德育整体水平、拓展德育途径。

一、提升高校德育工作整体水平

（一）切实提升大众传媒从业人员综合素质

根据传播学原理，大众传播效果的形成受到多种因素和条件的制约，但在这一过程中居于最优越地位的无疑是作为传播主体的传播者。传播者掌握着传播工具与传播的手段，还决定着传播信息内容的取舍，是传播过程的控制者，发挥主动的作用。

当代社会，随着社会节奏的加快，人们的日常生活越来越离不开大众传播。当下，社会节奏日益加速，高校的日常生活也与大众传播紧密相连，但大众传播在为高校生活带来诸多积极影响的同时，也不可避免地带来一些负面效应。要解决这些问题，就必须牢牢把握大众传播的舆论导向，使其发挥正面的传播和教育效果，这个时候，作为控制者的大众传媒从业人员便起到至关重要的作用，因此，只有切实提升大众传媒从业人员的综合素质，才能开辟一条正确畅通的高校德育信息传播道路。

1. 进一步提高大众传媒从业人员的政治素质水平

提升大众传媒从业人员综合素质水平，首先要加强其政治素质。由于受众复杂多样，大众传播的道路也必然是多样化，但不管怎样蜿蜒曲折，其大方向必须是始终沿着中国特色社会主义发展路径前行。因此，作为大众传播活动的引领者，大众传播从业人员必须注重培养自身政治素养，一方面，要主动提高自身理论政策水平，深化思想政治意识，树立正确的传播观；另一方面，要积极提升道德素质和文化素质，加强自身责任感和自律性，使自己成为道德高尚的传播者，从而把积极向上的信息传播给广大高校。

2. 完善大众传媒从业人员的自律机制

自律是社会道德责任感的重要体现，大众传媒从业人员只有遵从职业操守，恪守道德规范，实事求是地传播信息，才能在受众中产生积极影响。大众传媒只有发挥好监督职能，曝光不良风气，宣扬社会正能量，才能形成良好的社会舆论氛围，也只有依托优良的社会舆论环境，高校德育工作才能达到预期的良好效果。

（二）培养专业的德育工作者

发挥好大众传播载体的德育功能，除了需要切实提升大众传媒从业人员的综合素质之外，对广大德育工作者进行培养也很必要。加强德育工作者队伍的培育，提高德育工作者的综合素质，将更有利于利用大众传媒载体落实好当代高校德育工作。

1. 更新观念

观念促成行动，要培养专业的德育工作者队伍，就必须要以现代化的德育观念为先导，着力转变固有的旧观念。一方面，德育工作者要明确大众传媒的有效地位，认清其在高校德育工作中起到的关键作用；另一方面，德育工作者们也要认识到当代高校德育工作在新媒体时代背景下的紧迫感，必须从提升自身政治理论水平出发，牢固掌握高校德育工作规律，深度熟悉大众传媒相关知识，深入把握大众传媒特点，这样才能从容应对大众传媒带来的种种挑战。因此，新媒体时代的德育工作者要时刻带着新认识和新观念，牢牢把握住大众传媒这个载体。

2. 学习传播学技巧

传播学技巧，指的是在传播活动中，为顺利达到说服目的而采用的方法与策略，它是通过对传播规律、原理进行灵活运用而表现出来的一种既特殊又具体的传播方法，其主旨是为传播谋略与内容服务的。传播学技巧是传播理论的关键要素，是传播者理论经验与政治素养的集中体现，通过合理地运用传播学技巧来组织德育信息的传播，可以有效地将要传播的信息传给受众。作为新媒体时代的德育工作者，在充分利用大众传播载体的同时，还应积极主动地将传播学技巧整合到具体的德育活动中来，切实加强高校德育工作的效果。专业的德育工作者队伍的发展壮大，需要德育工作者们深入学习贯彻传播学知识，理解传播学技巧，利用扎实的理论知识，结合学生实际特点展开具有强烈感染力的生动活泼的思想政治工作，只有这样才能达到预期目的。

（三）发挥多种媒体良性互动的综合效应

大众传媒的不同传媒具有不同的优势和特点，如何有效利用不同传媒特点，从而形成多种媒体优势互补、良性互动的综合格局，是应大力思考的问题。

第一，要了解和熟悉各类传媒的特点，有针对性地开展高校德育工作。不同的大众传媒具有自身与众不同的特点，不同的接收者对大众传媒的接受程度也不尽相同。例如，报纸、书籍的读者能较好地理解其巨大的信息量及丰富的内容，因此它的理论色彩可以浓厚一些；而电视、网络等更新速度快，应尽量避免使用晦涩难懂的表达方式，多采用明快简洁的语言来进行信息传递。因此，德育工作者应当根据不同情况，采用不同的传播方式，以达到最优的高校德育工作目的。

第二，要使多种媒体优势互补、良性互动，全方位、多角度地展开高校德育工作。大众传媒形式多样，不论是报纸、广播、电视、网络都能够独立担当高校德育工作，并灵活地发挥好其教育功用。因此，德育工作者应灵活运用各种传媒手段，加强各类媒体的导向作用，在传播中潜移默化地渗透道德素质与精神价值。此外，德育工作者还要协调好各种传媒方式之间相互补充的关系，发挥互补性，提高影响力。

第三，要认可教育客体的主体性，加强互动性。在大众传播活动中，尊重认可教育客体的主体性，是增强其主体意识的必然要求，也是运用好大众传媒的有力需要；而“互动”则可以充分体现受众的利益，令受众自愿参与到大众传播活动中来。因此，调动学生的主体意识，令其参与传播互动，不仅能使高校的精神文化需求得以满足，而且也能使其利益得到体现。[1]

二、拓宽高校德育工作途径

由于高校德育工作走入了新媒体时代，因此高校也开始表现出许多全新的特点。在新的时代背景下，原有的高校德育工作途径显得非常狭窄，既与当代

[1] 李维.新媒体环境下高校德育创新策略[J].黑龙江教师发展学院学报，2023，42（1）：147-149.

高校所需的高校德育工作不适应，又不利于高校德育工作在新媒体时代下的持续发展。因此，本书针对如何有效地利用新媒体，加强高校德育工作的实效性和针对性，对旧有的高校德育工作进行创新，拓宽高校德育工作途径，提出下面几点思考。

（一）转变观念，加强学习，实现新时代教学结合

长期以来，高校德育工作多采用灌输式教育法，教师、学校、主流媒体拥有无可置喙的话语权威，对学生的教化往往采用说教的形式，极易引发学生的逆反心理。在新媒体时代的背景下，这种传统老旧的高校德育工作方式弊端尽显，已不适应如今时代的发展需要。新媒体时代，学生思维活跃，独立思考能力强，对新媒体信息兴趣浓厚，对于新媒体技术也能快速熟练地掌握，并即时运用到自己的学习生活之中。相比之下，许多德育工作者因循守旧，接受新生事物的能力薄弱，加之受自身新媒体技术所限，时代感不强，导致高校德育工作往往达不到预期的理想效果。因此，在新媒体时代，德育工作者必须重新考虑新媒体元素的重要性，自觉将其融入日常的高校德育工作中，同时紧扣高校身心实际有针对性地开展高校德育工作，根据不同学生特点适时转换教育方式，充分体现互动性，让学生主动接触新媒体，学习自己需要的知识，即做到教学结合。另外，德育工作者还需提高自身的技术水平，与时代接轨，与社会及时代发展的需要接轨。因此，德育工作者要时刻注意把握新媒体技术，不断更新教育观念，充分利用新媒体实现教学结合，从而使高校德育工作不断发展与创新。

（二）拓宽渠道，加强引导，提升高校媒介素养

面对具有多元化、虚拟性和自由性的新媒体，德育工作者要积极拓展新的教育渠道，加强媒介素养教育。媒介素养是指人们对各种媒介信息的解读、批判能力和使信息为个人生活、社会发展所用的能力。在新媒体时代，每个人既是信息的输入者，也是信息的输出者，因此媒介素养应包括作为输入者的素养和作为输出者的素养两方面。作为输入者，即作为接收者，应能够理性分析媒介信息，对消极、负面的信息进行批判和抵御；而作为输出者，即作为传播者，则要自觉提升素养，强化自身的道德精神。面对新媒体时代的海量信息，一部分高校因辨别能力不足，成了落后信息的俘虏，甚至成为三俗文化的输出者。为此，德育工作者应拓宽渠道，加强引导，不断提升高校媒介素养，着重加强高校对媒介信息的选择、处理、分析、理解、评估、运用的能力，以及输入、输出媒介信息的能力。

（三）抢占阵地，增强监督，完善新媒体信息环境

新媒体来势汹汹，不仅形式生动，而且渗透力强。对此，德育工作者要学会科学利用网络信息载体，努力为高校德育工作创造便利条件。例如，建立以高校德育工作为主题的网站，抢占网络德育的新阵地，使高校德育工作内容从课堂的现实空间跳跃至网络的虚拟空间中。在主题网站的基础上，还可创设如讨论吧、论坛、微博等网络阵地，培养学生的“网络综合”能力。除了建设网站之外，还要重视后期对网站的管理和监督，运用先进的技术手段对网络的信息传播进行把关，通过设立网络监督员，对网络中的一些不文明信息进行及时的处理和过滤，通过有效的监控和科学的引导，为学生的健康成长铺开一片沃土。

另外，新媒体信息环境优化，要充分改善教育主客体周围的信息条件，综合利用积极因素，优化信息资源。完善新媒体信息环境是整个社会的责任，需要社会各方面的共同参与，政府应加强对大众传媒的监察力度，保证大众传媒的正确舆论导向，同时制定和完善相关法规，为高校德育工作提供健康向上的社会大环境。高校则要深化对新媒体的研究，努力探索新媒体时代背景下高校德育工作的规律和新特点，将当代的德育内容融入新媒体的传播路径中，加强全局管理，为高校校园带来一个积极健康的新媒体信息环境，从而促使高校德育工作积极健康地向前发展。德育工作者应根据自己的实际情况，努力提高新媒体综合技能和专业知识，确保在学生面前的优势地位，不断创新与提高教育方法与手段，力争做到充分调动当代高校学习德育的积极性，引导学生树立正确的科学观、人生观与价值观，坚决杜绝向学生透露不良信息、有害信息及可能危害学生身心健康的信息，积极引导学生如何杜绝不良信息的侵入，提高辨别虚假信息的能力、养成拒绝接受危害自己身心健康信息的习惯，在主观上做到优化新媒体信息环境，为当代的高校德育事业尽自己应尽的责任与义务。

综上所述，在新媒体时代，高校德育工作创新的关键就在于创新高校德育工作内容，丰富高校德育工作载体，提升高校德育工作水平，拓宽高校德育工作途径。对于整个高校德育工作的创新而言，做到这些还远远不够，需要更为深入、全面的研究。

（四）建立科学管理机制，完善实践育人体系

1. 建立领导机构

建立校、院（系）两级领导机构，并在此基础上，建立和完善包括责任制、督查制、报告制等在内的领导机制。每种类型的社会实践活动都要明确责

任部门和责任人，形成齐抓共管、一级抓一级、层层抓落实的工作局面。校级领导机构要在明确责任分工、优化资源配置、协调工作冲突，进行督促检查、开展专题培训等方面发挥主导性作用；院（系）级领导机构要在策划部署、人员配备、考核评定，社会实践基地建设等方面发挥关键性作用。

2. 建立指导机制

没有高水平的专业指导，就不可能有高质量的社会实践活动。要在建立校、院（系）两级指导教师团队的基础上，进一步完善指导机制。一是通过加强课程建设，建立和完善大学生社会实践培训课程体系及课酬制度，推进校级指导教师团队的知识化和专业化；二是通过建立大学生社会实践指导教师进修培训制度和活动补助制度，来推进院（系）指导教师团队的建设。

3. 建立激励机制

要从学生在社会实践活动中可以获得什么，或者说德育工作者可以通过社会实践活动给予学生什么这个根本问题出发，建立完善的激励机制，实现学生从“要我参加”到“我要参加”的转变。对于专业实习、军事训练、生产劳动、社会调查等“必修科目”，除了要根据不同情况，给予学生一定的交通补助和生活补助，还要通过总结表彰大会这种形式，对表现优秀的个人和集体进行公开表彰。对于勤工俭学、科技服务、志愿服务和挂职锻炼等“选修科目”，要建立学分奖励制度。一是探索和建立勤工俭学、志愿服务和挂职锻炼时数与学时之间恰当合理的换算关系，为进行学分奖励奠定可靠的基础；二是根据科技服务时间以及科技项目获奖情况，对学生进行学分奖励。

4. 建立保障机制

开展大学生社会实践活动是有成本的，也是有风险的，因此有必要建立大学生社会实践投入机制和风险机制等保障机制。一是要建立学校、学生和社会三方共同参与的多元投入机制；二是要建立社会化的风险保障机制。学生在参加社会实践活动时存在着各种各样不确定的因素，容易发生安全事故。因此，除了对带队老师和广大学生进行安全教育，采取必要的安全措施之外，还要为每一位学生购买商业保险。

（五）提升内涵，推进实践，深化实践育人途径

实践的目的在育人，只有提升实践的内涵、凝练实践的意义才能充分发挥实践的育人功能。首先，学校坚持以“爱祖国，爱家乡”教育为切入点，坚持把社会实践和志愿服务工作作为高校德育工作的重要途径，引导大学生积极投

身家乡建设事业，教育大学生牢固树立为中华民族伟大复兴的崇高理想和永远跟党走的坚定信念。其次，通过深入厂矿企业、学校社区、山乡村寨、田间地头，以及开展普法宣传、科技扶贫、支教扫盲、文化传播、环境保护等，充分发挥师资优势、技术优势，为家乡建设献计献策、添砖加瓦。

（六）跟踪指导，及时反馈，强化实践育人实效

学校要针对大学生社会实践开展项目化运作。首先，实践项目立项和评选。学校要确定社会实践的基本范围，并提供选题供学院团委和各类学生组织参考。各学院团委和各类学生组织可根据实际情况申请立项，学校社会实践指导委员会评选出优秀实践项目予以资金支持。其次，项目监督和管理。采取网站展示、实践点巡视、建立信息反馈机制和跟踪指导的方式，加强对项目团队的管理。

再次，项目检查和评估。高校要制定评比量化表，建立完整有效的评价体系，切实规范社会实践工作，有效评价实践效果。例如，从实践主题、活动内容、活动覆盖面组织情况、实践基地建设情况等方面对项目进行量化评比。在评估方式上，学校社会实践指导小组要在综合学院自我评价、实践基地评价的基础上进行评估，较为客观地反映实践团队的实际效果，并促进实践项目质量不断提高。另外，要通过品牌化建设，促使学校社会实践和志愿服务的服务领域不断扩大，在城市社区建设、环境保护、大型活动、抢险救灾，社会公益等领域形成一批重点服务项目，如社区青年志愿服务项目、环境保护志愿者系列活动、社会公益志愿活动等，突出展现社会实践的针对性、实效性、吸引力和感染力。

参考文献

[1]刘忠孝，陈桂芝，刘金莹.高校德育论[M].哈尔滨：黑龙江人民出版社，2019.
[2]张娜.马克思社会政治理论的思想建构[M].上海：复旦大学出版社，2020.
[3]李刁."互联网＋"时代高校德育实践创新研究[M].武汉：华中师范大学出版社，2019.
[4]刘丽波.新时期高校德育教育创新发展研究[M].石家庄：河北人民出版社，2018.
[5]高中建，孟利艳.德育走向与德育接受现代性德育研究[M].北京：光明日报出版社，2011.
[6]檀传宝.学校道德教育原理[M].北京：教育科学出版社，2015.
[7]曲华君，罗顺绸，钟晴伟.德育教育与创新能力发展[M].北京：中国财富出版社，2019.
[8]闻竹，李康.新时代背景下高校思想政治教育创新发展研究[M].北京：九州出版社，2020.
[9]《德育》编写组.德育[M].厦门：厦门大学出版社，2020.
[10]房淑杰，冯中鹏.德育[M].银川：阳光出版社，2018.
[11]唐博.大学生德育教育创新研究[M].长春：吉林文史出版社有限责任公司，2021.
[12]张婕.大学生德育教育的发展与创新研究[M].长春：吉林出版集团股份有限公司，2021.
[13]孟一，张德梅，邵红侠.大学生德育教育与创新创业研究[M].沈阳：辽海出版社，2018.
[14]刘畅.德育视域下的大学生创新素质培养研究[M].成都：电子科技大学出版社，2019.
[15]何兴安，王霞."互联网＋"时代高校德育工作的探索[J].淮南职业技术学院学报，2022，22（5）：61-63.
[16]胡幸.积极德育：学校德育现实困境之超越[J].教育参考，2022（5）：63-71.
[17]王松岩.智慧教育背景下高校德育载体的实践创新[J].北华大学学报（社会科学版），2022，23（5）：135-139，155-156.

[18]马玉婕.新时代高校德育话语的建构逻辑与路径[J].中国高等教育，2022（17）：39-41.
[19]石宜鑫.新时代高校德育工作创新路径研究[J].科教导刊，2022（15）：88-90.
[20]薛霁.新时代高校德育工作机制构建探索[J].科教导刊，2022（13）：74-76.
[21]李晓航，周会燕，赵伟斌.新时代高校德育系统建设路径研究[J].吉林省教育学院学报，2022，38（4）：28-34.
[22]鲁雷，席玉宝.新时代学校体育的德育价值、动力机制和实施路径[J].池州学院学报，2022，36（1）：144-147.
[23]向麟，邹太龙.论大数据应用于高校德育的必要性与可行性[J].山东高等教育，2022，10（1）：54-60.
[24]韩婷婷，孟瑀，杨光红.互联网背景下高校德育面临的机遇与挑战探讨[J].大学，2021（48）：35-37.
[25]岳嵩.微时代高校德育方法创新研究[J].南方论刊，2021（12）：104-105.
[26]张成林，车越彤，杨翠.论高校德育的生成逻辑[J].黑龙江高教研究，2021，39（12）：1-6.
[27]高文苗.高校德育高质量发展的意义与方向[J].中国高等教育，2021（23）：41-43.
[28]彭琼.坚持以人为本提高德育实效[J].湖北教育（政务宣传），2021（11）：54-55.
[29]李暖心.中华优秀传统道德在高校德育工作中的运用[J].品位·经典，2021（14）：60-62.
[30]肖永辉，张林果.新形势下高校生活德育的现实困境与优化对策[J].吉林教育，2021（Z5）：32-34.
[31]石娅妃.新时期高校德育管理机制运行中的问题及对策研究[D].西安：西安理工大学，2021.
[32]王伟强，巩冬阳.新媒体时代大学生德育路径思考[J].教育教学论坛，2021（26）：173-176.
[33]郑玮.新时代高校德育现代化的路径研究[D].宁波：宁波大学，2021.
[34]宋辉.新时代高校德育工作的现状及其对策[J].中北大学学报（社会科学版），2021，37（3）：140-143.
[35]马延年.新时代高职院校德育运行机制与实施策略探究[J].大学，2021（16）：143-145.
[36]潘婧璇.新时期高校德育工作方法创新研究[J].冶金管理，2021（5）：164-165.
[37]王银峰.新形势下高校德育面临的挑战和出路[J].黑龙江教师发展学院学报，2021，40（2）：87-89.
[38]姜晓琳，王鹏.新时代高校德育教育的创新与实践[J].食品研究与开发，2020，41（19）：247.

[39]曹英国，徐炜彦，王巍.新媒体环境下高校德育工作优化策略研究[J].科技风，2020（18）：213-214.

[40]许莹.新媒体环境下高校德育工作探析[J].中国多媒体与网络教学学报（上旬刊），2019（7）：187-188.

[41]江国云.新媒体环境下高校德育工作机制创新研究[J].佳木斯职业学院学报，2017（2）：135-136.

[42]戢颖.大思政背景下思想政治教育方法创新路径研究[J].湖北开放职业学院学报，2023，36（3）：3-5.

[43]李维.新媒体环境下高校德育创新策略[J].黑龙江教师发展学院学报，2023，42（1）：147-149.

[44]孟丽娟.论高校德育工作的内容、创新及队伍建设问题[J].现代商贸工业，2023，44（2）：75-78.

[45]王丹，罗冬梅.新媒体时代高校思想政治教育话语转换探究[J].教育观察，2022，11（34）：50-52.

后　记

当今世界是一个开放的世界，改革开放是我国新时期最鲜明的特点。当前，全球化、信息化和现代化等趋势使高校德育理论研究和实践发展不断面临新形势、新情况和新课题。当下，高校德育工作的价值导向既要符合社会发展的现实需要和个人人格成长的规律，又应以更加开放的视角去拓展高校德育工作未来的发展方向。尤其值得注意的是，经济转轨、社会结构转型以及由此引起的思想文化领域的相互激荡已使多元化成为现代社会的特征。在多元化社会，大学生眼界开阔、思维活跃、信息丰富，在成长过程中难免会受到一定的干扰和冲击，一些大学生不同程度地存在着政治信仰迷茫、理想信念模糊、道德理念失范、价值取向扭曲、社会责任感缺失等问题。

将“立德树人”作为当代高校德育工作的根本任务，培养全面发展的人才，正是基于对当代大学生思想道德状况的客观审视，针对高校德育工作中的薄弱环节，以培育和践行大学生社会主义核心价值观为己任，使用多种途径与方式教育引导当代大学生树立正确的世界观、人生观和价值观，通过促进当代大学生思想道德素质、科学文化素质和身心健康素质的普遍提高和协调发展，促进当代大学生的健康成长和科学成才。

本书以高校德育工作改革与创新为切入点，从高校德育工作的理念、内容、方法、机制四个方面论述了其改革与创新的路径，并进一步分析了新媒体环境下高校德育工作的创新。希望本书的探讨与分析，能够为进一步推动我国高校德育工作创新发展，实现高校人才素质教育提供一些具有参考性和操作性的意见。

由于笔者的理论水平有限，缺乏写作经验，对高校德育工作的理论研究不够深入，对新时代高校德育工作的认识还不够全面，同时科学技术和高校德育工作相关理论的发展十分迅速，笔者未能总结、提炼出新时代高校德育工作改革与创新的全部内容，本书在总体上还有一定的发展空间。希望各位专家和学者不吝赐教，笔者定将持续对我国高校德育工作进行进一步研究，为提高我国高校德育工作质量做出更大的贡献。

杜改芝

2023年3月